JN091640

AOZORA PROJECT

ファシリテーション型業務改革

ストーリーで学ぶ次世代プロジェクト

榊巻 亮＋百田牧人＋岡本晋太朗 著

日本経済新聞出版

はじめに

■榊巻亮（さかまきりょう）より

本書は、住友生命保険相互会社（以下、住友生命）の営業用タブレット端末を更改するプロジェクトを舞台にした、ノンフィクションストーリーである。

企業が実名でプロジェクトを公開することはそう多くなく、読者にとってはその点だけでも価値があるだろう。加えて特徴的なのは、描写の立体感と生々しさである。著者は3人。住友生命の社員であり、最初からプロジェクトに関わってきた百田。同じく住友生命の社員だが、プロジェクトに途中から参画した岡本。さらに、プロジェクトを支援していたコンサルティング会社ケンブリッジ・テクノロジー・パートナーズ（以下、ケンブリッジ）の榊巻が加わる。つまり、立場の異なる3者が、それぞれの視点から、プロジェクトの様子を描写した本ということになる。

3人の視点の違いや感情の起伏、なぜこのような進め方をしたのか、そこにどんな悩みや決断があったのかなどを、できる限りリアルに描いたつもりである。

さらにプロジェクトそのものにも大きな特徴があった。「青空プロジェクト」と呼ばれていたこの取り組みは、普通のプロジェクトとは違っていた。ガチガチに進捗管理をする管理偏重型プロジェクトを「プロジェクト1・0」と呼ぶなら、青空プロジェクトは、人の可能性を解き放ち、自律自走させるファシリテーション型プロジェクトであった。「プロジェクト2・0」と呼ぶにふさわしい新しいプロジェクトの形だ。

プロジェクト2・0とは何か？　果たしてそこで何が起こっていたのか？　皆さんには物語を通して、プロジェクト2・0の世界を追体験してもらいたい。

そして青空での知恵と工夫を、あなたのプロジェクトに少しでも活かしてもらいたい。

本書の5つの特徴

- 実名、実話
- 当時の資料をそのまま使用
- 立場の違う当事者3人の主観で展開
- プロジェクトのリアルな追体験
- 自律自走型の「プロジェクト2・0」

■百田牧人より

今、日本の多くの企業が閉塞感に悩んでいるのではないだろうか。超高齢化と人口減少、マーケットの急激な変化といった外部要因もさることながら、縦割りの官僚機構、硬直化してしまった組織風土など、内部要因が原因で閉塞感に陥ってしまっている企業も少なくないだろう。

青空プロジェクトは、次世代を担う若手が中心となり、全員が自ら考え行動し、いろんな失敗と成功を繰り返しながらも、「自分たちの共通のゴール」に向かって駆け抜けた軌跡だ。その過程の中で、「こんなに毎日が充実していて闊達なプロジェクトは経験したことがない」「私たちでもここまでできるんだ」というメンバーの変貌ぶりに驚くことになる。

「この奇跡のような3年間の熱量とノウハウを書籍の形で残すことで、閉塞感に苦しむプロジェクトリーダーの何かの助力になれば」そういう思いで、筆を執り続けてきた。良かったことだけを記すつもりはない。失敗したこと、うまくいかなかった点もまた私たちの糧であり、間違いなく誰かの糧にもなるだろう。

青空プロジェクトに関わったすべての人を数えると1000名以上になる。ケンブリッジを含め関係者全員による素晴らしい献身があってこそのプロジェクトであったことに感謝したい。そして、この本を手にした読者が、何かを感じ、今日からでも変化を起こす第一歩を踏み出してくれれば望外の喜びである。

■岡本晋太朗（おかもとしんたろう）より

青空プロジェクトで人生が変わりました。大げさではなく、本当に。

私にとって、青空以前の仕事は「作業」であり「受け身」でした。正直、大企業の若手の仕事なんてそんなものだ……。とも思っていました。日々の仕事や打ち合わせをこなす中で、なんとなく閉塞感のようなものを覚えていたんです。

それが青空に触れ「プロジェクト2・0」の世界を垣間見たことで、仕事観が180度変わってしまいました。

自分たちのありたい姿のために、自分たちで課題を見つけて、自分たちで解決しにいくスタイル。これが本来の仕事なのだと気が付いたんです。

私のように企業に属しているものの、なんとなくモヤモヤを抱えながら仕事をしているビジネスパーソンは多いはずです。

私は青空プロジェクトに救ってもらいました。だから、かつての私のように、漠然とした不安とモヤモヤを感じている人たちに「変化の一歩」になるものを提供したいと思ったんです。プロジェクト1・0と2・0の違い、2・0を機能させるための具体的な工夫を本書に書き残したいのです。

読んでくださった方たちに「これを取り入れてみよう！　こんなプロジェクトやってみたい」と思ってもらえたら……。そう考えるとワクワクしてしまうんです。

とはいえ、私たちもまだ変化の途中。悩んでいることもあります。読者の皆さんと一緒に変わっていければと思います。

プロジェクトの概要

ここで、プロジェクトの概要を整理しておきたい。

■プロジェクトのテーマ

住友生命では保険販売を行っているが、その営業を担うのは約3万人の営業職員（スミセイライフデザイナー、以下ライフデザイナー）である。そしてライフデザイナーは保険の手続きや提案をする際に、営業用タブレット端末を使っていた。本プロジェクトのミッションは、この端末をリニューアルすることだ。2015年からプロジェクトを始め、2018年にはすべてのライフデザイナーたちに新しい端末を行き渡らせることを目指す。

保険にまつわる仕事は大きく2つに分けられる。

①新規提案業務

保険を提案し、契約する業務だ。お客さまのライフスタイルや保険に対するニーズを聞き出し最適な保険商品を組み合わせ・設計して提案する。そして事務処理を行い、契約する。

②保全業務

無事に契約に至ると、長いお付き合いが始まる。お客さまのライフステージの変化（結婚や出産、子供の独立など）に合わせて保険の見直しや、オプションの変更、名義や住所の変更、支払い、満期、解約などを行う必要がある。これが「保全」と言われる業務だ。

ライフデザイナーがこなしているこの2大業務を支えているのが、「タブレット端末」である。多くの業務が、このタブレット端末で実行可能だった。タブレットはライフデザイナーにとって大事なツールなのだ。この端末にはＬｉｅｆ（リーフ）という名称がついている。

■プロジェクトの大まかなフェーズ区切り

プロジェクトは大きく9つのフェーズに分かれている。プロジェクトの全体感を掴んでもらうためにも、フェーズ名とその中でやるべきタスクを簡単に確認しておきたい。

1：構想立案フェーズ（約1・5カ月）
プロジェクトを立ち上げる。
プロジェクトゴールやコンセプトを定める。

2：現状調査・分析フェーズ（約2カ月）

ゴールやコンセプトに沿って、現時点での状況や問題点を明らかにする。構想立案フェーズで考えていたことが、間違っていないか裏取りをする。

3：施策立案フェーズ（約2カ月）

現状の調査・分析結果を踏まえて、具体的な施策を考える。大枠の予算を見積もり、全体ロードマップを作成する。ちなみにケンブリッジはこのフェーズまで支援して離脱している。

4：実行計画作りと体制構築フェーズ（約2カ月）

前フェーズで作成した実行計画をもとに関係部署を巻き込み、協力体制を整える。経営陣に対して、実行計画（概算での人・物・金）の承認を取り付ける。

5：基本設計フェーズ（約半年）

出揃った施策すべては実現できないので、優先順位をつけ絞り込む。基本設計を行い要件を確定させ、プロジェクト予算を確定させる。

6：開発フェーズ（約1年）
システム開発を行い、業務を設計する。
システムならば、プロトタイピングをしながら画面の遷移や使い勝手を調整する。
業務ならば、新たな端末を使った業務を設計し考慮に漏れがないか確認していく。

7：テストフェーズ（約5カ月）
作ったシステムをあらゆる角度から検証し、実際の業務に支障がないことを確認する。
システムを実際の運用に耐える状態にまで持っていく。

8：移行・教育フェーズ（3カ月～）
新しい端末の使い方を教える。説明会を開き、実際に端末を触ってもらう。
人を実際の運用に耐える状態にまで持っていく。

9：稼働フェーズ
現場からの問い合わせに答え、運用を軌道に乗せる。
新たな運用が回り、成果を出すところまで追いかける。

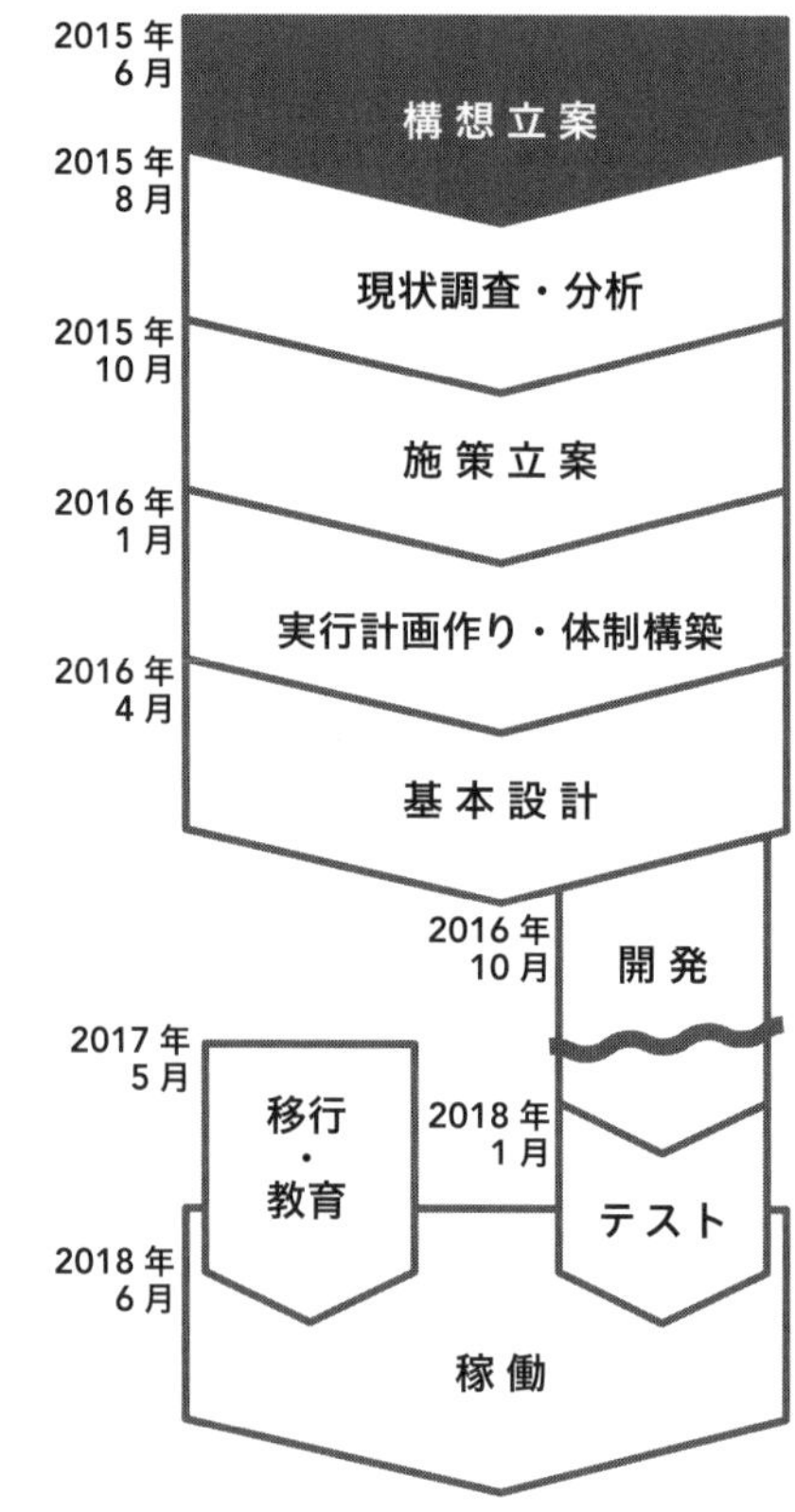

以上9つのフェーズに合わせて、本書も展開させていく。
前置きが長くなったが、これで前提情報が揃った。ここからようやく本編だ。
早速、住友生命青空プロジェクトの世界に皆さんをお連れしよう。

目次

4章 実行計画作りと体制構築

1 章

構想立案（コンセプトフレーミング）フェーズ

2015年7月〜8月

立ち上げ

2014年末　立ち上げ前夜

後に青空プロジェクトのオーナーとなる汐満（しおみつ）と日下（くさか）は、住友生命東京本社がある築地の会議室にいた。

中期経営計画として翌年から予定されていた、営業端末更改プロジェクト（後の青空プロジェクト）について議論するためだった。

しばらく他愛もない雑談をした後で、汐満が切り出す。

「日下さん、実はね。先週、ＳＬＣ（住友生命の情報システム開発を担っている、システム子会社）のちょっとしたプロジェクトの最終報告に立ち会ったんですけどね」

汐満は、端末更改がメインミッションになる情報システム部の長である。

「ああ聞いたよ。ＳＬＣの業務改革の取り組みやろ？」

日下がメガネの奥の目を光らせながら言った。日下は商品部の部長だ。

「そうそう。それが、すごく良くてですね。デザイン思考のアプローチにそっくりだったんですよ。コンセプトを固めて、現場をしっかり観察し、そこから新たなビジネスをデザインしていく……。そんな感じ。このやり方が今回の端末更改プロジェクトにはぴったりだと思っていて、なんとしてもあれを取り入れたいんですよ。これまでのプロジェクトとは全く違う形で進めてみたい」

日下は目を細めると同僚をじっと眺めた。

「汐満さんがそこまで言うってのは……、相当やね……」

「そうなんですよ。実はコンサルティング会社にも入ってもらっていて。今回の端末更改プロジェクトにも、この会社を入れたら面白いと思っているんです。どう思います？」

「デザイン思考はようわからんけど、汐満さんがそこまで言うならな。でもね、僕は今回、若い連中に任せたいと思ってるんよ。コンサルティング会社におんぶに抱っこにはしたくない」

日下が静かに、しかし、力強く言った。

汐満はうなずく。「そういう意味でも、このコンサルティング会社はうってつけだと思います。SLCの連中は目を輝かせて、自分たちの取り組みを、自分たちの言葉でプレゼンしていたから。あんな雰囲気のSLC、初めて見ましたよ。今回の取り組みも、若い連中がそんな風に目を輝かせられるようにしたい」

「え？　コンサルティング会社なのに？」

「この会社は少し変わっているんです。彼らのノウハウをウチの社員に教えながら、ウチだけで自走できるように進めてくれる。珍しいと思いません？」

「なるほど……。だったらいいかもしれない。うん……そうやな。でも……どこの馬の骨ともわからんコンサル会社やろ？　社内の承認を通すのは難しいんと違うか？」

「僕と日下さんが本気なら、なんとかなるでしょう」

「……ふむ。しかし、僕らにとっても賭けやね。コケたら言い訳つかんし……」

「……」

　少しの沈黙が流れる。

　日下が静かに話し出した。

「……汐満さん、この話に乗る代わりに、と言ってはなんやけど……。どうせなら徹底的に若い連中に任せたいんや。次の世代を担うのは彼らや。これまでと違うやり方をどこまで取り込むかも、どんな端末ができあがるかも、彼らに任せたい。僕らはそのバックアップをする。そして、何かあったときには彼らの防波堤になりたいんや。そこが共有できるなら、その話、乗ろう」

　汐満はニヤリと笑った。

「日下さん、僕も同じ思いですよ」

2015・02・02 立ち上げ前の事前討議［榊巻］

ＳＬＣのプロジェクトでお世話になった汐満さんから、「次期端末更改の支援をしてくれないか？」と声をかけてもらったのは２０１５年になってすぐだった。早速、住友生命とケンブリッジの間で本格的な打ち合わせが始まった。その数、実に８回。

ケンブリッジでは支援を開始する前にかなり打ち合わせをするのだが、このときは取り分け回数が多かった。

ケンブリッジが進め方の案を用意し、住友生命メンバーと議論して中身を調整する作業を繰り返す。議論の相手は、プロジェクトオーナーである汐満さん、日下さんでなく、情報システム部の菊地さんと岡田さんが中心だった。

菊地さん岡田さんは打ち合わせのたびに、相当深い部分まで考えてコメントをくれていた。

「こう進めるのはどうして？」
「ここはもっと時間かけなくていいの？」
「これだと、ヒアリングが足りない気がする」
「このタスクのイメージは？」

という具合だ。なんというか熱量を感じる。

全国のライフデザイナーが使っている3万台の端末を入れ替えるプロジェクトだ。相当な投資を行い、何年にもわたる取り組みになる。正直これだけのビッグプロジェクトで、若い2人にこれほど任せるとは、と驚いた。

今思えばこの時点から、汐満さん、日下さんの思惑はスタートしていたのかもしれない。

●プロジェクトの骨格

議論を通じて、少しずつプロジェクトの全容や体制、進め方が固まってきた。

①全国3万人のライフデザイナーが使っているタブレット端末を、全面更改するプロジェクトであること。

②単なる更改ではなく、現場の思いを汲みながら、これまでと一線を画す端末を目指すこと。

③そのためにプロジェクトの進め方自体を、大きく変えて挑みたいこと。

④端末の完成だけでなく、プロジェクトに参画したメンバーの成長を期待すること。

これらのことから住友生命の思いが伝わってくる。

●体制

体制としては、その名の通り全社横断のチーム編成になった。

大阪城見を拠点とする、事務サービス企画部、契約サービス部、保険金部など、主に「事務とサービスを担う部門」から8人のメンバーが選出され、東京築地を拠点とする、商品部、情報システム部、営業企画部など、主に「企画を担う部門」から9名のメンバーが選出された。このメンバーたちは現業も抱えており、関与の割合はプロジェクト3割、日常業務7割という感じ。

プロジェクトの主管部署は、営業端末そのものを司る「情報システム部」と、保険商品を作っている「商品部」になる。この2部署からプロジェクトリーダーを出すことになった。彼らの関与の割合はプロジェクト8割、日常業務2割。

この17人に、事務局という形で参画する住友生命の若手2人と、ケンブリッジからの5人を加えて、総勢24人がプロジェクトのコアメンバーになる。

上流工程としては相当な大所帯。しかも、大阪城見と東京築地に拠点が分かれる形だ。一般的に言って、立場が異なる部門でしかも500キロも離れると対立構図になりやすくなる。これはプロジェクトにとってかなり難易度が高い設定だった。

当時、岡田さんとこんな会話をしたことを覚えている。

「これだけの大所帯、なかなか見ないですよ」

「そうなんですよ、しかも、こういった形での部署横断プロジェクトは初めてかもしれませ

図 1-1：プロジェクトの体制図

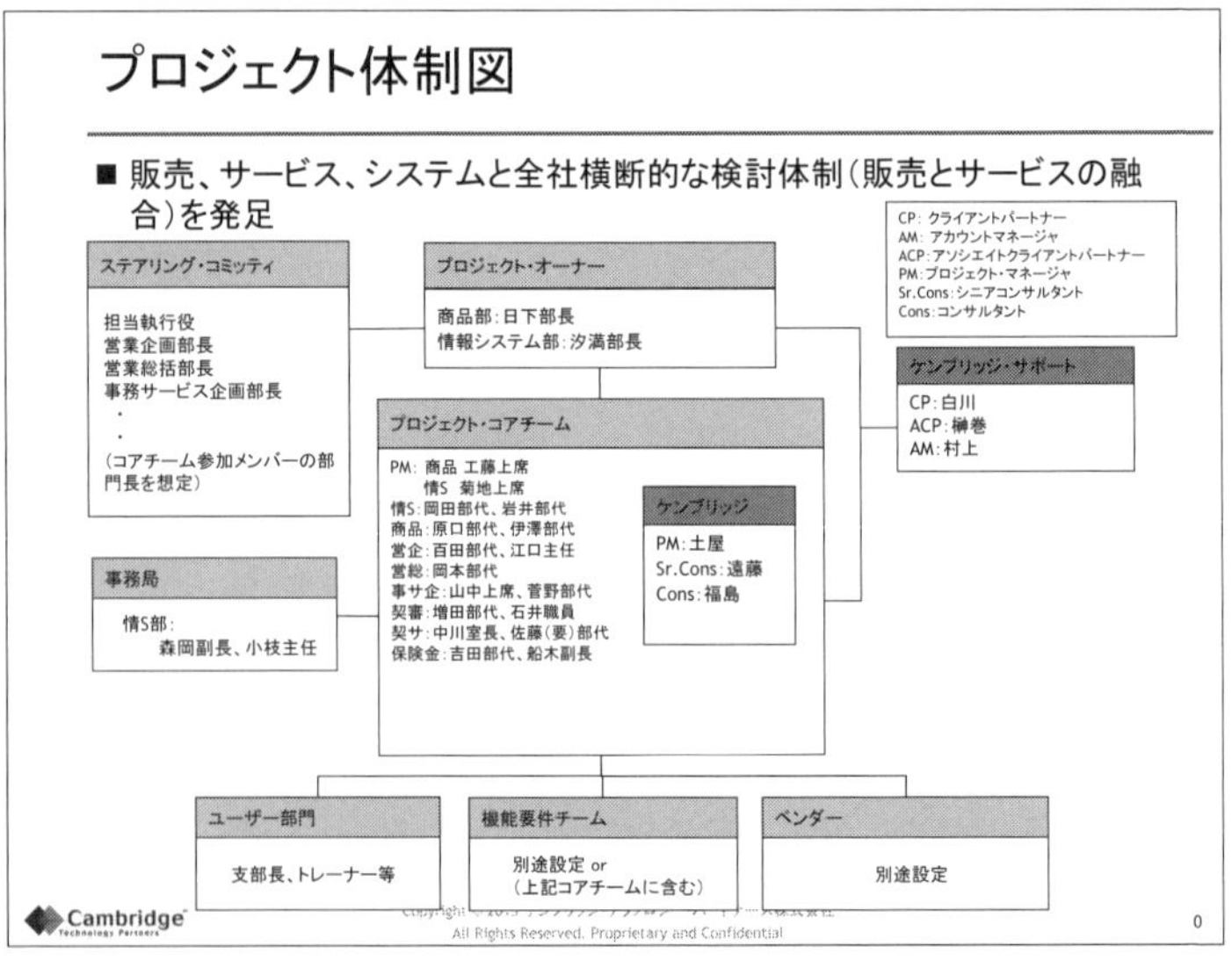

ん」

「え？　でも何度も端末更改をやってますよね？　岡田さん自身も、端末の更改に関わるのは3回目、って言ってたじゃないですか？」

「もちろん今までも取り組んできました。でも、これまでは部署ごとにやりたいことを整理して企画を上げ、それを束ねて、各部署間で利害関係の折り合いをつけていく形でした。それだとどこまでいっても根っこが縦割りなんですよ。極端な言い方をすると、部署の利益代表として、どこまで部の主張をねじ込めるかが、能力として評価されがちになってしまう。これでは本当の意味での部門横断プロジェクトになってないと思うんです」

「なるほど……」

「今回はその壁を越えたい。多分、汐満が一番強くそう願っていると思います」

「……だとすると、この大所帯のチームが、真の意味で利害を超えて一枚岩になれるかどうか。それが肝になるということですね……」

「そうそう。まさにその通り」

「うーむ。本当の意味での組織横断プロジェクト……。それに拠点まで分かれている……岡田さん、これは、かなりキツイですよ……」

「だからこそ、お高いケンブリッジさんを選んだんですよ。ははは」

思ったよりずっと難しい仕事を受けてしまったようだ……。

いずれにしても、8回の事前議論を通じてプロジェクトの進め方や体制を固め、ケンブリッジから住友生命役員へのプレゼンを経て、正式にプロジェクトが発足することになった。キックオフは7月16日と決まった。

■2015・05・18 プロジェクトへのアサイン［百田］

端末更改プロジェクトへの参画を打診されたのは、東京も初夏の様相を見せ始めた5月18日だった。

「すごいメンバーだな」。メンバーを見て思わず唸った。各部署の中心メンバーが集められていたからだ。ほとんどのメンバーの名前を聞いたことがある。錚々たる面々だ。

しかし、多くの利害関係者が集まるプロジェクトでは、苦い経験もしてきた。自分にこの役割が務まるんだろうか。しかも今回は外部のコンサルティング会社も入ってくるそうじゃないか……。ケンブリッジ？　聞いたこともないし、ウチの会社の文化に合うかな？　キックオフは7月16日。さてどうなることか。

キックオフとレクチャー

2015・07・16 キックオフ［榊巻］

キックオフの当日。築地の住友生命東京本社ビル。14階のプロジェクトルームに、住友生命のメンバーが集まってきた。

プロジェクトリーダーである菊地さん、工藤さん、サブのリーダーである岡田さんとは事前に顔を合わせていたが、それ以外は初めて見る顔ばかりだった。プロジェクトオーナーである日下さん、汐満さんはこの場にいない。

通常考えられないことで当時は驚いたのだが、今考えると、徹底した「任せる」がここでも発揮されていたのだろう。

意義目的、アプローチの説明

集まったメンバーに対して、僕からは、今回のプロジェクトがどういう位置付けのものか。そして、全体のアプローチとしてどのような流れになるのかを丁寧に説明した。

「皆さん共通認識だと思いますが、今回は、現状の問題を少し解消しようというマイナスをゼロにするような微改善ではなく、数年後を見据えて、ワクワクするようなアイデアを出しながら、ゼロからプラスを作っていくプロジェクトになります」

19人のメンバーは真剣に聞いてくれているが、感情は読めない。時折、岡田さんがコメントを差し挟んでくれた。

「部署横断でクロスファンクショナルチームを作ってやっていくのも大きな特徴。それからケンブリッジさんからプロジェクト運営のノウハウをごっそり吸収するのも1つの狙いです。こ

図1-2：プロジェクターに映された、全体アプローチや進め方の資料

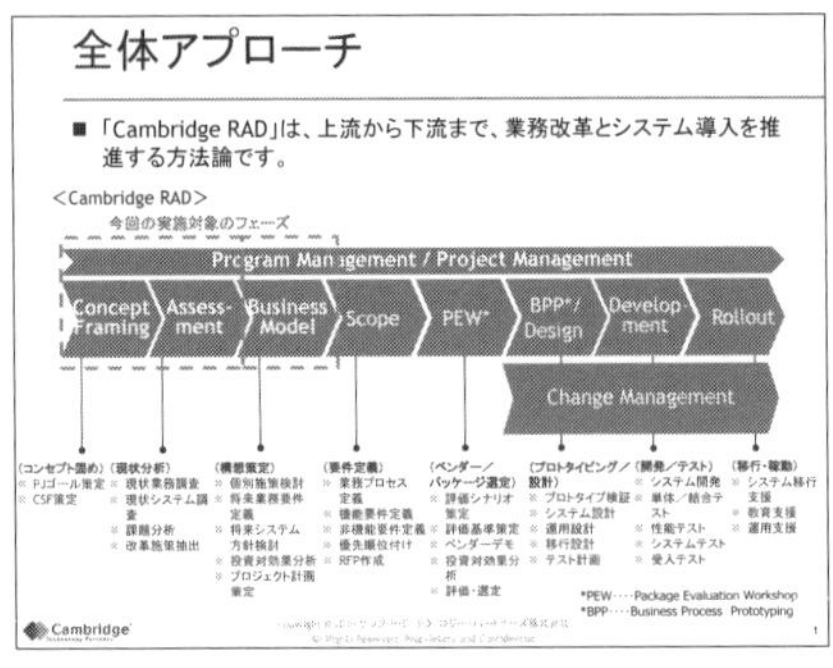

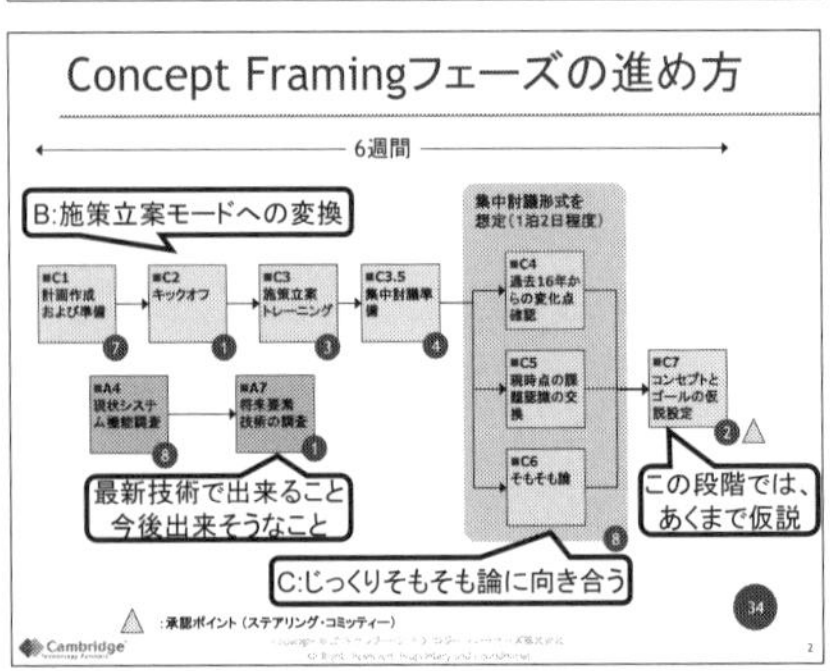

れをきっかけに住友生命のプロジェクトを変えられたら面白いよね」

　全員がなんとなくうなずくのを確認する。こういう差し込みは本当にありがたい。

　続けて全体のアプローチの説明だ。

「まずは構想立案フェーズです。この中で変革のコンセプトを固めていきます。長いプロジェクトを走るためには、最初のフェーズが肝になると思っています。その後、現状調査・分析と施策立案を4カ月で実施します。ケンブリッジがお手伝いするのは、ひとまずここまでの半年間です」

全員の表情を確認する。

「その後、基本設計、開発、リリースという流れになります。全工程で数年かかる大プロジェクトですが、まずはこの半年が重要です。具体的に最初の1・5カ月の進め方ですが――」

実際には図1－2のような資料を投映しながら説明している。

アプローチの説明を終えると、メンバーから「プロジェクトに対する期待値」をもらうパートになる。

期待値の交換

情報を一方的に伝えるだけの、通過儀礼としてのキックオフにほとんど意味はないと思っている。双方向のコミュニケーションを生み出し、プロジェクトにのめり込むきっかけになるようなキックオフが理想ではないだろうか？　それを実現するための1つの仕掛けが「期待値の交換」である。

- このプロジェクトにアサインされてどんな気持ちでいるのか？
- このプロジェクトで何を成し遂げたいのか？

図 1-3：メンバーの期待値を書き留めたスクライブ

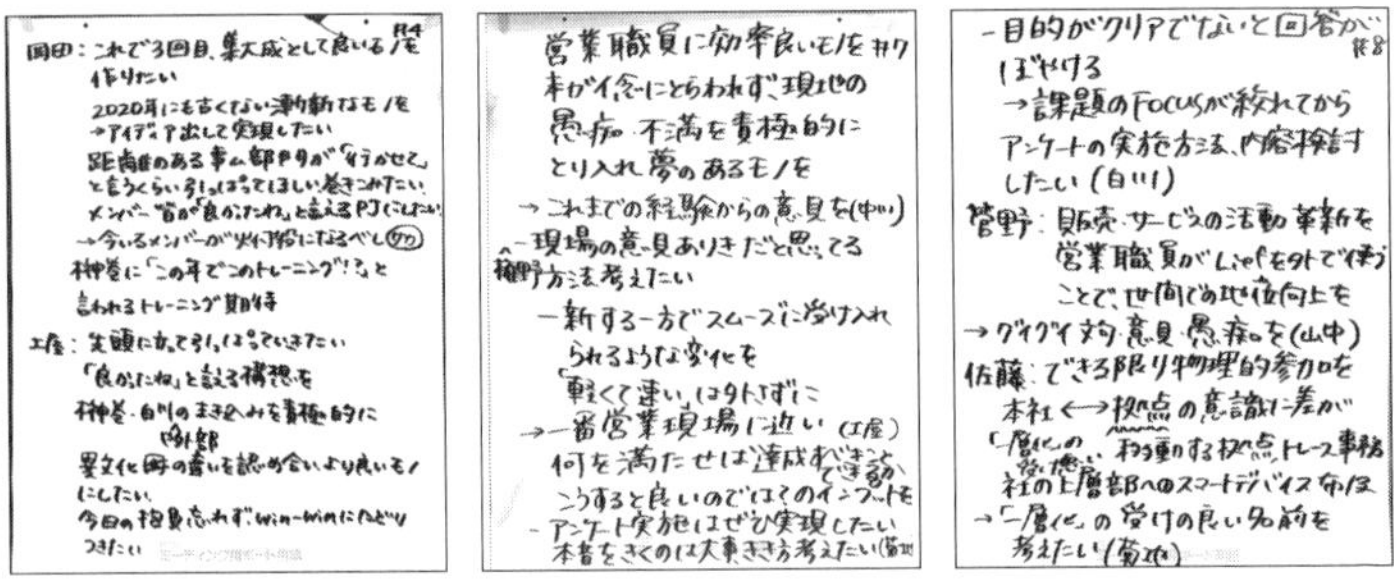

図 1-4：書き留めたスクライブはしばらく PJ ルームに貼られていた

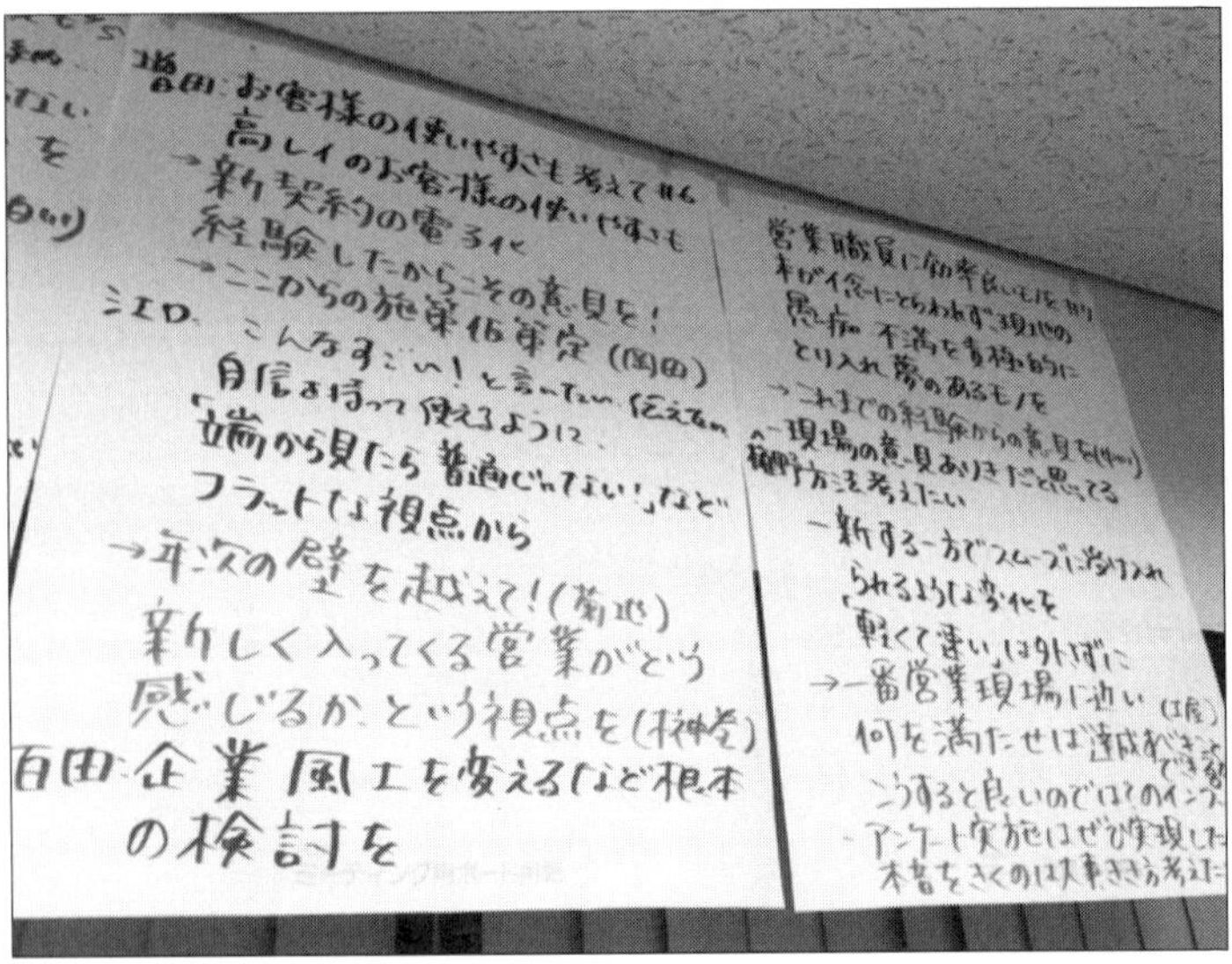

•どんなプロジェクトにしたいか？

こんなことを各メンバーから1人ずつ話してもらうのだ。

不安と期待と興奮が入り混じった声が出てくるが、逐一フリップチャートと呼ばれる模造紙に書き留めていく。僕らはフリップチャートを使って議論や発言を徹底的に可視化するようにしている。議論を可視化することを「刻み付ける」という意味を込めて「スクライブ」と呼んでおり、キックオフだけでなく、すべてのセッションでスクライブをして、議論を徹底的に可視化していた。

当時の実際のスクライブがこれだ（図1－3）。しばらくプロジェクトルームに貼られていた（図1－4）。

グラウンドルールの設定

次に、プロジェクトで守るべきグラウンドルールを設定する。期待値交換で挙がった意見を盛り込みながら、ルールを作っていく。

おそらくプロジェクトのキックオフで期待値を交換するのも、グラウンドルールを作るのも、住友生命のメンバーは初めての経験だったのではないかと思う。

やり方に戸惑ったメンバーも多かっただろうと思うが、それでも、メンバーからはたくさん

図1-5：青空プロジェクトのグラウンドルール

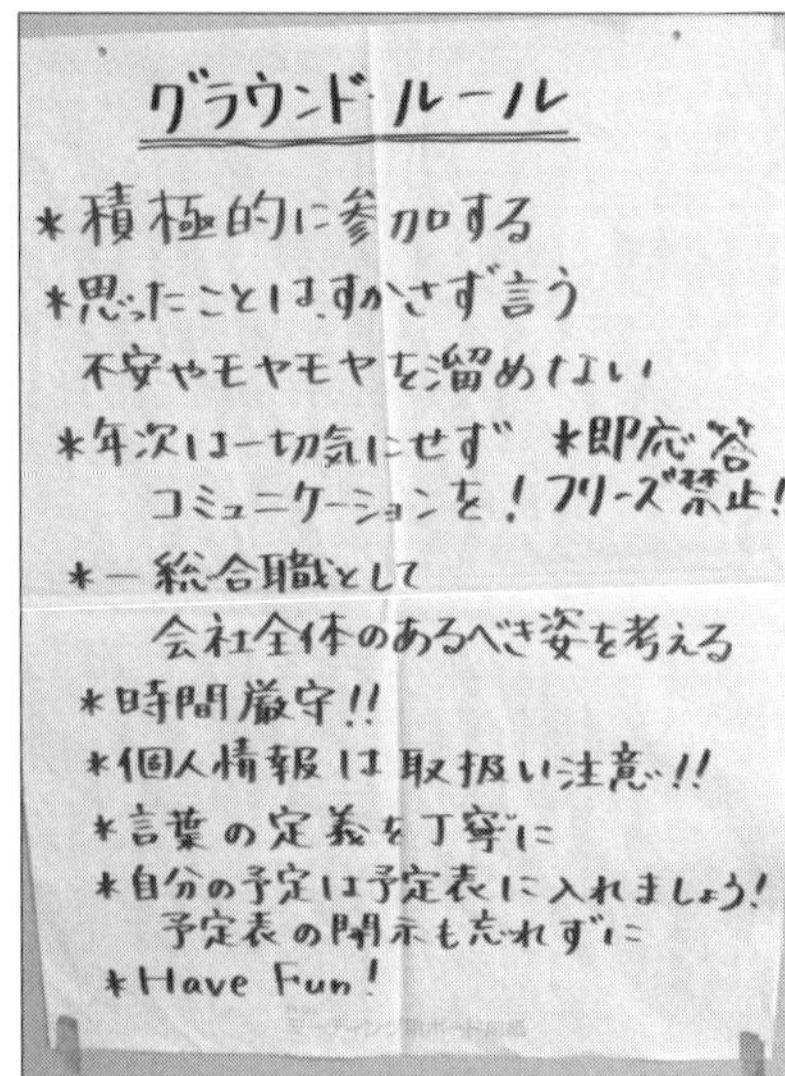

の意見が出た。

「年次は絶対に気にせず、フラットなプロジェクトにしたいよね」

「思ったことは遠慮せずに、すかさず言えるようにしたいな」

「積極的に面白い場を作っていきたい」

「イチ職員として全社のあるべき姿を考えたい」

いい感じの滑り出しだった。そのとき作られたグラウンドルールの実物がこれだ（図1－5）。このグラウンドルールは、あちこちで使っていたので、ボロボロになっている。

誰かが作ったものを押し付けるので

はなく「一緒に作る」「自ら作る」を大事にして、プロジェクトを進めたかった。

（このやり方をノーミングと呼んでいるのだが、詳細は4章で解説する）


明けて翌日には「進め方のレクチャー会」が予定されていた。

キックオフでは、単純に「進め方（How）の説明」だったが、レクチャー会では「なぜこの進め方が大事なのか（Why）の説明」をかなり時間をかけて議論する予定だ。

今回は、各部署で別々に企画を考えて持ち寄る従来型のスタイルではない。

全員でコンセプトを作り上げてから、全員で調査し、全員で施策を考えていくのだ。

この進め方をする意味が腹落ちしていないと、モヤモヤしたまま走り、途中で空中分解することになるだろう。

また、今回のやり方を他のプロジェクトにも適用してほしかった。だから丁寧に、「なぜこうしているのか」「これにどういうノウハウが隠れているのか」をレクチャーすることを大事にしたのだ。

だが……。

■2015・07・16 キックオフ［百田］

「なんだか、えらく軽いノリだな。こんな雰囲気で大丈夫かな」

キックオフで初めてケンブリッジのメンバーと相対したときの率直な第一印象だ。貴重な時間にもかかわらずアイスブレイカーと言ってクイズを始めたり、お菓子をつまんでよいと促されたり。

違和感を覚えつつも、いよいよプロジェクトの詳細を聞くことになった。Ｌｉｅｆ（営業用タブレット端末）更改については、事前になんとなく共有は受けていたものの直接話を聞くと臨場感が全然違う。

このプロジェクトは「単にＬｉｅｆを更改する」「少し改善する」をゴールにしているわけではない。次期Ｌｉｅｆが再び更改されるであろう8年後までの姿も見据えて、新しい機能・施策を盛り込んでいく必要がある。

キックオフではそんなことが話し合われ、共有された。折しもiPad ProやSurfaceといった最新鋭の端末が世の中に投入され始めたときであったため、次第にワクワクしてきた。

そして、ケンブリッジのスタイルはカジュアルだが、それは本音で意見を交わすことを促す舞台装置だと次第に気付き始めた。本音を引き出す姿勢は、「期待値の交換」と呼ばれる取り組みにも醸し出されていた。

「ライフデザイナーの頼れる相棒を作りたい」
「新契約の電子手続き化を成功させたい」
「手続きの不備をゼロにし、より生産的な働き方を演出したい」

メンバーは口々に、このプロジェクトに期待することを発表した。ケンブリッジのメンバーがすかさずフリップチャートに板書している。これはスクライブというそうだ。

この期待値の交換は、良さそうだと思えた。これほど丁寧に他人の期待を聞くことなどないからだ。「そんなこと考えていたんだ」とか「その視点もあるよね」というのが見えてくるのは、なんだか新鮮だし、それだけでちょっとした一体感が感じられた。スクライブも面白い。フリップチャートにこれでもかと議論が可視化されていく。初めての経験だ。

「このやり方は非常にスッキリするな」

セッションが進むにつれ、疑心暗鬼な状態から次第に期待が膨らんでいった。この雰囲気で進めていけばうまくいくかもしれない。そんな期待感が持てるキックオフだった。

それだけに、「構想立案」というフェーズの話を聞いたときには、最初、「何言ってんの？」と少々腹立たしい気持ちにさえなった。

キックオフでのケンブリッジの説明によれば、当面6カ月は「構想立案」「現状調査・分析」「施策立案」という手順で進んでいくという。

衝撃だったのは、「構想立案」が終わるまでは現状調査は禁止ということ。そんなにモタモタしていていいのか？

モヤモヤしていたものの、翌日にレクチャー会があるとのことだったので、キックオフでは気持ちを抑え、翌日に存分にぶつけることにしようと考えた。

2015・07・17 進め方のレクチャー会［榊巻］

今後のプロジェクトの進め方について、2時間のレクチャーが2回企画されていた。通常ここまでやらないが、今回は住友生命のメンバーにノウハウを伝えることも1つの狙いだった。
今回は構想立案から現状調査までのパートを対象にレクチャーする。
ケンブリッジの白川と一緒に書いた『業務改革の教科書』の内容を引用しながら、30分説明して、都度、質問や感想を引き出すやり方を採用することにした。一方的な講義だと、どこまで刺さったか見えないからだ。このやり方はある意味大当たりすることになる。

「ケンブリッジでは、いきなりやみくもに調査することはしません。まずは構想立案をして、ゴール・コンセプトをしっかり固めます。コンセプトフレーミングといったりしますが、これがないと長いプロジェクトは走りきれない。構想立案フェーズの間は調査禁止。まず、しっかり話して、ゴールと方向性を定めましょう」

こう話したとたん、岡田さんがあからさまに険しい顔をした。

「構想立案フェーズの間は調査禁止って、ありえないでしょ。さっさと始めましょうよ。何の意味があるかわからんわ」少し関西弁が交じる岡田さんの言葉には迫力がある。

提案のときにそういう話しましたよね？　と言いたい気持ちは抑えつつ、

「そういう意見もありますよね。ありがとうございます。たくさんコメントがありそうなので、ここまでの疑問質問・取り入れたいこと・感想を付箋に書き出してもらえませんか？」と

図1-6：レクチャー会の様子と、構想立案フェーズに対するポジネガ意見表明

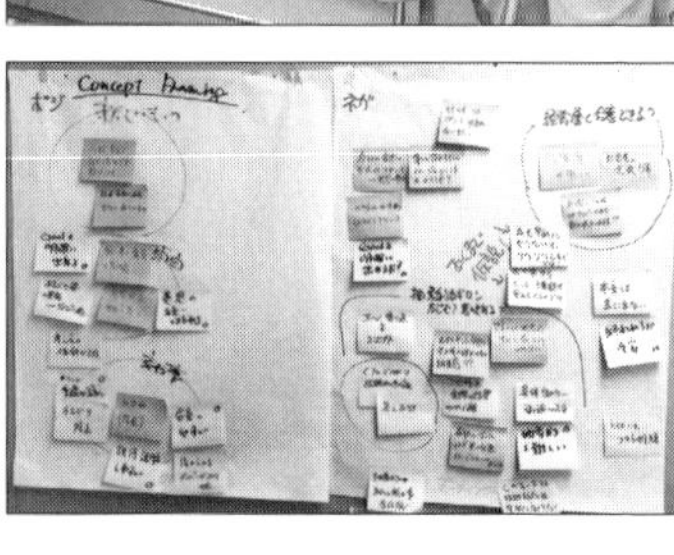

全員にお願いした。

そうしたら、出るわ出るわ、不安と不満の声。貼り出された付箋たちを見ると「早く調査すべき」「コンセプトに意味があるのか」「足踏み感がある」というものが多い。さっきの岡田さんの一言が効いたのは間違いない。

この付箋を無視することもできる。「汐満さん日下さんと話して、決まったことですので」と。でもそれでは空中分解してしまう。丁寧に回答するしかない。

かなり厳しい雰囲気だったので、わざと明るく振る舞ったのをよく覚えている。

「いやー、出ますね。しかも、えー?! 皆さん、めっちゃモヤモヤしてるじゃないですか。困ったなぁ」

プロジェクトメンバーからは「すぐに調

査を始めましょうよ。そしたらモヤモヤしなくなるから」なんて声が出てくる。

僕は「そうですね。調査しちゃいましょう！」と言いたくなる衝動を抑えた。ここで引き下がるわけにはいかない。

真の部門横断での取り組みにしたいというのがプロジェクトオーナーの強い思いだったし、そのためには部門間の立場を超えて、1つにまとまることが不可欠だ。いきなり部門別に調査を始めて、うまくいくわけがない。

「皆さん、構想立案フェーズでコンセプトを固めるというのは馴染みがない取り組みですよね。なので当然モヤモヤすると思います。でも、部門別に取り組み、縦割りのまま進めるのは本意ではないと思います」

「それはそうだ」と皆さんがうなずく。

「縦割りになるのは、目指すべきゴールやコンセプトが部門別に設定されているからなんです。部門を超えて、全員がイチ職員として目指すべきゴールやコンセプトをキッチリ作れたら、自然と部門の壁などなくなっていきます」

「うーん。まぁそれはわからなくはないけどな」何人かは、少しこちらに傾いてくれている。

「それに、合宿で膝詰めで話すのは、心理的安全性を確保する狙いもあります。何を言っても大丈夫という感覚。年次も立場も関係なく、忖度抜きで本音を話せるチームは本当に強くなります」

しかし、そもそもコンセプトなんて作ったことない人がほとんどだろうし、なかなかネガティブなコメントは変わらなかった。

「いやでもさ、1カ月以上ですよ？　どんだけ時間使うんだよって話ですよ」

「そうだよな。少しでも前に進めたいこの時期に……自分の上長にも説明できる気がしないな」

（むむ……。これは困った……）そう思ったとき、百田さんが口を開いた。

「まぁ私もいろいろモヤモヤしますけど、試しにやってみませんか？　榊巻さんがここまで言ってるんだし、やってみたら意外といいかもしれないし」

百田さんのこの一言で、なんとか決着がついた。助かった。誰もやったことがないのだから仕方ないかもしれないが……。初めからきつい。

なんとか納得してもらったものの、これで合宿がこけたら、メンバーの気持ちは一気に離れていくだろう。難所が早くも訪れてしまった。でも、自分たちのやり方を信じて走るしかない。

■ 2015・07・17 進め方のレクチャー会［百田］

「現状調査禁止ってどういうこと？　各部門から主力メンバーを出してもらっているんだから、たかだかコンセプトをまとめるのに1カ月もかけたくないし説明がつかない。だいたい、現状調査もせずにコンセプトをまとめるっておかしくないですか」

進め方のレクチャー会では、メンバーから苛立ち混じりのコメントが出ていた。場にはピリピリとした空気が流れるが、榊巻さんは努めて明るく振る舞っている。

「すぐに現状調査したい気持ちはよくわかります。でも、統一されたコンセプトがないのに現状調査をしてもうまくいきません。これは信じてもらうしかない」

それでも、前日に作ったグラウンドルール「モヤモヤしたらすかさず発言する」に則るかのごとく、メンバーからは多くの懸念が示された。自分ももちろん当面の現状調査禁止には当惑していた。しかし、いつも通りのウチのやり方でやっても今までの延長線上でしかない。形は部門横断でも中身が空中分解しているようなプロジェクトはもう嫌だ。まだ序盤戦、ケンブリッジのやり方に賭けてみたい気持ちもあった。

全員がモヤモヤを吐き出し、言いたいことを言った後には、「新しいやり方にトライしているのだから、ケンブリッジを信じてやってみよう」という流れが生まれた。

最終的にその結論に至ったとき、それまで何を言われても努めて明るく、そしてポーカーフェイスを崩さなかった榊巻さんが安堵していることが見て取れた。それだけ、コンセプト作りにこだわりがあるということだろう。

そして、後からプロジェクトを振り返ったとき、あのコンセプトフレーミングのフェーズこそが青空プロジェクトの強い基盤を作ったことをしみじみ実感するようになるのである。

インタビュー

岡田さんの後日談

そもそもレクチャーをやると言ったときに、イラッとしました。レクチャーってなんだと。そんなことに時間使うよりさっさと先に進めたかったんです。あれだけのメンバーが集まってお勉強って、ね。

榊巻さんの話を聞いた後にも、やっぱりコンセプト固めに数週間使うメリットがよくわかりませんでした。正直提案のときにこの話は聞いていたんですが、本当にここまで時間かけてやるとは思ってなかったんです。

そもそも住友生命の常識からあまりにかけ離れていました。住友生命では、部署ごとに調査を進める。検討結果を持ち寄って平仄を揃える。また分かれる。この繰り返しで進めていくんです。その方が効率良いでしょ？　全員で集まってちんたら議論している暇はないんだ。そんな風に思ってました。

だから、レクチャー会も遅れて行ったし、付箋にもネガティブなことを書きましたね。周囲のメンバーが僕に同調しているのを見て、榊巻さんの反応が見ものだなと思っていました。

さんざんな言われようだったはず。僕だったらうまいこと波風立てずに収めにかかると思うんですが、彼はむしろ、発言の少ない人にも話を振って引き出してました。出てくる意見は彼にとってマイナスなものが多かったはずなのに。

でも、今にして思うと、あそこで考え方をしっかり聞き、安易に同調するのではなく、思っていることを素直に吐き出し切ったのが、良かったんだと思います。というかすでにケンブリッジの術中にはまっていたんでしょうね（笑）。

後に青空プロジェクトの文化になる、「本音で語る、自分の脳みそで考える」のベースはあのレクチャー会だったのかもしれません。

集中討議

2015・07・22 合宿に向けた準備［榊巻］

レクチャー会を終えて、なんとか進め方には納得してもらえた。だが「お手並み拝見」というモードには変わりない。コンセプトを固める集中討議は、8月6日、7日に一泊二日で実施すると決まったが、ここが次の正念場だ。

そこまでに少し時間があるが、ボヤッとしていて良いわけではない。19人のコアメンバーが集まる一泊二日の集中討議で、全員が納得できるコンセプトを生み出さなくてはならない。

いったい何をどう議論したら、コンセプトが生まれてくるのか。実は「これを議論すればいい」という決まったセオリーはない。

メンバーと対話しながら、議論の急所を見つけていく。ここはプロの経験と勘が頼りになる。

図1-7：コアメンバーヒアリングの目的を示した当時の資料

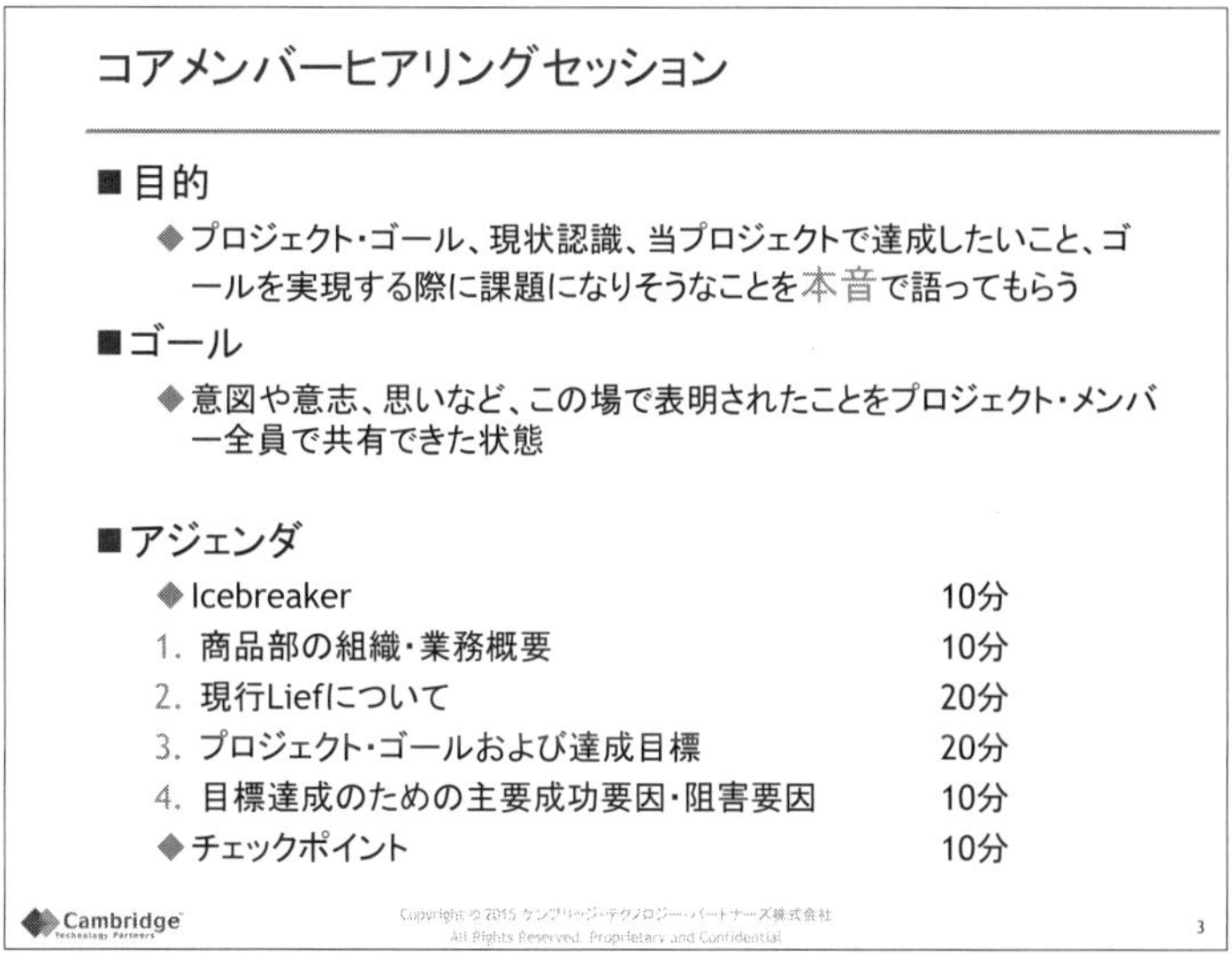
コアメンバーヒアリングセッション
■目的
◆プロジェクト・ゴール、現状認識、当プロジェクトで達成したいこと、ゴールを実現する際に課題になりそうなことを本音で語ってもらう
■ゴール
◆意図や意志、思いなど、この場で表明されたことをプロジェクト・メンバー全員で共有できた状態
■アジェンダ
◆Icebreaker　10分
1. 商品部の組織・業務概要　10分
2. 現行Liefについて　20分
3. プロジェクト・ゴールおよび達成目標　20分
4. 目標達成のための主要成功要因・阻害要因　10分
◆チェックポイント　10分
Cambridge Technology Partners
Copyright © 2015 ケンブリッジ・テクノロジー・パートナーズ株式会社
All Rights Reserved. Proprietary and Confidential
3

コアメンバーヒアリング

議論すべきポイントを見つけるためにまず行ったのは、各コアメンバーへのヒアリングだ。部門ごとにヒアリングセッションを設けて、1回2～4人に集まってもらい、ざっくばらんに会話する。

- プロジェクトで、何を達成したいと思ってますか？
- 現在の問題はなんでしょう？
- プロジェクトの成功のために、乗り越えるべきリスクや懸念は？
- 何が成功の鍵になると思ってますか？

というような話をしてもらった。

プロジェクトの外に出て、現場ヒアリングすることは一般的だが、プロジェクトの中核をなすコアメンバーにヒアリングをするという話はあまり聞かない。

ところが、プロジェクト立ち上げ期にはこれがとても重要になるのだ。

実際は、こんな会話が繰り広げられた。

――現行の端末、皆さんはどう思っているんですか？

「いやー、通信速度が遅くてね」

「物理的に重いんですよ。ライフデザイナーが他の資料と一緒に持ち運ぶには負担だと思っています」

「正直デザインがね、一昔前で……」

「使われてないんですよ。今の端末は。利用率が低くて」

思い思いのコメントが出てくる。

これだけだと愚痴大会になってしまうので、僕らからも聞きたいことをドンドン聞いていく。

――なるほど……なぜそんなに利用率が低いんですか？

図1-8：情報システム部のコアメンバーヒアリング

一番手前が岡田さん。奥のフリップチャートの横に立っているのはケンブリッジの遠藤だ

「それはさ、端末の速度とか電波の入り方とか、諸々の問題でさ」
「そうそう、使い勝手が、あちこちで微妙に悪いんだよね」

――そうですか、だとしたら、このプロジェクトでは利用率を上げるのが大きな狙いになります？　そのためには、重量や速度、通信環境、使い勝手が良くなれば達成できるという感じですか？

「うーん。利用率は上げたいけど……。それがメインかと言われると……」

「重量を改善してもそれだけで、利用率が上がるとは思えないな……」

──ふむ……。ちょっとわからなくなってきちゃったんですが……。だとしたら『使われない真の原因』はなんなのでしょう？

「うーん……」

「なんなんだろう……」

「たぶんさ……」

「いや、でもね……」

聞けば聞くほどいろいろな話が出てくる。思いもバラバラだ。話している住友生命のメンバー自身もバラバラなのがわかってくる。

「うーん。ウチの部のメンバーだけでも、ここまでバラバラだと、19人全員で認識合わせしないと、ほんとにダメかもしれませんね」

「確かにね……。コンセプトって意味だと……。端末を使った営業活動そのものをデザインしないといけないのかもしれないな」

「そうね。これまでは部署横断で、機能ベースの検討しかしてなかったけど……営業活動そのもののデザインか……必要かもな」

なんて話が展開され、プロジェクトにとっての大事な論点や施策が出てくるのである。

図 1-9：キックオフの時点で示されていたプロジェクトゴールの仮説

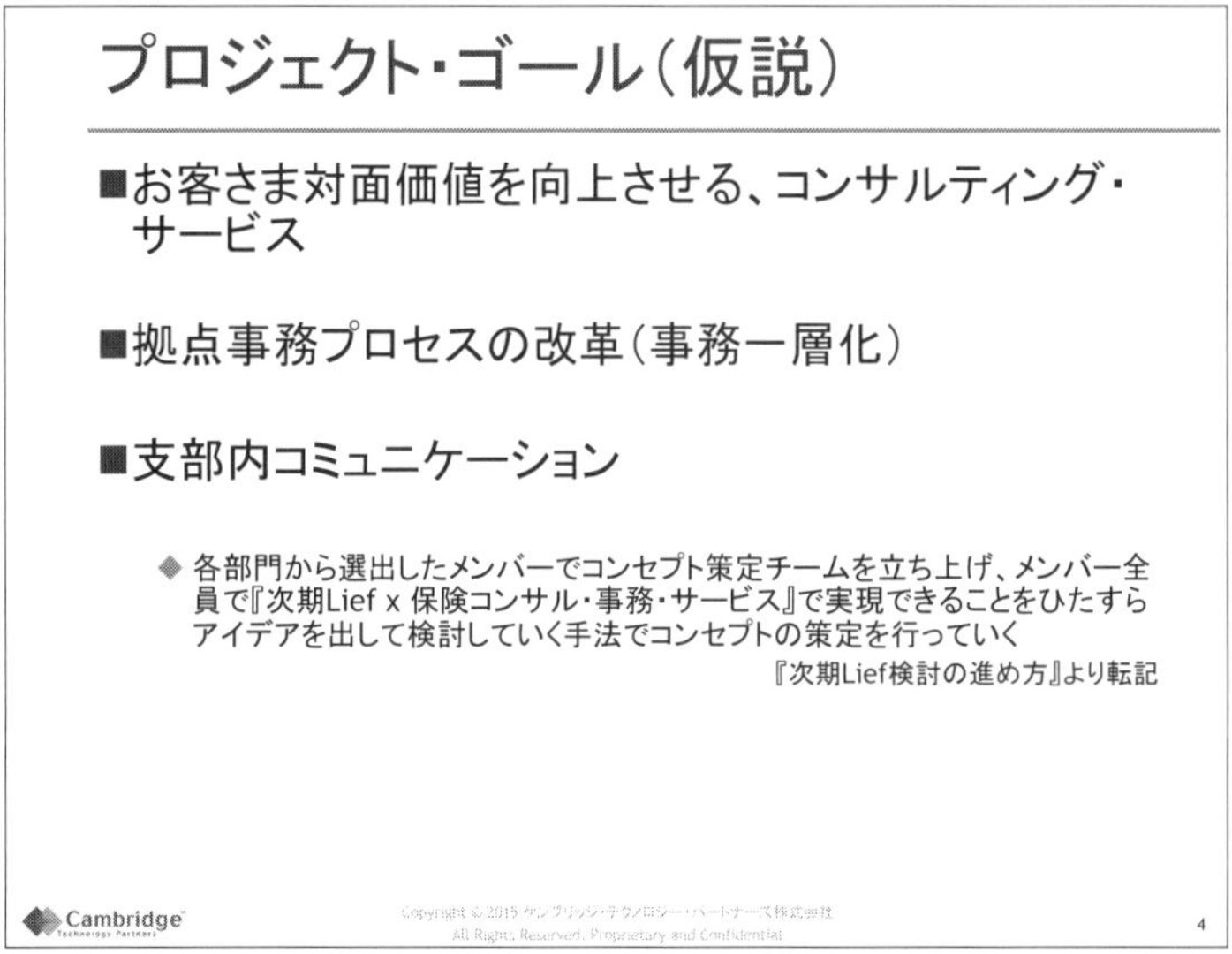
プロジェクト・ゴール（仮説）
■お客さま対面価値を向上させる、コンサルティング・サービス
■拠点事務プロセスの改革（事務一層化）
■支部内コミュニケーション
◆ 各部門から選出したメンバーでコンセプト策定チームを立ち上げ、メンバー全員で『次期Lief x 保険コンサル・事務・サービス』で実現できることをひたすらアイデアを出して検討していく手法でコンセプトの策定を行っていく
『次期Lief検討の進め方』より転記
Cambridge Technology Partners
Copyright © 2015 ケンブリッジ・テクノロジー・パートナーズ株式会社
All Rights Reserved. Proprietary and Confidential
4

現在の問題点だけでなく、仮で設定されていたプロジェクトゴールについても考えを話してもらう。

キックオフの時点で仮に設定されていたプロジェクトゴールを見ると、3つのテーマが掲げられている。これもヒアリングの大事な切り口になる。

・これについてどう考えています？
・これを実現するために何が必要だと思います？
・というか、しっくり来てます？

という問いかけをぶつけていく。そのときに「グラウンドルールに沿って、ストレートにイチ職員の視点でお願いしますね」と最初に一言念を押す。これだけでコアメンバーたちの意識が変わる。

「正直、僕はピンときてないんですよね。概念が広すぎて……」

「対面価値を向上させるコンサルティングサービスって、俺の考えではさ……」

――率直に言うと、どんな風に感じてます？

――なるほど。どんな議論をすると方向性がハッキリしそうですか？

「うーん。たぶんさ……」

「現業の側にいる私が言うのもなんですが、ストレートに言うと、実はこう思ってまして……」

こんな議論が自由になされていく。

繰り返しになるが、プロジェクトメンバーが現場にヒアリングするシーンはたくさんあるが、プロジェクトメンバー自身にヒアリングする場は意外とないものだ。しかし、この「いったん本音で話す場」はプロジェクト初期には極めて重要であり、ここからいろいろな施策アイデア、論点、課題が拾えてくる。

ヒアリングセッションが終わると、毎回、何が見えてきたのか整理する。

図1-10：商品部ヒアリングのまとめ

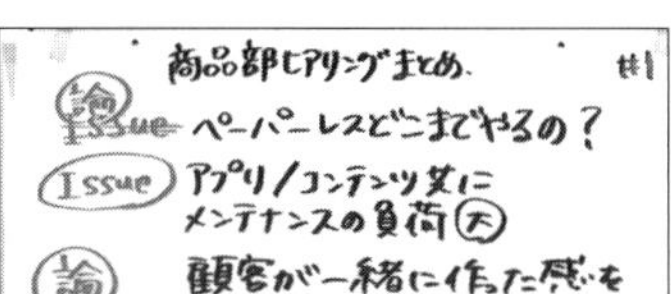

例えば、商品部のヒアリングセッションの後に整理したのがこの2枚だ（図1－10）。当時のスクライブをそのまま載せるので、多少見栄えが悪いのは勘弁してもらいたい。

この時点で、「保険プランを『一緒に作った感覚』を、顧客に感じてもらうためには？」「営業活動のあり方」といった論点が出ている。これらは、後にプロジェクトの中核をなす論点となっていく。

こうして論点や施策を拾い集めながら、集中討議で何を議論すべきなのかを考えていく。

例えば、これまでの議論から、うっすらと以下のようなことが見えていた。

- 端末が新しくなるだけじゃ全然ダメ
- 浸透、教育プロセスが今のままじゃ全然ダメ
- 本社や部門のためでなく、ライフデザイナ

ーのための端末じゃないと

- ライフデザイナーのためではなく、顧客のための端末じゃないと
- ライフデザイナーの働き方を、端末で変えないと
- 部門がバラバラでプロジェクトやってちゃダメ

多くの反省が挙がる。（でもこれって、プロジェクトとしてきちんと共通認識になっていないよな……。微妙に各自で言っていることが違うし……）眺めながらそんなことを考える。プロジェクトには強烈な自己反省が必要だ。過去を変えるのだから。そして強烈な反省は、全員が腹落ちしていなければ意味がない。

（だとしたら、今回は『端末が使われない本当の理由』を徹底的に議論することが、1つの土台になるんじゃないだろうか？）

こんなことを、帰りの電車の中で考える。そしてiPhoneにそっとメモをする。

こうやってプロジェクトリーダーである工藤さんや菊地さんと、「合宿でみんなと議論したいこと」の候補を挙げては、絞り込んでいった。

2015・07・23 合宿に向けた宿題［榊巻］

議論すべき論点を見つけたら、各自に宿題を出す。2～3個の宿題を出し、漏れなく全員に

やってもらう。

ぶっつけ本番で集中討議に臨んでも効果は薄い。集中討議で議論すべき論点を明らかにすること。そして、論点に関して、各自の考えを深め言語化しておくことで、集中討議当日の質が高まる。そのためには事前の宿題が欠かせない。

リーダーだから考えないとか、若手だから考えないは一切なし。「年次を気にせずフラットに」というグラウンドルール通りだ。

リーダーが宿題をやってこないと、「若手のお手並みを拝見しよう。答えはリーダーである俺が持っているんだがね」という雰囲気が出てしまう。これは決定的によくない。だから全員が真剣に考える。

また、基本的には1人で考えてもらうので、誰かのアイデアに乗っかることはできない。悩んだらケンブリッジのメンバーに相談に来てもらい、第三者との対話を通じて自分の考えを深めてもらう。つまり、結局は自分で考えるしかない。

これが、自分の頭で本気で考える最初の一歩になる。不確実性の高い変革プロジェクトにおいて、全員が自分の頭で考える習慣は極めて重要になる。

当時出した宿題の1つが、「お客さま対面価値を向上させるコンサルティングサービスとはなにか、自分なりの考えをまとめてくる」というものだ。当時、宿題を出すときに見せたパワ

図1-11：宿題のパワーポイントスライド

宿題①の位置づけ

■「お客さま対面価値を向上させるコンサルティング・サービス」は、プロジェクトゴールの一つであり、コア・メンバー間で具体的なイメージを共有することが大事です。

■宿題①を通じて、各々が具体的な価値向上シーンを描き出します。

■各自のイメージを共有した上で、各シーンを紡ぎ合わせることで、「コンサルティング・サービス」についての全体像を具体化してきましょう。

Cambridge　5

宿題①

■ 営業職員がお客さまの対面価値を向上させるために実施するコンサルティング・サービスについて"具体的"なシーンで表現してください。

	問い	回答
打ち手	■営業職員によるコンサルティング・サービスを一層すすめるために、どのような打ち手が必要でしょうか？具体的な打ち手をリストアップしましょう。	
想定効果	■上記のような打ち手を実施した場合、どのような効果がうまれるでしょうか。	

回答期限：来週金曜まで　メールで提出
⇒ ブラッシュアップ個別セッション　8/3
⇒ まとめ

Cambridge　6

ーポイントのスライドを載せておく（図1－11）。

これは商品部のヒアリングから出てきた論点、「営業活動はどうあるべきか、そのために端末で何を支援するか」という話や、「保険商品を一方的に提案するのではなく、お客さまと一緒に作るようにするにはどうしたらいいか？」という話を踏まえた宿題だった。こうした宿題は、以後頻繁に生み出され、そのたびに全員が脳みそをフル回転させる習慣がついていくことになる。

この一連の宿題で、誰よりもケンブリッジに相談に来ていたのが百田さんだった。実は、レクチャー会での一言から、数少ないケンブリッジ擁護派として目をつけていたのだが、彼の知的好奇心はすごかった。

「どうして、この宿題にしたんですか？」

「いちいち書き出すのは、××という利点があるからですかね？」

「宿題を考えているんですが、ちょっと聞いてもらえます？」

「ここは、思い入れがあるんですが、逆に固執している気もして……」

しょっちゅう僕らのところに来ては、疑問や自分の意見をぶつけてくるのだ。3〜4回のブラッシュアップを経て、宿題の精度もみるみるうちに上がっていった。真面目に、真っ直ぐにプロジェクトに取り組む、めちゃくちゃ頭のいい好青年。それが百田さんの印象だった。

少々ヤクザな印象の岡田さんとは対照的で面白かった。住友生命にもいろんな人がいるんだな……と妙に感心したのを覚えている。

2015・08・03 宿題と向き合う［百田］

私は、コンセプトフレーミングの集中討議に向け、宿題を前にうなっていた。

どこから手をつけるべきか悩んだが、まずは、柱になるような言葉を抽出してみた。それは、「お客さまに届ける価値」「移動する拠点」「不満こそ宝」「シームレスな働き方」という4つの言葉だった。

「お客さまに届ける価値」とは、必要保障額のコンサルティングと保険設計を簡単にわかりやすくお客さまに届けること。「移動する拠点」とは、提案から申し込みまでをワンストップで行えるようにし、不備の発生しない事務設計にしていくこと。「不満こそ宝」とは実際に使っているライフデザイナーの不満を徹底的に把握して抜本的に改善していくこと。そして、「シームレスな働き方」とは継ぎ目の煩雑さがない効率的な働き方を創出することだ。

これらを通じて、お客さまに「良い保険の入り方をした」と思ってもらえたら最高だし、ライフデザイナーは「生産性の高い働き方」が実現できたら喜んでくれるだろう。

しかし、これを全体としてどう表現したら良いものか。迷ったらすかさずケンブリッジに相談した。すぐに相談に乗ってくれるのは常駐してくれている長所だ。

「いいですね！　この4つの柱、僕も好きです。これって他にも副次的な効果が期待できそうですね。お客さまからライフデザイナーに対する信頼につながるだろうし、ライフデザイナーのリクルーティングや、新人育成にも寄与しますよね。お客さまとの末長いお付き合いにもつながる気がする。そうしたことが、最終的には必ず収益として返ってくる」

言われてみると、確かにそうだ。視野を広げてみると大きな絵が見えてきた。さんざんイメージをなぐり書きして相談に乗ってもらい、書き直してを繰り返していた。最終的にこのとき

図1-12：百田の宿題～コンセプトMOVE～

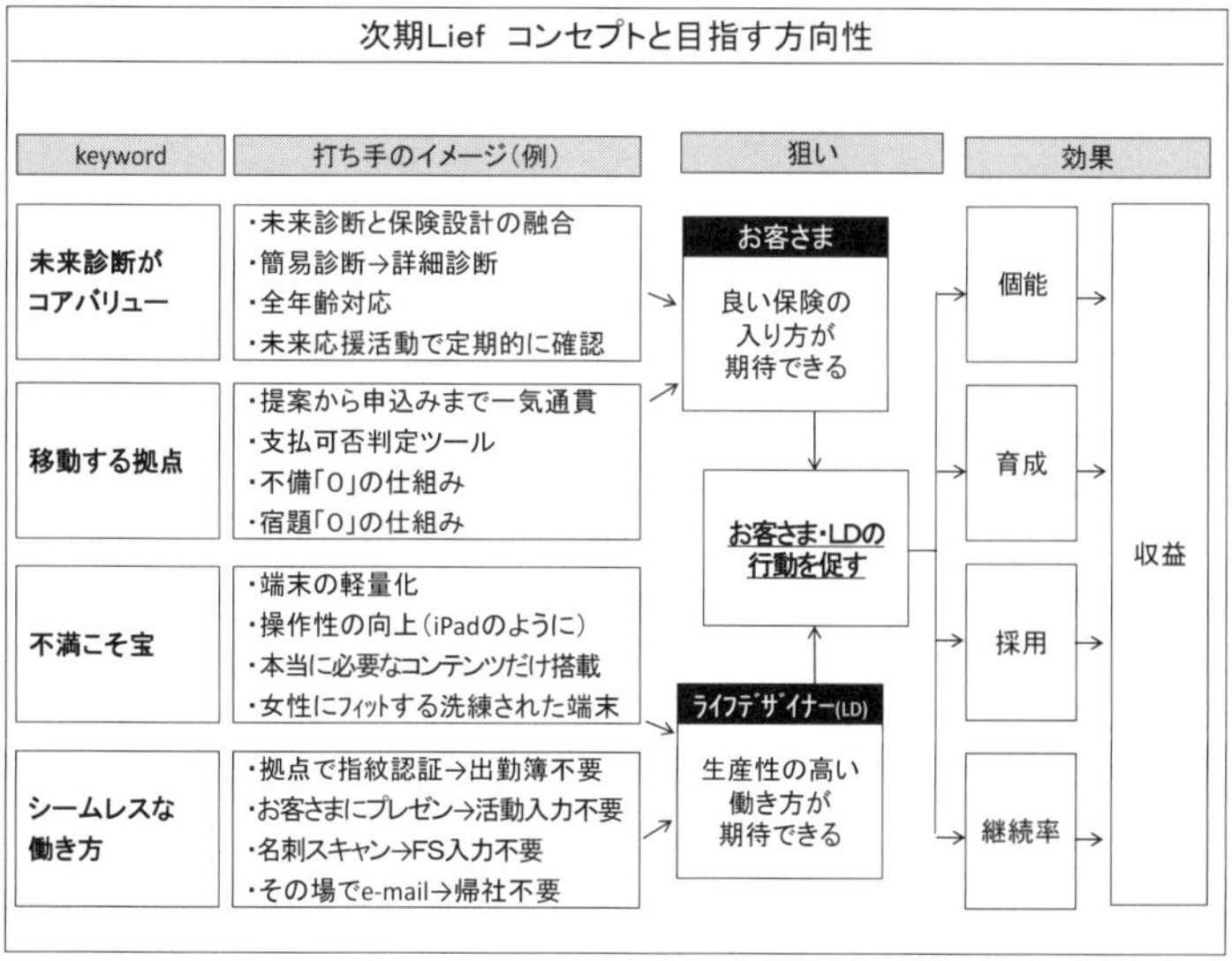

次期Lief コンセプトと目指す方向性

keyword	打ち手のイメージ（例）
未来診断がコアバリュー	・未来診断と保険設計の融合 ・簡易診断→詳細診断 ・全年齢対応 ・未来応援活動で定期的に確認
移動する拠点	・提案から申込みまで一気通貫 ・支払可否判定ツール ・不備「0」の仕組み ・宿題「0」の仕組み
不満こそ宝	・端末の軽量化 ・操作性の向上（iPadのように） ・本当に必要なコンテンツだけ搭載 ・女性にフィットする洗練された端末
シームレスな働き方	・拠点で指紋認証→出勤簿不要 ・お客さまにプレゼン→活動入力不要 ・名刺スキャン→FS入力不要 ・その場でe-mail→帰社不要

狙い

お客さま：良い保険の入り方が期待できる

ライフデザイナー（LD）：生産性の高い働き方が期待できる

→ お客さま・LDの行動を促す

効果

個能 → 収益

育成 → 収益

採用 → 収益

継続率 → 収益

まとめたのが次の図だ（図1－12）。

あるべき姿を俯瞰して自分なりのコンセプトをまとめられたということで、非常にスッキリした気持ちになった。現状調査を細かくやれば、現行Liefが使いづらい、遅い、重いといった、目の前の問題をどうするかに、かなりフォーカスしていただろう。

そうした目先のことから一歩離れ、そもそも我々の仕事はどうあるべきで、それを支える営業端末はどう形作られるべきなのか、ということを考えさせられている。ケンブリッジの意図がわかってきた。集中討議が楽しみだ。

■2015・08・06 集中討議スタート［百田］

いよいよ集中討議の1日目だ。幕張にある研修所に、東京・大阪のメンバーが集まって開催された。

普段から使い慣れた施設とはいえ、環境を少し工夫することでここまで議論が活発になるのかと驚いた。まず、机をすべてどかして椅子を車座に並べる。これまでの会議は、長方形に机を並べるか、学校形式の席の配置が常だったが、車座になることで、一体感のようなものが生まれ議論に熱量がもたらされた。

また、プロジェクターとフリップチャート（議論を書き留める模造紙）や、付箋を使って会議がどんどん進行していく。これはなかなか新鮮だった。

最初の議題は、「なぜ、今のL・i・e・fは外出先で使われていないのか」という原因に迫るものだった。確かに、この本質的な理由を明らかにして共有しないと、せっかく立てた方策が現実と乖離していたということになりかねない。メンバー一同、このテーマには思うところがあるようで、議論にも熱がこもる。

各自が考える使われない理由を付箋に書き出し、ホワイトボードに貼り付けていく。最初は「持ち運ぶには重い」「鞄に入れづらい」「バッテリーが持たない」「通信が頻繁に途切れる」

図 1-13：車座での集中討議

「画面の展開が遅い」などの物理的な理由がどんどん挙げられた。

　また「立場を超えてイチ職員としてあるべき姿を考える」というグラウンドルールが効いていて、とても気持ちがよかった。みんな、オブラートに包むことなくはっきりと言いたいことを言っているからだ。グラウンドルールが明文化され貼ってあるのは、ずいぶんとありがたい状況だった。発言に淀みがあればグラウンドルールを盾にストレートに言うよう促せるからだ。これが従来型の形式張った会議だったら、利害関係者に配慮して踏み込みが甘くなるか、誰かが一方的にリードするか、逆に感情的な口論になってしまっていたかもしれない。

　従来型の会議というのは、部門長が上席にいて役職者がずらっと並び、自分や相手の立場に気を使いながら言葉を慎重に選んで行われる会議のイメージだ。そういう会議が全面的に悪いと言っているのではない。

図 1-14：「Lief が使われない本当の理由」の議論

ただ、若手が感じたことを率直に言葉にして物申すのは実際は難しい。また、会議の性質上「ぶっちゃけた」発言は憚られるので、時として本質に迫ることが難しくなる。

集中討議は、そんな鬱憤を晴らすかのように、全員が気持ちいいぐらいどんどん切り込んでいった。そして、発言はすべて建設的だった。犯人探しや単に不満を吐き出すために発言するメンバーは1人としていなかった。「こんな会議、久しぶりだな。いや、初めてかも」私は高揚感さえ覚えながら討議に没頭した。

■ 2015・08・06 なぜLiefは使われないのか［榊巻］

いよいよ一発目の議論だ。テーマは「なぜLiefは使われないのか」。

まず、付箋に使われない理由をバーっと書き出してもらう。書いてもらったらドンドン貼り出してマッピングしていく。

この手のブレインストーミングは、単に書き出してグルーピングするだけでは、ほとんど意味がない。書き出してもらったものを見て、グルーピングをすると同時に、議論を深めるために場をファシリテートしていく。

大きく分けるとファシリテーターの選択肢は4つだ。

①「なぜ、そう考えたのか」という、思いの掘り下げ
②「他の人も同じように感じているのか」という、共感度の確認
③「なぜ、この問題は解消されていないのか」という、原因の確認
④「これが解消されたら、問題は解決するのか」という、因果関係の確認

状況に応じてこの4択を頭に浮かべながら、誰に、どう話を振るのか考える。

特に大事なのは①で、これができていないと、②③④の議論が全くできない。

このときのやり取りはこんな感じだ。


「端末の重さが、決定的に問題だと思っているんですよ」

「なるほど……。確かに重いより軽い方がいいですよね。それはわかりますけど……。そこまで重さにこだわるのはどうしてなんですか？　工藤さん、人一倍〝重さ〟にこだわってますよね？」

「うん。僕は営業所で支部長をしていたからね。カタログ、パンフレット、提案書、営業端末なんかをカバンにパンパンに詰めて、お客さまのところへ出ていく女性たちを毎日見てきた。本当にＬｉｅｆ以外の荷物も多くて、重そうなんだ。その状態で1日中営業に回っているんだよ。今日みたいな夏の暑い日、契約が思うように取れないと本当にしんどそうなんだ。重い荷物のように心も沈んでいるかもしれない。だから少しでも軽くしてあげたいんだ」工藤さんの言葉には熱量がある。

「そういうことですか……」

「みんな、営業のそんな姿、見たことないだろう？　僕は毎日毎日見てきたんだ」

「……工藤さんが見てきた景色、1度現場で体感しないとだめですね……」

ポツリと百田さんが言った。

図 1-15：現行の Lief 端末が使われていない理由のブレインストーミング

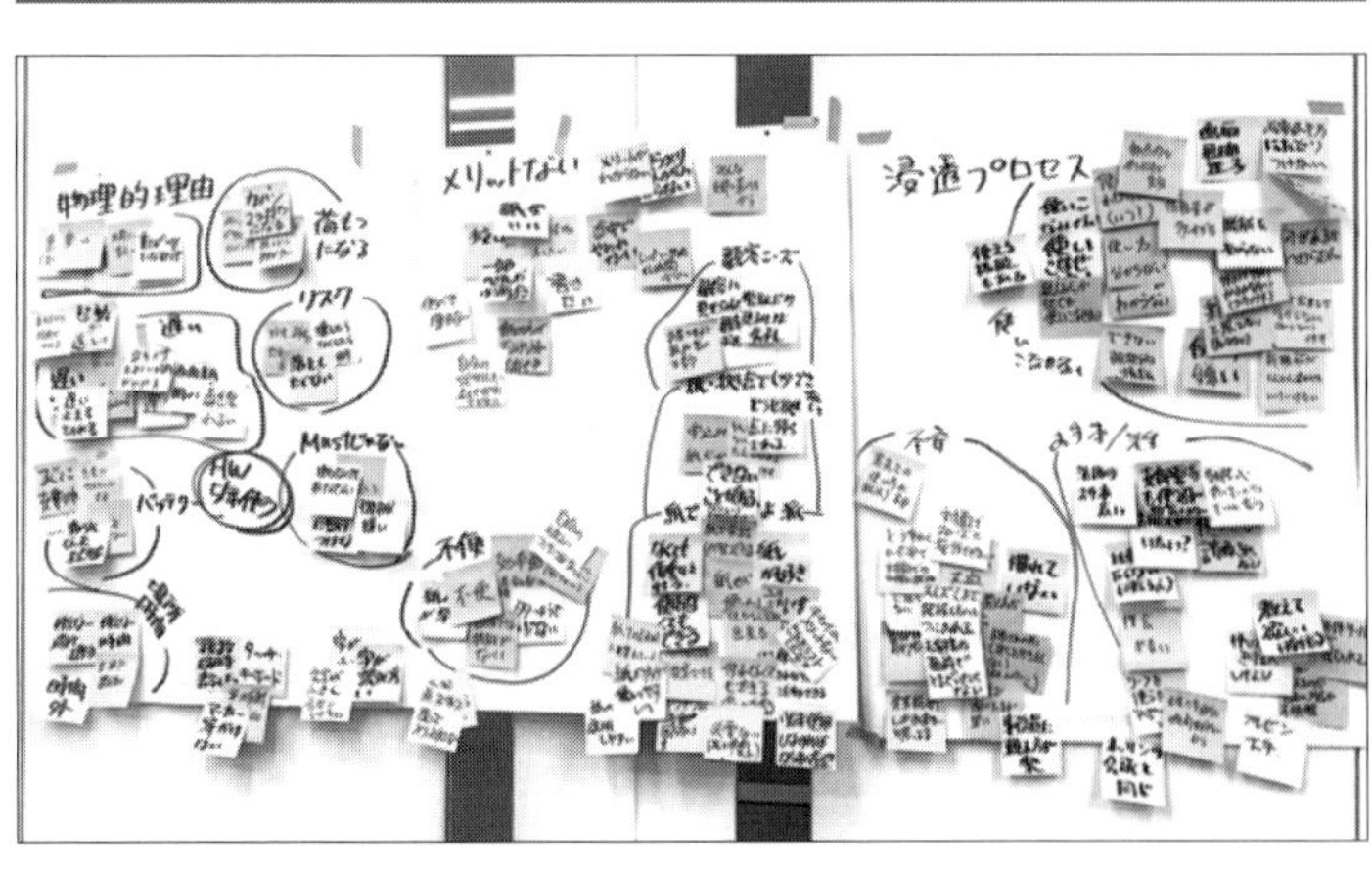

「うん。ぜひそうしてほしい。これを使うのは現場のライフデザイナーなんだから」

「重さか……大事な要素ですね」

こういうやり取りが、①「なぜ、そう考えたのか」という、掘り下げになる。

こんな風に議論を重ねていくと使われない理由として、「物理的な理由」がどんどん出てくる。図1－15の左側の部分だ。

しかし、僕自身は、これまでに岡田さんや工藤さんと議論を重ねる中で、物理的な理由よりもっと重要なことがあるんじゃないか？　という疑問を持っていた。

物理的な理由がだいたい出て、議論がほんの少し停滞したころを見計らって、疑問を投げかけてみる。

「あの……。仮にですが、プロジェクトが大成功して、この辺の物理的な問題が根こそぎ解消されたとして……羽根のように軽くて、高速でビュンビュン動く端末ができたとして……本当に使われるようになるんですか？」

■2015・08・06 なぜL・i e fは使われないのか？［百田］

榊巻さんの問いかけを受けて、みんなしばらく考え込んだ。そして、

「んー、それはちょっと違うかも」

と顔を見合わせた。このやり取りで議論の潮目が大きく変わった。全員が思いを吐き出したのを見計らったタイミングといい、ストレートな切り込みといい、榊巻さんの手腕は絶妙だった。ファシリテーションとはこういうことか、と感心したのを覚えている。

「正直、ライフデザイナーにとっては、L・i e fを使うメリットがあまりないんだと思うよ。だから使われない」ポツリと誰かが言った。

確かに事務ルール上は端末を使うことになっている。だが、端末を使わなくても旧来の紙の申請書などを使えば業務はできてしまう。もし「紙でも端末でも、どちらで仕事をしてもいい」と言われたら、どちらを使うのだろうか？　紙ではなく、端末を使うメリットはあるのだ

ろうか?

「メリットはあるにはある。だが、お客さまにそれを訴求できてない」

「ライフデザイナーにとっては、実はあまりメリットがないと思う」

「外出先で端末を使うことが必ずしもマストと思われていない」

といった意見が交わされた。次第に真ん中の「メリットがない」というエリアに付箋が増えていく。


そして自然と、ライフデザイナーにメリットを的確に伝えることができていないのではないか、という話に発展していった。

「メリットはあるにはある。いや確かに十分ではないけど……。でもそれ以上に、浸透プロセスが問題なんじゃないか」

「うん。そもそも、部門縦割りで教育しているから、教えている内容がバラバラだし……」

「本来は営業プロセスに沿って体系的に教育すべきだが、全くできてないよね」

「機能の開発が縦割りで、使い勝手が機能ごとに違うから、教育しづらいという面もある」

という議論が展開される。右側の「浸透プロセス」というエリアが付箋であふれていく。

もし部門の縦割りで考えていたらこういう話にはならなかっただろう。部門というカットではなく、ライフデザイナーのカットで見直したときに、問題点が浮き彫りになってきた感覚だった。

そして、それまで目をじっとつぶって話を聞いていた工藤がおもむろに立ち上がり、1人ひとりに問いかけるように言った。

「そもそも、Liefを『使わせる』という発想っておかしくないか。便利だったら、放っておいたって誰もが使うんだよ」低くゆっくりとした口調にみんなが聞き入る。

「ライフデザイナーが一番望んでいることは、お客さまに『ありがとう』って言われることなんだよ。何のために、暑い日も雨の日も雪の日もお客さまのもとに向かうのか。すべてはお客さまの『ありがとう』のためだ。彼女たちの物理的な荷物と心理的な荷物を軽くしてあげること。そして何よりお客さまから『ありがとう』と言ってもらえる姿をLiefが支えること。そこを絶対に外しちゃいけない」

この一言はとても印象的だった。

こう変えよう、こういう機能を実装しようという、「HOW」の話ではなく、そもそもこのプロジェクトはどうあるべきなのか、この端末は何のために存在するのか、という「WHY」

の話をしているんだと感じた。

こうした我々のそもそもの存在意義のようなものが揃っていれば、部門の壁を越えて自然と一枚岩になれる気がした。これがコンセプトフレーミング、合宿の本当の狙いなのかもしれない。

2015・08・06 強烈な自己反省 ［榊巻］

最終的に、この議論で整理されたのは以下の3つだった。

①物理的な理由は問題ではあるが、技術の進歩によってある程度解消される。

②むしろ「端末を使うメリット」を、ライフデザイナーに理解してもらう工夫が不足していた。

③端末を使う圧倒的なメリットを創出することが、何より重要なんじゃないか。

そのときの実際のスクライブを載せておく。僕の汚い字で恐縮だが、本当に当時のもの、そのままである。

この議論で、彼らの中に強烈な自己反省が生まれた。

端末を使うメリットをきちんと打ち出せていなかったこと。メリットを丁寧に伝えていく努

図 1-16：現行 Lief が使われない理由の討議スクライブ

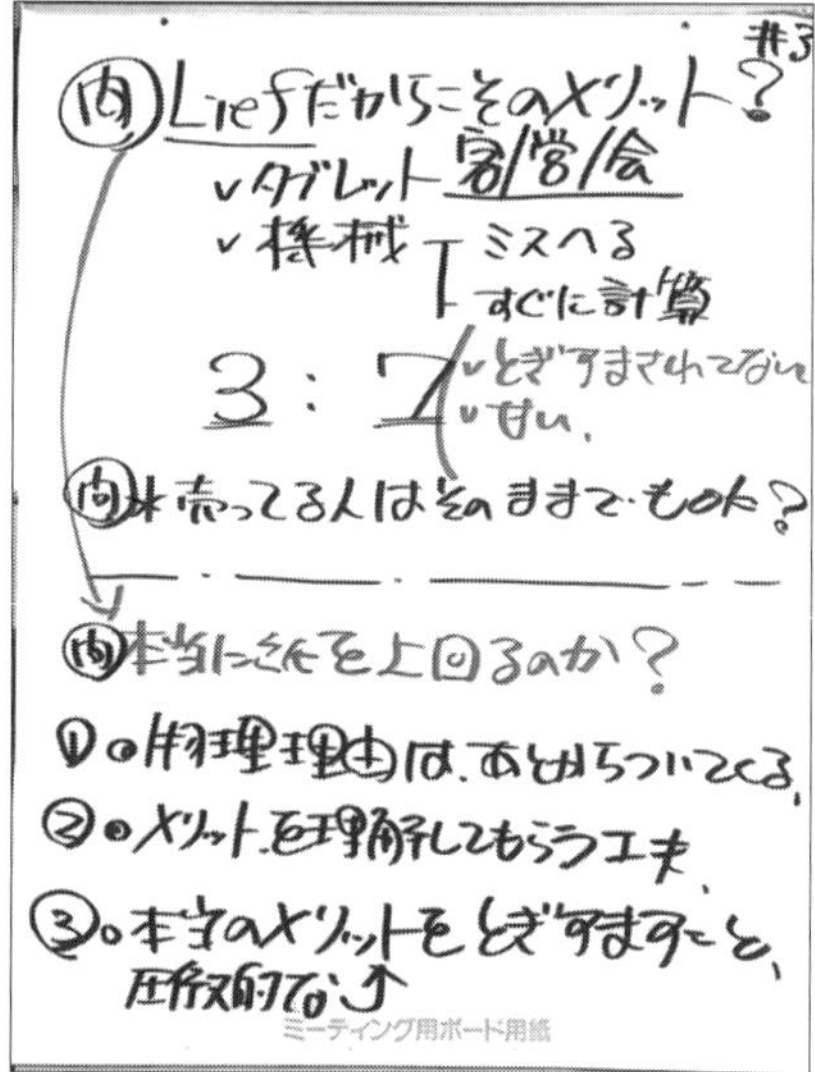

図 1-17：真剣に議論を交わすコアメンバー

左の写真。一番手前が商品部の工藤。右の写真。一番手前が情報システム部の岡田。

力も欠如していたこと。そして、端末を使わせる、という発想になってしまっていたこと。これが、彼らがたどり着いた「Ｌｉｅｆが使われない本当の理由」だった。

これが、この後生まれるコンセプトに大きく影響を与えることになる。

2015・08・06 午後の議論［百田］

「いいスタートが切れた」メンバーと昼食を食べながら、午前中の活発で濃い議論の余韻が残っていた。こんな議論がしてみたかったのだ。立場を超えて、あるべき姿をとことん議論し、共通のコンセプトに落とし込んでいく。思えば、これまでは与えられたコンセプトや仕事に慣れてしまっていた。上流工程を自分たちでここまでガンガン議論したことはあっただろうか。昼食の会話も自然と盛り上がった。

午後は、工藤の話を受けて、「お客さまに喜ばれる営業とは何か」「Ｌｉｅｆの便利さを浸透させるプロセスはどうあるべきか」というテーマで2チームに分かれて分科会が組まれた。

ケンブリッジのメンバーも2組に分かれて、ファシリテーションの流れをサポートしてくれる。

こうしたファシリテーションの中に身を置くと、非常に気持ちが良かった。会議に対する自分の貢献が実感できるし、全員が納得した上で議論が展開されていく。みんな活き活きとしているように見える。

「コンセプトフレーミングがなぜ必要なのか」というモヤモヤはいつの間にか消え、なんとも言えない確かな手応えを感じていた。

2015・08・06 夜の懇親会［榊巻］

予定調和な議論が全くできないのが、この仕事の面白くてキツイところだ。既定路線に乗せた議論など、メンバーは一瞬で見抜き、シラけた議論になってしまう。

その場に応じて、皆さんが何を議論したがっているのか、そしてプロジェクトとして何を議論すべきなのかを、都度都度見極めていかなければならない。

正直、初日がなんとかうまく進んでほっとした。だがまだ気は抜けない。夜の懇親会も、ケンブリッジとしてはただの飲み会ではない。昼間の延長戦なのだ。

2015・08・06 夜の懇親会［百田］

「皆さん、今日は本当にお疲れさま！　ここまで準備してくれたケンブリッジさんにも本当に感謝！　乾杯！」

図 1-18：夜の懇親会の様子

左はプロジェクトリーダーの工藤、右はケンブリッジの榊巻

図 1-19：青空支部のロゴ

翌日の朝には、ロゴまで作られていた。このロゴも、ずっと使い続けることになる

乾杯の発声を合図に、夜はお酒も入った懇親会が行われた。丸々1日集中して議論を尽くしただけに、ビールが美味い。青空は部門横断のチームなのでいつも一緒に仕事をしているわけではないが、ここまでの数週間を振り返ると非常にチームワークは良かった。それが懇親会を通じて心の距離がさらにグッと縮まる。

人間は必ずしも論理的にすべてのことを判断しているわけではない。生き物だから感情を持っているし、人間関係で物事が決まるケースも少なくはないのが現実だ。お酒が入り、腹を割って話すことで、その人のバックグラウンドや考え方、価値観などがよくわかる。そうした効果

図1-20：プロジェクト名の候補

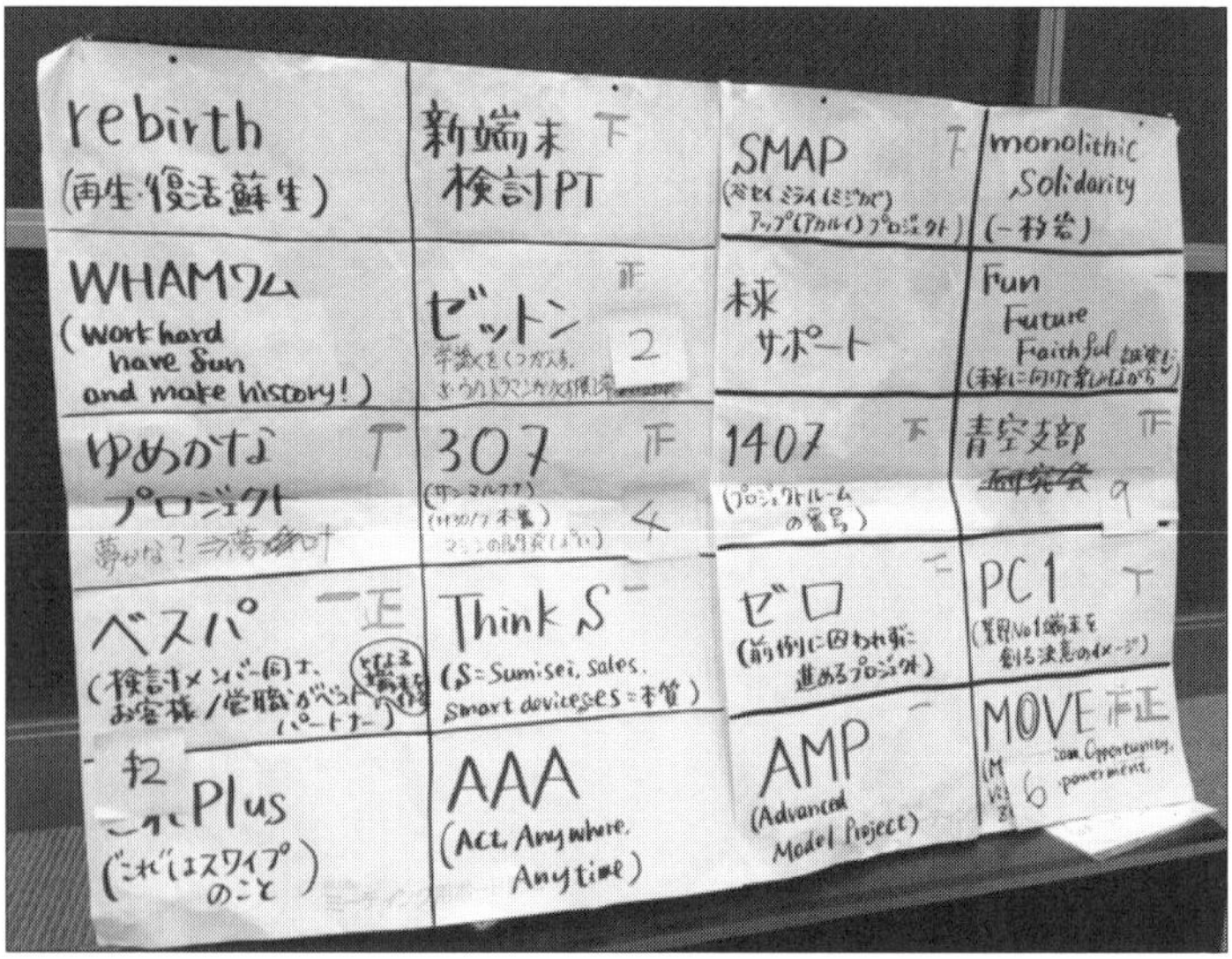

「ゼットン」に2票入っている……。「青空支部」が9票。

も考えて、ケンブリッジは泊まりがけの合宿討議にしたのだろう。

懇親会ではプロジェクト名を決めるちょっとしたイベントもあった。全員がプロジェクト名の候補を出し合い、投票で決めるのだ。これは大いに盛り上がった。

最終的に、「青空プロジェクト」に決まった。横文字候補が多勢を占める中、意外にも和な雰囲気のプロジェクト名になった。

しかし、この名前が翌日、決まるコンセプトとぴたりと符合することになる。そして、非常に愛されるプロジェクト名になるとは、そのときは思いもよらなかった。

今振り返ると非常にバラエティ豊かなプロジェクト名称が挙がっている。それにしても「ゼットトン」でなくて良かった……。

2015・08・07「移動する拠点」とはなにか［百田］

朝9時。全員が集まってきた。会議室には前日の議論の跡がそのまま残っている。

2日連続して議論することの良さはこういうところにも出てくるのだと実感した。議論の熱量がそのまま保存されるので、翌日もトップギアのまま検討に入れる。

午前中は「移動する拠点」という論点について、議論を深めていった。モバイルネットワークが全国津々浦々に張り巡らされる時代になった今、リモートワークはもはや常識になっており、多くの人々が場所を選ばず出先で仕事を効率的に行っている。しかし、当社の営業現場ではまだまだそういったテクノロジーやソリューションを十分に使いこなせていない課題認識があった。提案書や申込書を印刷するために事務所に戻ったり、電話を介して人を通じて確認しなければならないことが多かったり、場所に縛られる制約は現実に多くあった。

そうした働き方を変えていこうというのが、最初のとっかかりだった。

■2015・08・07「移動する拠点」とはなにか［榊巻］

このパートは情報システム部の岡田さんがファシリテーションすることになっていた。コンサルタントであるケンブリッジだけがファシリテーションするのではなく、住友生命のメンバーにもファシリテーションしてもらうシーンが多々あった。

岡田さんは、こんな風に切り出した。「これまでも『移動する拠点』というキーワードは何度か出てきていますが、正直イメージがまだまだバラついていると思っています」一瞬間をおいてメンバーに染み渡るのを待つ。

「昨日の議論でも、端末を使うメリットはなにか、という議論が盛り上がっていたと思います。ですので、この時間で明らかにしたいのは、移動する拠点とは何のために、誰のためにあるのか、ということなんです。セッションが終わった段階で、全員のイメージが一致している状態を作りたい」議論の目的やゴールをきちんと合わせてから、ゆっくりと議論が始まっていく。

■2015・08・07「移動する拠点」とはなにか［百田］

議論は岡田にリードされ、順調に進んでいるように見えた。だが、「会社にとってのメリット」と「お客さま・ライフデザイナーにとってのメリット」どちらに軸足を置くべきか？　という議論になると、意見がまっぷたつに分かれてしまった。「お客さまが優先だろう」「いや、その前に会社としてのメリットがないと話にならない」と言ったコメントが出てくる。紛糾していた。確かに両方の言い分が理解できる。

ある意味、両方立てて行けば良いのではないか？　そんな風に感じていたとき。工藤の一言で、発想が大きく変わっていく。

「なあ、『移動する拠点』って、そもそもなんのためにやるんや？　会社の合理化のためか？　事務を減らすためか？　どう思う？」

みんな、しばらく押し黙って考え込む。

「ライフデザイナーが、ちょっとしたことで事務所に戻る必要がなくなり、その時間をお客さまとの貴重な時間に使える。これはとてもいいことですよね」メンバーの1人が言った。

「もちろん、それは良いことや。俺が知りたいのはその先やねん。その先に何があるんや」

（その先？　それだけでもメリットはあるが……その先？）

「うーん。ライフデザイナーの売り上げがあがるとかですか」

「なんで売り上げがあがんねん」

「お客さまと接する時間が増えるから、ですかね」

工藤は営業のカリスマ的存在だった。そんな工藤を前に、メンバーの言葉選びは慎重だ。

「お前がお客さまだったらどう思んや？　どういうライフデザイナーに保険をお願いしたい？」

「信頼できる人にお願いしたいです」

「ええな。信頼が大事やろ。じゃあ、信頼は何で得られる？」

「んー、親身に相談に乗ってくれて、疑問に思ったことなどに対してきちんと正確に答えていただけることですかね」

「そやな。じゃあ、質問に対していちいち会社に確認してからでないと答えてもらえなかったらどう思う？」

「疑問や質問がすぐに解消しないのはちょっと嫌ですね」

「そやろ。自分がお客さまだったらどう思うかを起点に考えようや。合理化とか効率化とか言っているうちは、会社の目線やぞ」

　このやり取りでみんなの目が覚めた。「移動する拠点」によって提供されるメリットは、お客さまにとってのメリットでなければならない。お客さまが満足してくれる。お客さまがライフデザイナーを信頼してくれる。こんな状況を作り出すために「移動する拠点」という考え方がある。これがみんなの共通認識となった。

　青空プロジェクトが、単なる端末の更改プロジェクトを超えて、「お客さまと会社の関係構築」に踏み込み始めていると、ハッキリ感じた瞬間だった。

■2015・08・07 ゴール・コンセプトのまとめ［百田］

午後はいよいよ、集中討議の集大成として全員で共有するコンセプトに仕上げていく。榊巻さんのファシリテーションにも熱がこもる。

「皆さん、この集中討議でそもそも論を徹底的に討議してもらいました。『なぜ、今の端末は使われないのか』『コンサルティングはどうあるべきか』『移動する拠点とは何か』という3つのテーマに基づいて、かなり掘り下げた議論ができたんじゃないかと思います」

午後に入っても、メンバーの集中力は途切れない。

「プロジェクト立ち上げ当時に焦点が当たっていた、軽い、速い、シームレスって、手段なんですね。その先にあるゴールの共通認識を持たないといけない」メンバーの1人が言った。

「いいですねー。そのことに気付いただけでも、コンセプトフレーミングの集中討議をやった甲斐があります。いやー、ホント今の発言いい！」

ケンブリッジの他のメンバーと顔を見合わせ、顔をほころばせながら榊巻さんが言った。メンバーを乗せるのもうまい。

榊巻さんが続ける。

「では、青空プロジェクトのゴールは何か、議論を深めていきましょう。売上や利益。ライフデザイナー育成。働きがいなど、いくつかゴールめいたキーワードが出ていました。しかし、お題目のゴールではなく、皆さんが心からそう思って、熱量を投じられるゴールが必要です」

ここでコンセプトのまとめ方で少し議論をした。議論の結果、各自が考えるゴールを、フリップチャートに改めて書き起こすというやり方を採用することになった。

■2015・08・07 ゴール・コンセプトのまとめ［榊巻］

本当は各自で書き出してもらうのではなく、議論をファシリテーションして僕がまとめていこうと思っていた。最も難しいパートだから、場に委ねるというより、プロである僕がある程度の意図を持ってまとめる方が、うまく着地できるだろうと考えていたのだ（不遜な言い方で申し訳ないが……）。

だが、百田さんや工藤さんのやり取りを見て、直前で方針を変えた。各自に改めて書いてもらう方がより納得感が出るだろうと考えたのだ。当然ファシリテーションの難易度は上がる。だが、ここまで各自の考えが深まっているなら、なんとかなるかもしれない。実際、土台となる考え方や価値観が一致し始めていた。前日に「強烈な自己反省」がなされたことで、各自が思い描くコンセプトが揃ってきている気がした。

20分後。実際に書き出されたものを見て思った（やはり方向性は揃っている。行けそう

図 1-21：各自が書き出したコンセプト案（の一部）

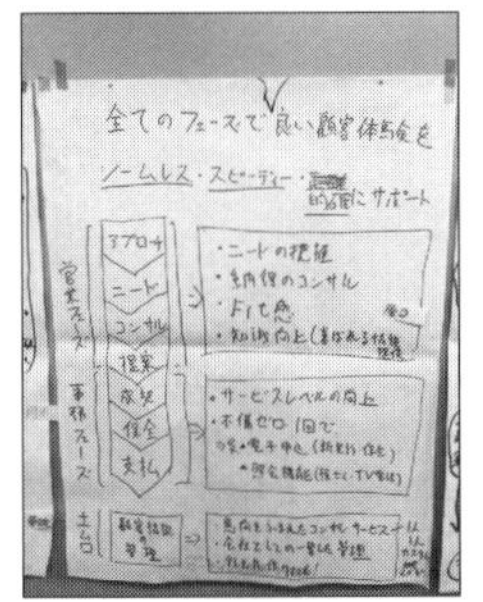

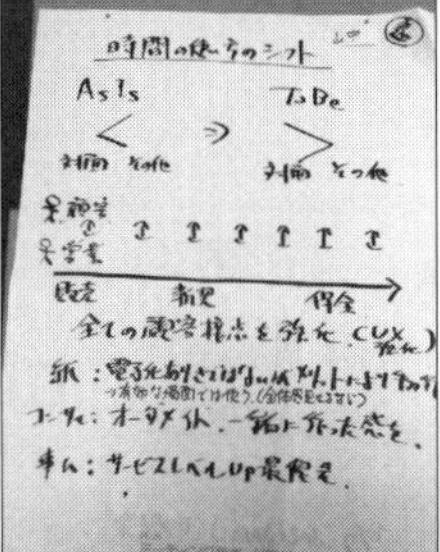

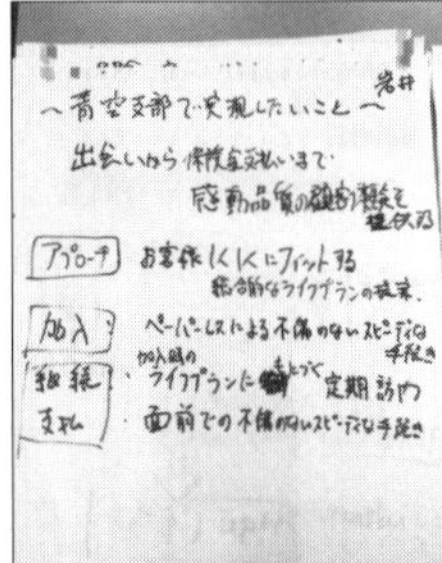

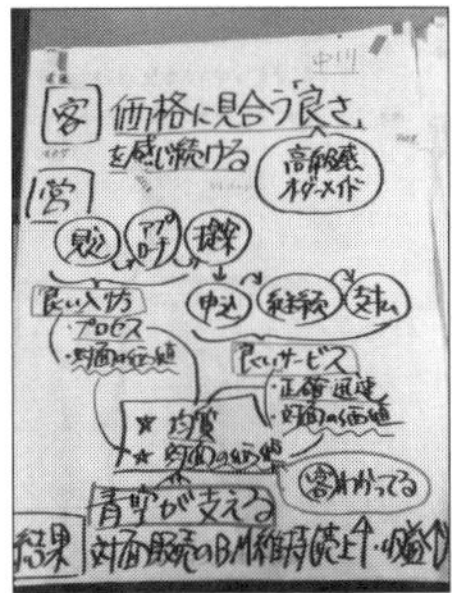

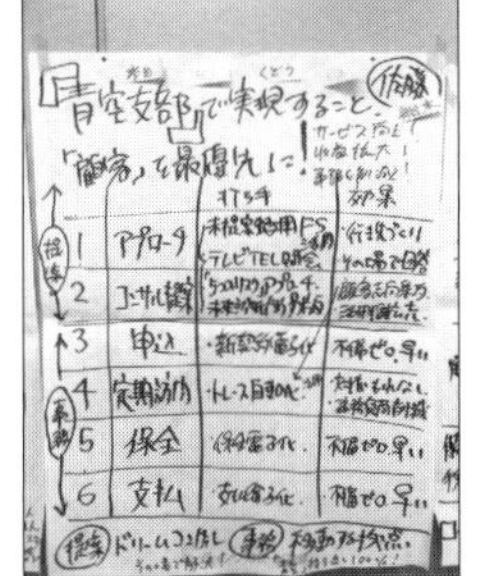

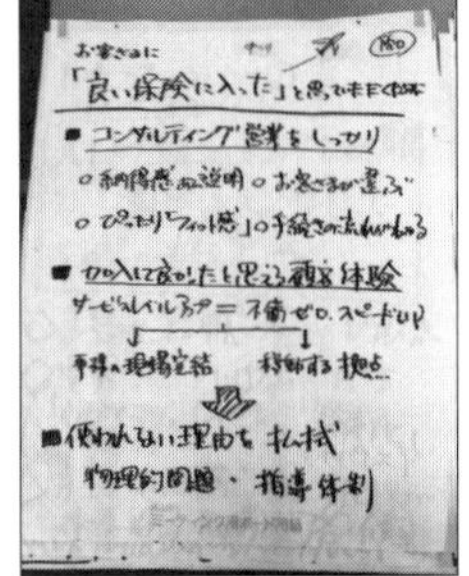

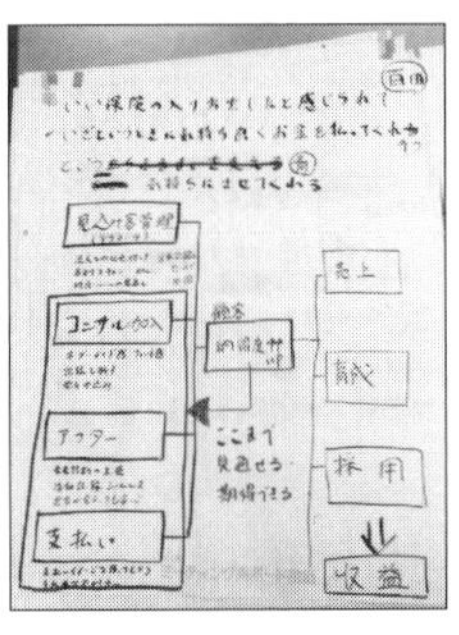

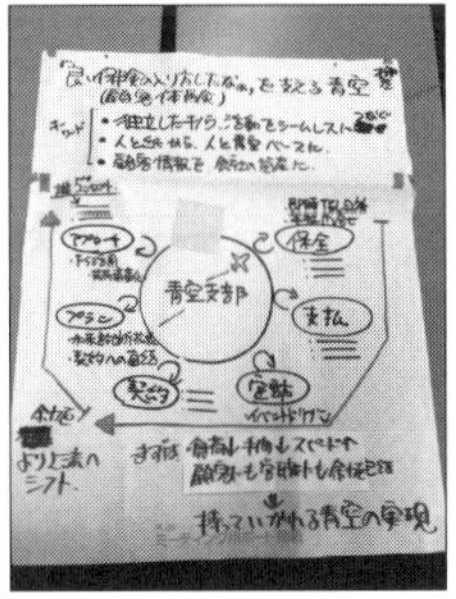

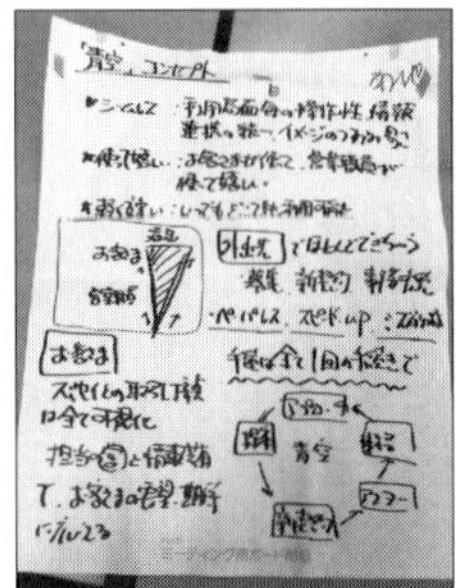

だ！）（図1－21）。

2015・08・07 ゴール・コンセプトのまとめ［百田］

数十枚のフリップチャートを前に、榊巻さんがメンバーから意見を引き出していく、いや対象はケンブリッジのメンバーにも及んでいる。

榊巻さん自身が書いたフリップチャートもある。この段階では、部署の利害関係や年次などまったく関係ない。それどころか、会社も関係なかった。全員が1人のコアメンバーとしてこのプロジェクトで何を達成すべきなのかを純粋に考えているように見えた。

「やっぱり、お客さまのための端末でありたいと思ってて、思いは同じなんですが、この表現がしっくりきまして……」

「でも、この部分はしっくりこなかったので、この部分だけに投票しました」

なんてコメントがたくさん出てくる。ケンブリッジメンバーからのコメントでも、多くのことに気付かされる。

みんなの案を眺める中で、私にはまだ少し引っかかっていることがあった。モヤモヤは率直に発言するグラウンドルールだ。

「売上とか利益とか、確かに重要だし、そこにつなげないといけないんですけど、会社の器を出てないっていうか、そういうゴールって熱量を集められるんですかね」工藤さんがじっと目をつぶりながら数度、うなずいているのが横目に見えた。

ケンブリッジの白川さんが、空気を読まずさらに踏み込んでくる。

「皆さん、ライフデザイナーの力になりたいっていうコメントをたくさんされていますよね。それ自体にはとても共感するんですが、ライフデザイナーの課題を解決することが青空の最終的なゴールなんですかね？」

そして、工藤さんが発言した。

「お客さまからの信頼が得られなければ、ライフデザイナーの仕事は成り立たない。フォーカスすべきなのは、ライフデザイナーの先にいる1人ひとりのお客さまや。そこを絶対に外したらあかん」

多くの書き出されたコンセプト案の中に、1本の軸が通った瞬間だった。姿勢が伸びる思いだった。

この絶妙なタイミングで榊巻さんが動く。

「なるほど。ピッと筋が通った気がしました。皆さんの議論を聞いていると、ライフデザイナーとお客さまの接点って、いろいろありますよね。保険の加入前、契約締結時、保険金等のお支払い時など。そして、その顧客体験の設計が部門ごとの縦割りでブッ切れになってるって、おっしゃっていましたね。そこが皆さんに共通した考え方な気がします」

皆さんの図でいくと、ここと、ここと、ここかな。と言いながら、数枚のフリップチャートをつぎはぎしていく。「こんな感じだとどうですか？　しっくり来ません？」

当時、実際につぎはぎされたのがこれだ（図1―22）。打ち出された、青空プロジェクトのコンセプトは「すべてのフェーズで良い顧客体験を」であった。

ライフデザイナーの先にいるお客さまを中心に据えている。

目に見えない生命保険という商品の価値をお客さまに感じていただくには、保険会社との接点において、お客さまが「良かったな」と思える体験を積み重ねていくことがとても重要だ。そして、その接点で重要な役割を果たすのがライフデザイナーなのだ。

接点も、「お客さまへのアプローチ」「ご提案」「契約の締結」「定期的なフォローアップ」「契約内容のメンテナンス」「保険金・給付金のお支払い」など、ニーズの異なるさまざまなフェーズがある。その中で、ライフデザイナーに力を与え、お客さまに「住友生命の保険に入って良かったな」と思っていただける良い体験を一貫して提供したい。そして、ライフデザイナーに働きがいや、この仕事の醍醐味を感じてほしい。

そうした願いを研ぎ澄ませた言葉がこのコンセプトに集約された。

そして、その下には「情報がシームレスであること、使うことで嬉しさが享受できること、軽くて速い端末であること」が大事な要素として挙げられている。これらはあくまで「良い顧

図1-22：あの日、ツギハギで作られた青空プロジェクトのコンセプト

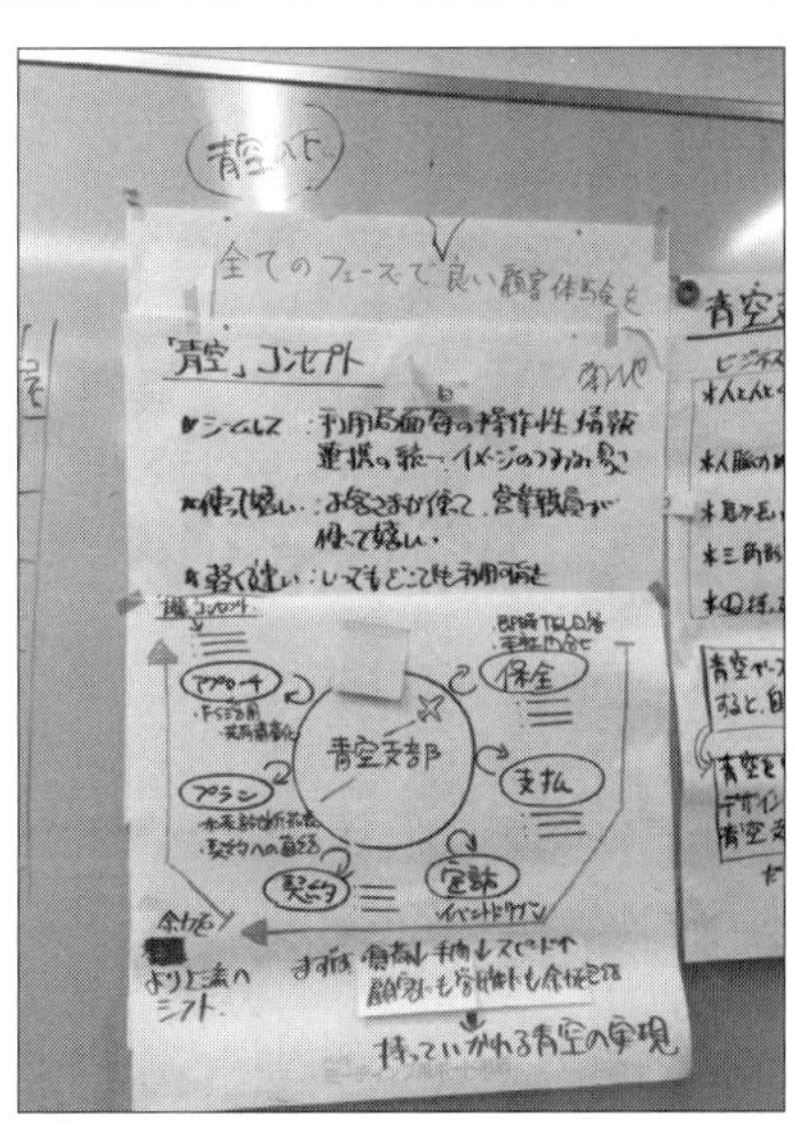

客体験を実現するための手段である」という位置付けである。その下には、情報がシームレスにつながっているイメージ図がぶら下がっていた。

昨日の夜に決めた「青空」というプロジェクト名も添えられた。

「青空のもと」で「すべてのフェーズで良い顧客体験を」

きれいに晴れ渡った青空の下で、お客さまが満足そうにしている。そんなお客さまを見て、幸せそうな表情を浮かべるライフデザイナー。その片手にはLiefの端末が。そんなイメージが浮かんでくる。

これはピシャリときた。私が描いた図は全然使われていないのだが、それでもしっくりくるのだから不思議だ。

図 1-23：集中討議 2 日目の様子

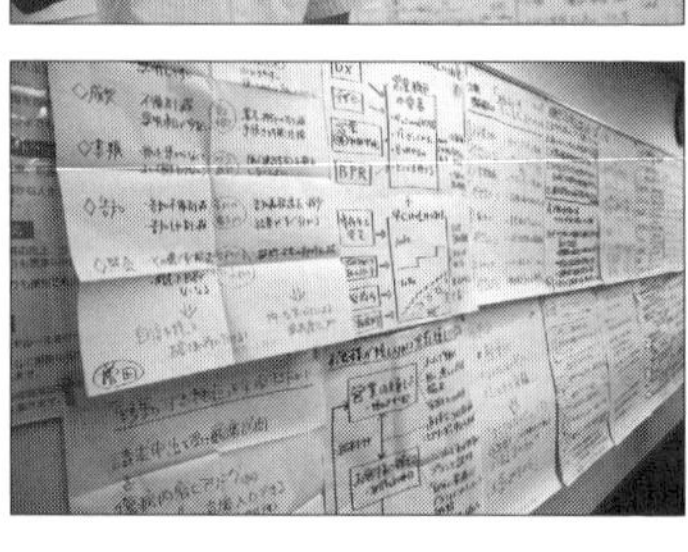

私だけじゃない。参加したメンバーの誰もが充実感に浸っていた。2日間の討議で、自分たちの思いはすべて吐き出した。ここまで腹を割って話し、1人ひとりの価値観まで掘り下げて想いを共有し、喧々諤々の議論をしたのだから納得だ。そして何よりも、「誰のためのプロジェクトなのか」ということがはっきりした。会社の合理化のためでも、コストを削減するためでも、単にライフデザイナーを後方支援するためでもない。それは、結果や手段であって、究極の目的は「お客さまに価値を感じていただくこと。良い体験をしていただくこと」。

それを実現するために必要なことなら、必要な投資をし、人と時間をかけるよう、経営に諮っていこう。そうしたコンセンサスがここで形成された。こうしたステップを経て創り上げられたコンセプトとコンセンサスが後々、ものすごい力を発揮することになる。

■2015・08・07 合宿を終えて［榊巻］

2日間が終わった。長かったようであっという間だった。本当に難しい議論だったが、その分充実感もあった。

合宿を終えたメンバーから感想を一言ずつもらった。いろいろな声が聞こえてくる。当時のメモが残っていたので、一部を紹介したい。

- 山中さん
- 端末更改をテコに、会社のタブーに切り込んでいける気がしている。

このチームなら端末更改だけでなく、会社を変えられる可能性もある気がした。

- 菅野さん
- サービス部門と連携してやることは考えもしなかった。これまでは営業統括が決めたことをやるイメージだった。
- 皆が集まって、青空をどうするか、議論できているのが、すごく良い。

青空を通じて、文化、風土を変えていきたい。
●工藤さん
●全員が顔を合わせてやることで、認識のズレがなくなっていくことを実感した。
私自身も考えがアップデートされたし、全員で1つの認識にたどり着けたのは大きい。
●菊地さん
●良い体験であった。本音ベースで熱く語れた。

当時のメモの一部をそのまま載せた。皆さんが手応えを感じているのがわかる。正直ホッとした。

「合宿？　調査禁止？　何それ？」と言われていただけに、この合宿でコケるわけにはいかなかった。本当によかった。

インタビュー

集中討議を振り返って［小枝］

僕は事務局という立場で、最年少での参加でした。

プロジェクトへの参画が決まったときは、ここまですごい人たちが一堂に会する機会に立ち会えて、その場にいられること、関われることだけで、心の底から嬉しかったんです。

事務局だから、僕はそっと見守っていればいいんだと思ってましたし。でも、白川さん、榊巻さんにあっさりと覆されました（笑）。「事務局ですか？　でも、プロジェクトメンバーの一員ですよね？」の一言で、意見は求められるわ、スクライブは任されるわで、大変でした。

しかも、大事な集中討議でスクライブすることになったときは、めっちゃ緊張しました。何せすごい人たちばかりだったので。

今考えると、よく僕にスクライブを任せたなと思います。

本当に緊張したけど、やってよかった。楽しかったです。

あの日の集中討議はよく覚えています。一番下っ端の立場で偉そうなことを言うようですが、コンセプトができた瞬間思ったんです。「間違いなく良いものができる、今までにないとんでもないものができる」って。

プロジェクトオーナー報告

2015・08・14 プロジェクトオーナー報告準備［百田］

集中討議が終わって一息付く間もなく、メンバーはプロジェクトオーナー報告に向けた資料作成の最終段階に入っていた。今回の報告先は、情報システム部長の汐満と商品部長の日下だ。

ここで問題になったのは「報告の内容」だった。

普通、こうした取り組みでのオーナー報告は極力短く、結論を伝えてOK／NGをもらうのが通例だ。今回なら「コンセプトはこうなりました」と報告してしまえばそれでおしまい。

しかし、僕ら自身はもちろん、住友生命でも初めての「コンセプトフレーミング」という新しい取り組みを経てここまで来ている。

「いつものかたーい経営会議の場では、この取り組みの良さは伝わらないと思いますよ？　だって、そもそも、『年次を気にせずフラットに』『部署を超えて、イチ職員として考える』がグラウンドルールのプロジェクトですよね？」

ケンブリッジの白川さんが、遠慮なく踏み込んでくる。まぁ確かにそうなのだが……。

「それはそうやけど、住友生命の伝統と慣例やからな。それを崩すのは相当難儀やで？」岡田が私の気持ちを代弁してくれる。

「そうですか？　単純に、きれいな結論だけ伝えておしまいにするのではなく、プロジェクトチームの紆余曲折をありのまま伝えればいいんですよ」今度は榊巻さんだ。

「そんなもんかね？」

「はい。あえて極端に言うと、経営者は結論ではなく、関わった皆さんの思考プロセスや、思い、熱量を見ているものですよ。それが伝わる報告にしましょう。僕はよく議論の風景を写真で報告資料に載せちゃいます。模造紙での議論もそのまま整形せず載せたりね」

「えー？　そのまま？」「だいぶ勇気がいるな……」何人かが声を漏らす。

コンセプトフレーミングにも驚いたが、ケンブリッジはここでも我々の常識とは違うことを言い出す。心のなかで苦笑いしたのを覚えている。

でも、今回は自然と「それだね」と思えた。岡田も菊地も、なんとも言えないこの一体感・

図 1-24：構想立案フェーズ報告資料の一部

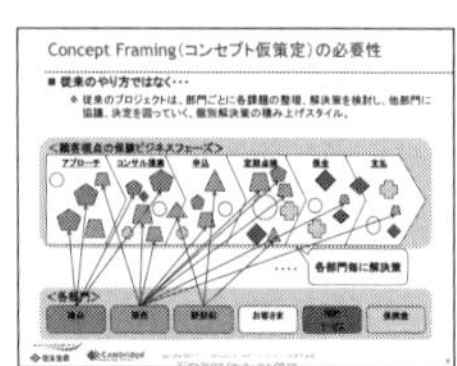

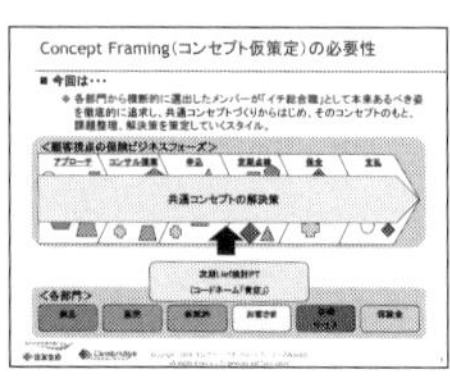

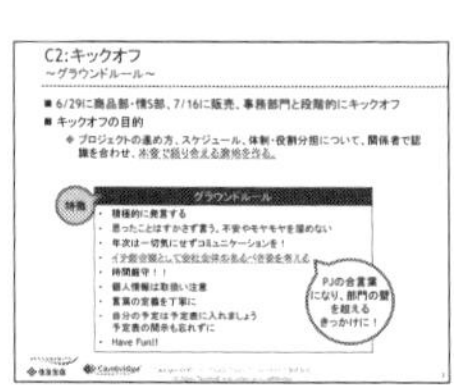

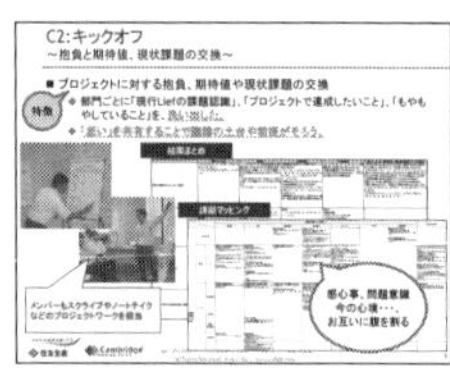

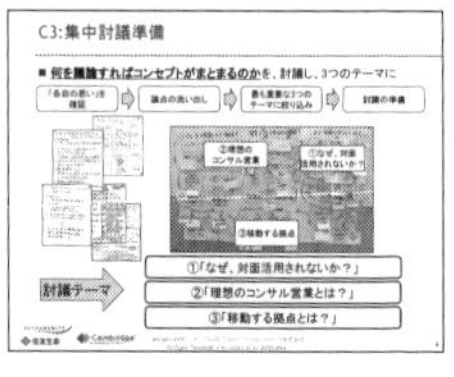

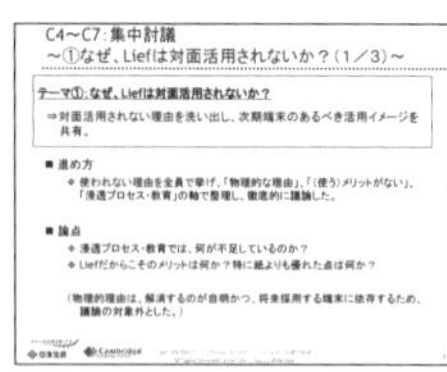

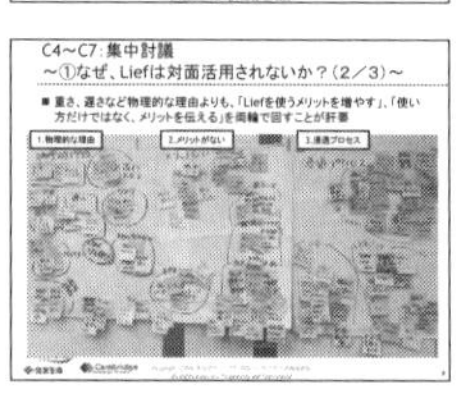

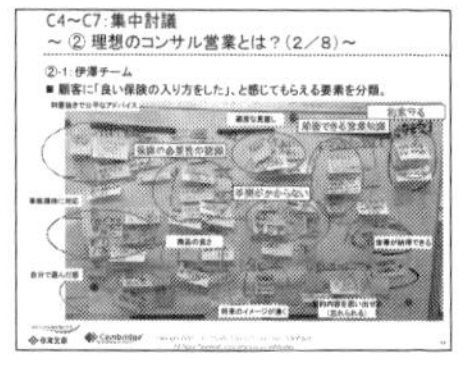

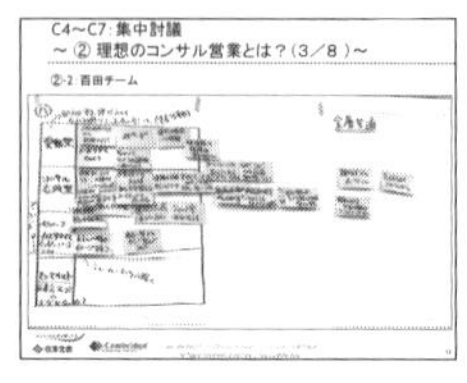

図1-25：構想立案フェーズの結論を凝縮した2枚のスライド

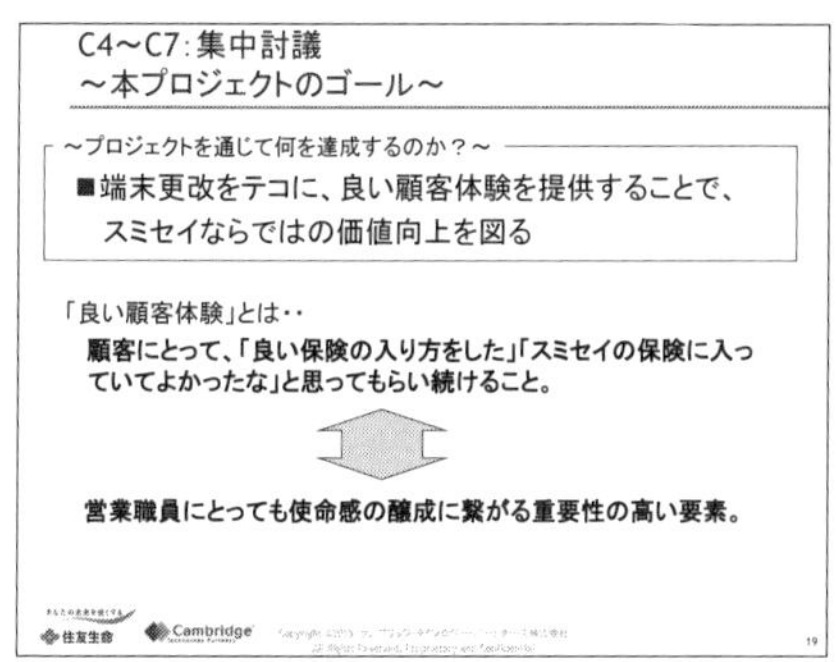

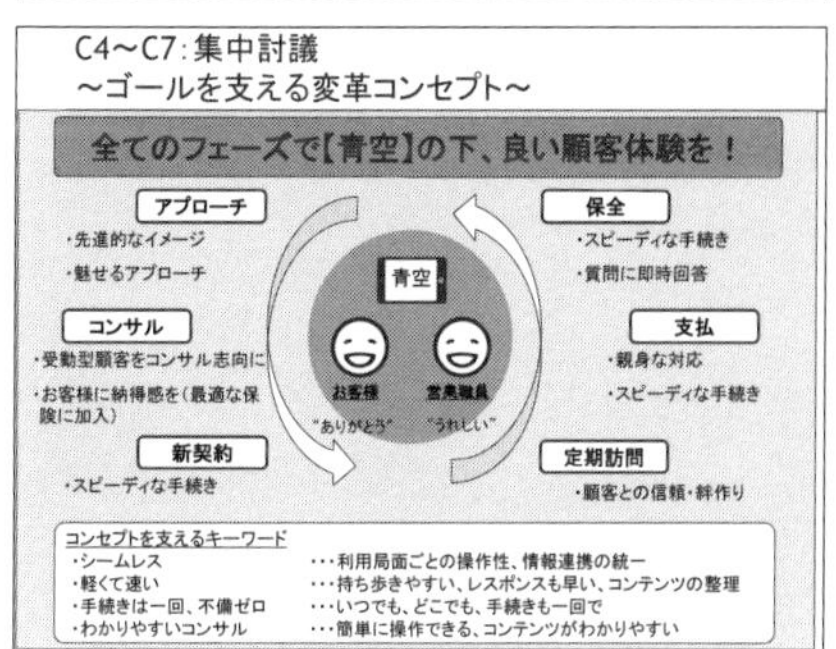

熱量に手応えを感じていたようだった。

当時の報告資料を一部載せておく（図1－24）。特徴的なのは、議論の結果を敢えて整形せず、写真を貼り込みそのまま見せるようにしていること。「きれいに見せる」ことより「熱量と現場感」を伝えることを重視した結果だ。

最終的な結論は図1－25の2枚に凝縮されているが、その手前の40数枚のスライドが結論の納得性を高めてくれている。

■2015・08・27 プロジェクトオーナー報告［百田］

8月27日14時、いよいよプロジェクトオーナー報告。外は汗ばむような暑さだが、空調の入った会議室はピンと張りつめていた。メンバーは情報システム部長の汐満、商品部長の日下、ケンブリッジの面々、そして青空プロジェクトチームだ。

住友生命のメンバーが、50ページに及ぶスライドをプレゼンした。時間にして30分くらいだったろうか。

「今までにはない形の面白い取り組みやね。すごくお客さまの視点で考えようとしているのが伝わってくるよ。コンセプトも良い。なにより、みんなが腹落ちしているように見えるのがいい」ひと通りの説明を聞いた日下が言った。

この一言を聞いてメンバーはホッと胸をなでおろした。だが、日下は眼鏡の奥で目を光らせると二の矢を継ぐ。

「ただな……。コンセプトはその通りだと思うが、具体的に何をするのかが今の段階では見えない。スピーディーな手続きをするとか、不備ゼロとか書いてくれてるけど、どうやってそれをシステムとして実現するのか？　最終的には実現の手段が重要やんか？」

ごもっともな意見だった。確かにまだ具体論はない。いくつかのアイデアは集中討議でも上がっていたが、まだまだ思いつきベースでしかない。

「この構想立案フェーズでもう少し具体的な話が見えると嬉しかったんやけどな」という言葉で日下がコメントを締める。

「日下さんコメントありがとうございます」ケンブリッジの榊巻さんが口を開く。

「ご指摘ごもっともですが、現時点ではこれで十分だと思っています。コンセプトが固まったことで、今後は1本軸が通るはずです。調査もしらみつぶしに、やみくもに進めるのではなく、コンセプトの実現に向けて肝になりそうな部分、具体化のために必要な部分に焦点を当てて調査できるようになったと考えています」

「なるほど……もちろん方向性に異論はないから、続けてよろしく頼むよ」

日下は、初回となった今回の報告では懐疑的な立場に立っていた。私たちも実際に集中討議を経験するまでは懐疑的だったのだから無理もない。ここからコンセプトをどう実現していくかが、青空チームの真価が問われるところである。

まとめ

構想立案フェーズを振り返る［百田］

構想立案やコンセプトフレーミングというキーワードを聞いたときはモヤモヤしたが、振り返るとこのフェーズこそが重要だったと思える。

表面的にすり合わせたように見えるコンセプトは危険。問題があったときに全員が原点に立ち戻れないからだ。だからわざわざ2日間かけてコンセプトフレーミングをやるんだ、と後から腹落ちした。

例えば、最初は軽くて速い端末であれば良いと、みんな思っていた。

しかし、議論を深めていくにつれてそれは必要なことだが、「最も本質的な問題」ではないと徐々に気付き始めたのだ。羽根のように軽くて、ビュンビュン動く端末があればライフデザイナーは使ってくれるのかというとそれは違う。お客さまやライフデザイナーが良さを感じられないといけない。

ライフデザイナーの物理的な荷物と、心理的な荷物を軽くしてあげたい、という思いが湧き上がってきたときもある。じゃあ、ライフデザイナーのための端末なのか、と問われると、それも少し違う。

より本質的にはお客さまに喜んでもらえる端末であるべきなのだ。

保険は目に見えない商品だから、いざというときに寄り添えるのは人だから、ライフデザイナーの役割がとても重要である。ライフデザイナーは、お客さまと当社とのすべての接点を担っている。お客さまのお役に立ちたいという気持ちで。

その気持ちを支え、力づけ、お客さまにありがとうと言ってもらう。

それが目指す姿なんだと、議論を通じて全員の総意としてたどり着いた。

「すべてのフェーズで青空のもと、良い顧客体験を」というコンセプト。これは、つまるところ「良い顧客体験を提供するために有効な取り組みであれば、多少、お金をかけてでも実現しよう」というコンセンサスにつながっていく。

「コスト削減」というコンセプトだってありえるし、実際に、そこに重きを置いていたメンバーもいた。自分自身は、開始当初はライフデザイナーの「働き甲斐や生産性の向上」をコンセプトに考えていた。

もし、コンセプトが統一されていなかったら、プロジェクトメンバーが一枚岩になって予算を確保し何がなんでも実現しようという推進力にはならなかったと思う。

変革ノート［榊巻］

ここまで、時系列に青空プロジェクトで起こったことを書いてきた。

この「変革ノート」のパートでは、本編の中に埋め込まれている「特記すべき特徴」を簡単に整理して書き留めておく。

構想立案のフェーズでは、主に次の５つのポイントに注力してプロジェクトを進めてきた。

①徹底的に任せる～メンバーの心に火をつける～

冒頭でのプロジェクトオーナー２人のやり取りが物語っている通り、プロジェクトメンバーへの任せ方は、中途半端なものではなかった。

「お前たちが主役だ。自分たちで決めろ。何かあったら俺たちが責任を持つ」プロジェクトオーナーにここまで言われて、その期待に応えたいと思わない部下がいるだろうか。青空プロジェクトにおいて、「任せ方」はメンバーの行動を決定付ける重要な要素だった。

すごかったのは、心底任せてくれたこと。口では「任せる」と言うが、実際はすぐに口を出してしまう、現場が出した結論にダメ出ししてしまう、というプロジェクトオーナーも多い中、汐満さん、日下さんの任せっぷりは徹底していた。

なんせ最初の提案討議からほとんど口を出さず、キックオフにも顔を出していないのだから。

②本音を引き出す～自分の頭で考える習慣を～

ケンブリッジは、構想立案の期間中、しつこく問いかけ続けた。「なぜこのプロジェクトをやるのか」「あなたはなぜここにいるのか」「何を成し遂げたいのか」「真の問題は何か」「どんなプロジェクトにしたいのか」と。

住友生命のメンバーには、自分自身の脳みそでキチンと考えてもらいたかった。しつこく問いかけ、言語化してもらった。

考える習慣のない人は案外多い。先輩の発言に乗っかって考えた気になってしまう人。オーナーの意向に沿うことだけを考えてしまう人。しかし、本当に自分の頭で考える人でないとプロジェクトは引っ張れない。

青空プロジェクトでは、自分の頭で考え、自分の言葉で語る機会をとにかく多く設けた。

- キックオフ、ノーミングセッションでの意思表明

- 集中討議での宿題出し
- 週次の振り返りメール（２章で紹介する）

など。リーダーシップは習慣だ。自分で徹底的に考え、表明し、決断することでリーダーシップは醸成される。

③コンセプトを作る～「俺たちのゴール」が立場を超える～

青空プロジェクトでは、与えられたゴールを鵜呑みにするのではなく、本当に目指したいと思える「俺たちのゴール・コンセプト」を作ることにこだわった。

部門の壁を越えて、真に１つの集団になるためには、共通のゴール・コンセプトを掲げることが唯一の手段だと思う。

ブレないコンセプトが、プロジェクトを最後までやりきる足腰になると信じていたし、青空プロジェクトでは実際に最後までブレないコンセプトになった。

④心理的安全性の確保～若手の本来の力を引き出す～

青空プロジェクトでは、工藤さんをはじめプロジェクトリーダーが作り出す「若手だろうが発言ウェルカム」な雰囲気が効いた。

さらに、仕掛けとしてもいろいろなものを取り入れている。

- グラウンドルールの作成（1章）
- プロジェクトルームの活用（2章）
- アイスブレイカーの導入（2章）

……いろいろな仕掛けで心理的安全を確保することに心を砕いた。

これは、相当に効果があった。若手が活き活きと意見を言い、仕事を楽しむようになってくれたと思っている。この若手たちが1年後のプロジェクトを支えることになる。

⑤新しいことを導入する～プロジェクトから学ぶ、楽しむ雰囲気を～

青空プロジェクトでは、構想立案フェーズの適用をはじめ、

- 会議ファシリテーション（1章、3章）
- 振り返りメール（2章）
- チェックポイント（2章）
- サンセットミーティング（3章、6章）

の導入など、新しいことを積極的に取り入れることにした。

これは、単なるスキルアップだけでなく、別の効果も生み出した。

新しい端末を作っていくという「前例を変えていくプロジェクト」なのだから、プロジェクトの進め方は伝統的な昔ながらのもの、というわけにはいかない。新しい手法を試し、その中で作っていく端末も、新しいものにチャレンジしていくという、変革マインドを醸成することに寄与していた。


以上５つのポイントを整理してみた。

これらの細かい考え方や、取り入れ方は拙著『業務改革の教科書』（日本経済新聞出版社）や『抵抗勢力との向き合い方』（日経ＢＰ社）で相当量述べてきたので、併せて読んでいただけると理解が深まると思う。

2 章

現状調査と分析（アセスメント）フェーズ

2015年9月〜10月中旬

調査開始

2015・08・12　調査に乗り出す前に終了条件を固める［榊巻］

構想立案が一段落し、いよいよ本格的に現状調査が始まる。現状調査・分析フェーズの構造は比較的単純だ。以下の3ステップをこなせば良いのだ。

①調査フォーマットを決める
②ヒアリングなどをしながら、調査フォーマットを埋めていく
③埋まった調査フォーマットを分析して、示唆を導く

だが、これを必要十分の品質で、効率よくこなすのはとても難しい。

例えば現場ヒアリング一つとっても、どこまでやれば完了なのか判断が難しい。10人に聞けば十分なのか、社員全員に聞かないといけないのか。アンケートで良いのか、対面で聞くべき

なのか……。

明確に終了条件を設定しておかないと、延々と調査を続ける羽目になってしまう。

この日は、現状調査の狙いや、進め方についてじっくり確認するセッションを設けていた。

「今回の調査対象は相当に広範囲です。やみくもに調査してはどれだけ時間があっても足りなくなります。我々がよくやるのは、調査の終了条件から逆算していくやり方です」集まってくれたコアメンバーに切り出した。

構想立案フェーズのときに、進め方のレクチャータイムを取って議論したが、あれと同じセッションである。調査の進め方をしっかり議論してすり合わせたかった。

この日、議論したのは以下の3つだ。

①どんな状態になったら、調査・分析フェーズを終われるのか。
②その状態を作り出すために、何をどんな観点で調べて、何を明らかにすれば良いか。
③具体的にどうやって進めるか？

多くのプロジェクトは、どうやって調査するか、つまり③を気にするのだが、それは手段に過ぎない。調査することによって、何かを明らかにしたいはずだ。

言い換えると、明らかにしたいことがわかったら、それ以上の調査は不要になる。だから調査の終了条件を確認しておくことはとても重要だと考えていた。それが①と②に相当する。

①どんな状態になったら、調査・分析フェーズを終われるのか

「まず①についてですが、調査の目的と必要性、調査で達成したいこと、をこんな風に整理してみました。違和感ありませんか」僕がパワーポイント（図2－1）を見せると、メンバーは食い入るように資料を見てくれる。

「大きく分けて、Aの施策検討のインプットを得る、Bの移行コスト試算のインプットを得る。の2つになります」

「……なるほど、現状の顧客体験がどうなっているのか明らかにすることで、施策検討のインプットを得る。必要なインプットが揃ったら調査終了というわけですね」百田さんが理解した、という感じでコメントをくれる。

百田さんは、異論がなくてもこうした反応を示してくれる人だった。「理解したよ」「それいいね」という反応だ。

実は、多くの人が、質問や反対の場合にだけ反応する。それ以外は「だんまり」である。でもこれは、チームで仕事をする場合には大きなマイナスになる。プラスの反応がないと、チームの熱量は下がる一方になるからだ。

図 2-1：調査・分析フェーズの終了条件（仮）のスライド

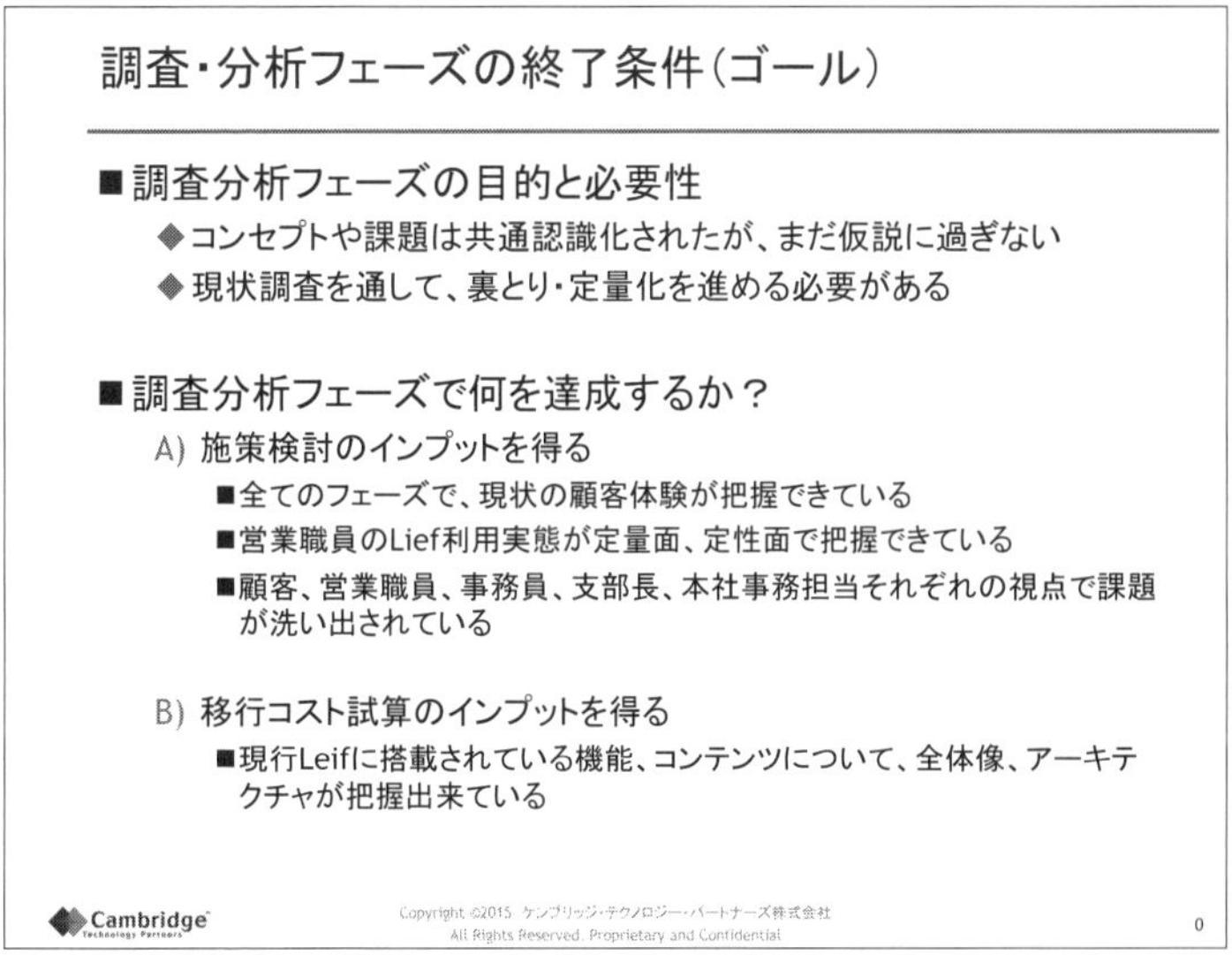
調査・分析フェーズの終了条件（ゴール）
■調査分析フェーズの目的と必要性
◆コンセプトや課題は共通認識化されたが、まだ仮説に過ぎない
◆現状調査を通して、裏とり・定量化を進める必要がある
■調査分析フェーズで何を達成するか？
A) 施策検討のインプットを得る
■全てのフェーズで、現状の顧客体験が把握できている
■営業職員のLief利用実態が定量面、定性面で把握できている
■顧客、営業職員、事務員、支部長、本社事務担当それぞれの視点で課題が洗い出されている
B) 移行コスト試算のインプットを得る
■現行Leifに搭載されている機能、コンテンツについて、全体像、アーキテクチャが把握出来ている
Cambridge Technology Partners
Copyright ©2015 ケンブリッジ・テクノロジー・パートナーズ株式会社
All Rights Reserved. Proprietary and Confidential
0

　百田さんはプラスのオーラがすごくて、ずっとキラキラしていた。否定の反応より、肯定の反応の方がずっと多かったように思う。意図していたのか、天性のものなのかはわからないが、彼の振る舞いは、他のチームメンバーにも確実にポジティブな影響を与えていた。

「そうです。加えて、Ｌｉｅｆの利用実態を定量・定性の両面で捉えておきたいです。このあたりがハッキリすれば、コンセプトを実現する上で障害になっているものが何なのか、明らかになるはずです」僕が答える。

　百田さんに続いて、情報システム部の岩井さんもポジティブなコメントをくれる。

「Bの移行コストの試算も大事だよね。試算のインプットが揃ったら調査終了か……。調査の終了条件としては違和感ないですね」

そんな議論のなか、現場の支部長を長年経験してきた工藤さんが口を開いた。

「それはええんやけど……」工藤さんは発言に思いがこもっているとき、眉間に深いシワができる。このときのシワも相当に深かった。

「何かひっかかります？」

「うん……。本社から現場の営業所に、よく調査依頼がくるやんか。『これ調べて、期限までに回答して』って……。いつも思うんやけど、あれ、何に使ってるんやろな？」

一呼吸置いて、会議室のメンバーを見渡す。

「現場からすると、時間かけて調べて回答しとんのになぁ。本社からは、何に使うかも、なぜ知りたいのかも、その後どうなったのかも、一切連絡なしやんか？　なぁ？」

支部長経験者が何人かうなずいているが、本社部門である営業企画の百田さんや、情報システム部の岩井さんは苦笑するしかない。

「いやー、耳が痛い。なんにも言えないです」百田さんが応じる。

「いや、別に百田のせいちゃうで。そういうことを繰り返してきたってだけや。今回はそうならないようにしたいやん」

確かに、これはよくあるケースだ。僕からもフォローを入れる。「工藤さんの話は、調査ではよくある話なんですが、原因の1つは調査の狙いや目的が不明確なことなんですよね。今回はそうならないように、なんのための調査で、調査によって何を見出したくて、どうなったら終わるのか、をはっきりさせておきたいんです。調査に協力していただく方にも毎回説明したいと思っています」

岩井さんが「うーん。そういうことね。確かに大事だね」と唸るのを確認する。

②その状態を作り出すために、何をどんな観点で調べて、何を明らかにすれば良いか。

「①どんな状態になったら、調査・分析フェーズを終われるのか」はおおむね議論できたので、次の話に入る。

調査フェーズ全体の終了条件は確認できたので、もう一段階粒度を落として「②その状態を作り出すために、何をどんな観点で調べて、何を明らかにすれば良いか」を確認していく。

ここで使ったのが、調査項目を一覧で整理したエクセル資料だ。調査項目レベルで認識を合わせるための一覧表だ（図2－2）。

図 2-2：調査対象と、調査によって明らかにしたいこと一覧

a.調査資料の名称		b.調査対象の領域	c.ヒアリング先 コアメンバー	本社トレーナー	前支部長・城東	前支部長・築地	拠点事務員	拠点営業	その他	d.調査フォーマット	e.調査によって明らかにしたいこと	f.活用可能な既存資料
①現状業務調査	a 営業業務調査	行き先作り	○	○						・業務フロー	・「理想の顧客体験」とのギャップは？ ・シーンごとに、青空と紙、どちらで勝負するべきか ・アンケートでは見えないLiefの使われ方の実態 ・顧客、営職、本社での情報断絶は？	PJで作成済み
		初回アプローチ	○	○								
		コンサルティング	○		○	○						
		プラン提示	○		○	○	○					
		定期訪問	○				○					
	b 事務業務調査	新規契約	○				○	○		・アクティビティ一覧	・「理想の顧客体験」とのギャップは？ ・事務が一発で終わらない部分は？ ・日常的に使われている機能は？ ・データが分断されている部分は？ ・業務の無駄、コスト高になっている部分は？	
		支払い	○				○	○				
		保全	○				○	○				
		転換	○				○	○				
		解約	○				○	○				
	c その他活動調査	営業職員（出勤登録、日報、採用活動など）	○			○		○		・アクティビティ一覧 or 項目だけ用意して日々の業務を直接伺う	・業務の無駄、コスト高になっている部分は？ ・データがつながることで削減できるものは？	
		事務員（トレース業務、指導、など）	○			○		○			・Lief伝導の上でのボトルネックは？	
		支部長（日報チェック、指導、コミュニケーション、採用など）	○			○		○				
	d ピンポイント質問	―	○	○	○	○	○	○		・対象者に応じて都度作成	・アクティビティ一覧には現れない現状、悩み、問題意識などを明らかにする ・想定外の課題を漏れ無く炙り出す	
②現行システム調査	e 搭載機能・コンテンツ ＋利用頻度調査	Liefに搭載されている全てが対象 （スパットくん／スミセイダイレクト含む）	○						○	・FM（名称）＋機能概要	・重複している機能はどの程度あるのか？ ・利用頻度が高い機能、コンテンツはどれか？ ・移行するべき機能、コンテンツはどれか？ ・移行にあたって開発が必要な物はどれか？ ・機能名の難解度合い	利用実態は、「活動統計」から読み解く
	f メニュー体系調査	Liefで表示されるメニュー全てが対象 内部リンク、外部リンクも含める	○						○	・メニュー樹形図	・ユーザリビリティは本当に低いのか？ ・利用動線を無視している度合い、リンクの複雑さ ・機能とリンクとコンテツの混在度合い	岩井さん更新中：20150721_Lief機能一覧.xlsx 岩井さん提供：Liefポータルリンク一覧 原口さん提供：画面一覧（未来診断、保険設計）、画面遷移図（FS入力）
	g ユーザービリティ調査	―	○					○	○	・ケンブリッジの利用者視点レポート ・webユーザービリティの専門家によるレポート	・ユーザビリティにおける改善点、致命傷はなにか？	
	h アーキテクチャ調査	Lief周辺も含んだ全体	○						○	・アーキテクチャの全体図	・マルチデバイス、iPad、BYODを実現する上での影響範囲を明らかにする	
	i サービスレベル	―	○						○	・機能毎の提供時間一覧	・サービス提供時間と、実際の営業活動の差分	オンラインシステム稼働時間
	j 所管部署調査	―	○						○	・役割分担表	・各部の責任範囲は最適か？ ・抜けている役割はあるか？（Look＆Feelのコントロール、コンテンツを減らす意思決定、など）	決裁資料「拠点内ポータル遷移」
③将来動向術調査	k 将来要素技術調査	―	○							・イシン大木氏のタブレット動向のレポート ・ケンブリッジからのIT技術動向のレポート	・方策検討のインプットとして、取り込める要素があるか	
	l 保険業界の将来動向調査	―	○							・営業企画部のレポート	・方策検討のインプットとして、加味すべき動向があるか	

この表で、何をどんな観点で調べて、何を明らかにすれば良いかを整理する。

特に、「e.調査によって明らかにしたいこと」が重要だ。何のために調査をしているのか見失うと大変なことになる。逆にここさえ合っていれば、調査を進めるのがぐっと楽になる。

メンバーからの質問が飛び交う。「これはどういう意味?」「ここは何を狙った調査だろう?」と、ワイワイ議論しながら、多少内容を修正する。30分程度議論して、だいたい認識が揃った。

③具体的にどうやって進めるか？

調査のゴールをすり合わせることができると、ファシリテーターが促さなくても、自然と進め方の話に移っていく。

このときは岡田さんが切り込んでくれた。「だいたい、認識は合ったね……。でも、これを全部現場に聞くのは本当に骨が折れるよ？」岡田さんは右の眉毛をピクリと上げると先を続けた。「工藤さんが言っているような、現場に負荷をかけるような状態は極力避けたいやん。どうする？」

岡田さんはどうにも切り込むときの迫力がすごい。これだと住友生命の若手はビビっちゃうだろうな、なんて思いながら質問に応じる。

「ですよね……わかります。ここからは相談なんですが、コアメンバー調査と、現場調査を2段階に分けられないだろうかと考えています」

「どういうこと？」

「はい。実は本社にかなり資料が揃っているので、浅く広い調査ならわざわざ現場に行かなくても、コアメンバーと資料だけで粗方済むのではないかと考えています。一方、実態に沿った調査や、仮説検証となると現場に直接聞いてみないとわからない。それに現場の生の状況を体感することで得られる示唆もたくさんあるでしょうから、そういう目的に絞って現場へヒアリングに行く。という風に2段階で調査するイメージです。あくまで1つのアイデアですが」このやり取りで他のコアメンバーからも、一気に意見が出てきた。

「確かにそれは良いかもしれない」

「過去の調査資料を流用できるのはありがたい。かなり手間をかけてやってるからな」

「でもコアメンバーだけでは、知らない部分も出てくるし、当時と変わっている部分も結構あるよ」

「だったら、コアメンバー調査の段階で、『特に現場に確認しておいた方が良いこと』を一緒に洗い出してしまおうよ」

「なるほど、それ良いですね。だとしたら……。コアメンバー調査は、こうやってこれを使って進める感じですかね」すかさず、ケンブリッジの遠藤がスクライブしてみんなの認識を合わせる。

調査に関して、各自が腹落ちするまでしっかり議論できた感覚があった。遠回りのようだけど、これが調査の質と速度を上げるコツだと思う。

いちいち言語化ドキュメント化しておく

こうした議論をした後は、決まったことをドキュメントに落としておく。

この議論を受けて作成された資料が図2－3の3スライドである。後から参加したメンバー

図 2-3：調査の進め方（2 段階調査の考え方）を整理した資料

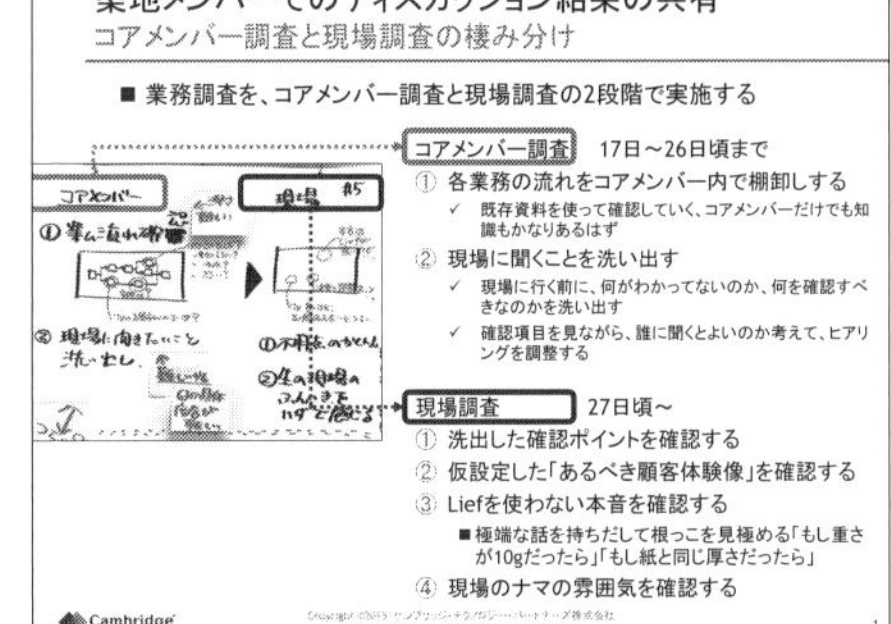

築地メンバーでのディスカッション結果の共有

コアメンバー調査の進め方

■コアメンバー調査の進め方

1. 業務の流れがわかる資料をベースに調査を進める
   1. 既存の業務フローや手順書 （既存資料がないか確認依頼中）
   2. 前フェーズで作成した営業業務のフロー図
2. 資料を見ながら3つの領域に分けて確認を進める
   1. 営業領域（行き先作り～プラン提示～契約合意まで）
      →作成済みの業務フローをベースに確認する
   2. 事務領域（新契約～保全～支払～転換まで）
      →既存資料をベースに確認する、おそらくある
   3. その他（トレース、指導、日報など
      →既存資料があればベースにするが、ない場合はアクティビティ一覧を作成する

Cambridge 2

築地メンバーでのディスカッション結果の共有

調査の観点①

■ 業務の流れを追って確認する観点

◈ あるべき顧客体験像とのギャップが明らかになるように、以下観点を確認する

1. 紙を使っている部分
2. 電子データを使っている部分
3. 事務員や支社に問合せする部分、問い合せ待ちの状況
4. 顧客、営職、事務員、支部長、支社、本社間で行ったり来たりする部分
5. 不備、返却が発生する部分
6. 顧客に見せているもの、渡しているもの
7. データが断絶している部分
8. 誰かの協力を得る部分（同行、問合せなど）
9. タスクをやる場所、時間帯
10. それぞれの件数、割合、時間
11. それぞれのタスクでの不満、困り事

Cambridge 0

にもわかるように、また、いつでも立ち戻れるように。

これでやりたいことはおおむねすり合わせられてきた。あとは役割分担を決めて走り始めればいい。

2015・08・18　1次調査――コアメンバーヒアリング［百田］

調査の進め方が固まったので、いくつかのフォーマットに沿って調査を進めていく。

いろいろなフォーマットがあるが、シンプルで使いやすかったのが「業務アクティビティ一覧」だ。

ケンブリッジの説明によれば、順を追って、仕事を網羅的に書き出すときに使う表だ。業務の流れを記述する際には業務フローを使うのが一般的だが、書くのに時間がかかる割に情報をあまり盛り込めない。そのため、あまり分岐がない業務（経理の締め処理のように、淡々と1から10までこなしていく業務）では、このアクティビティ一覧が効率的だという説明だった。

確かに記述はしやすかった。業務を大、中、小のレベルに分けて記述していく。

特に、顧客体験に関わる部分は、コンセプトに直結するため重要だ。色分けして細かめに棚卸していった。

この作業だけでも、自分がライフデザイナーと一緒に活動していた頃とはかなり業務が変わ

図 2-4：業務アクティビティ一覧のイメージ

業務大	業務中	業務小
保険コンサルティング提案	お客さまの情報を把握して、提案するプランを用意する	お客さまのコンタクト履歴の照会、属性情報の照会
		Liefで保険プランを作成する（通常xxに注意してxxを調整する）
		提案時の流れを、上司と共に確認
		別途xxが必要な場合は、専用のExcelを使ってxxをしている
		プランを印刷する
	プランに上長承認をもらう	その場で契約手続きに入れるように、Lief端末上で上長承認をもらっておく……
⋮	⋮	⋮

図 2-5：実際に使っていた業務アクティビティ一覧

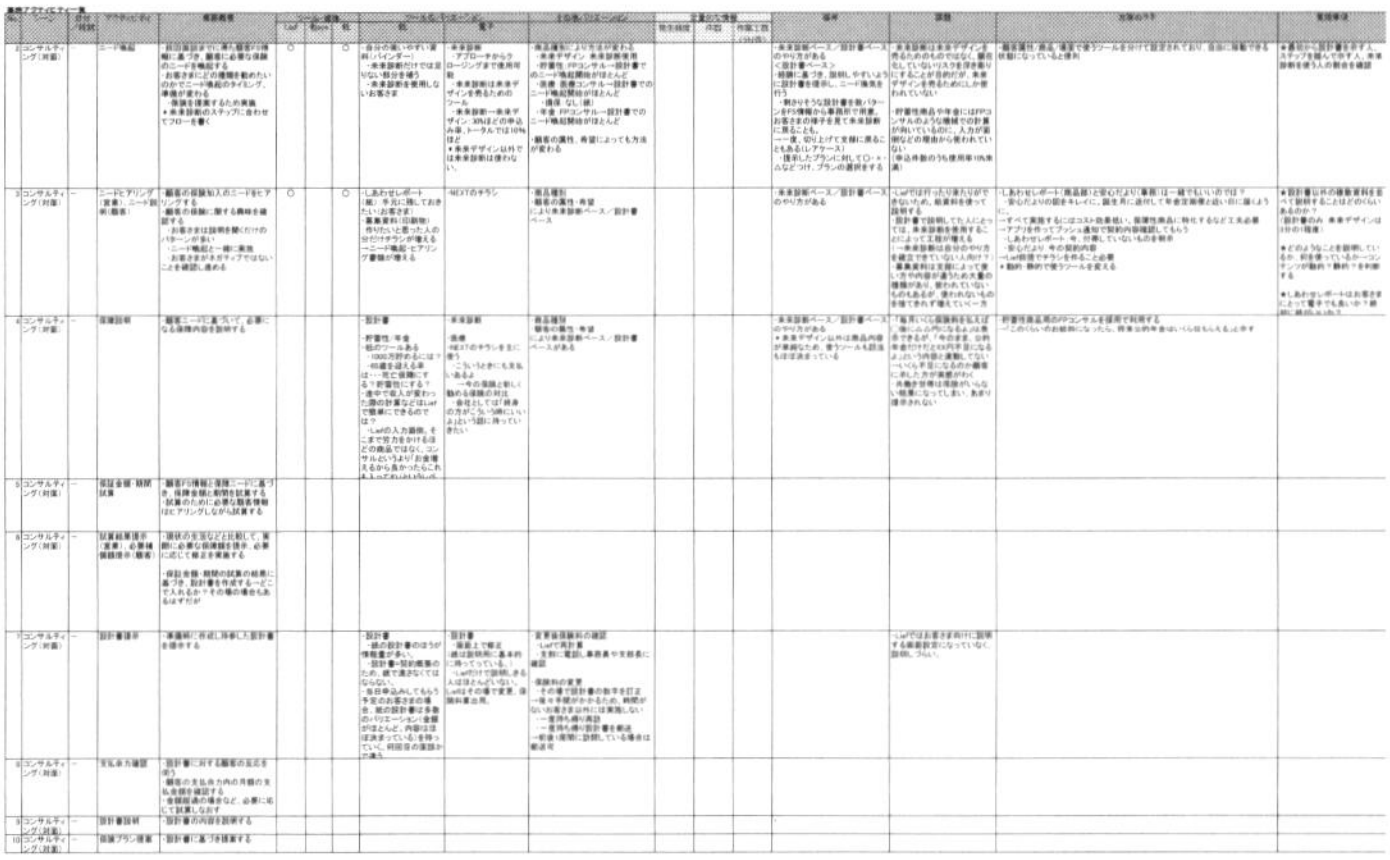

っていることがわかる。知らない業務も結構ある。

「これって、何のための業務なんだろ？　なくても良さそうなもんだけど……」と聞くと、過去にその導入に携わった別のコアメンバーが教えてくれる。

「ああ、それは個人情報保護法が厳しくなったんで、その対策で追加したものでさ……」

なるほど、理屈を聞くと確かに必要なんだろうと思える。しかし、ルール上こういう業務が必要になるのはわかるが、現場は複雑化した業務をどこまで忠実に実施しているのだろうか。真面目にやろうとすればするほど相当な負担になっているのではないか……。

「実際にちゃんと運用されてるのかな？」

「うーん。わからないな……現場に聞いてみないと……」

こうした『ルールと現実の乖離』は、現場に聞くべき内容の１つだ。挙がったものは調査フォーマットの備考欄に気になることとしてメモしていく。

こうして棚卸しをしていくと「知っていると思っていたが、実はよく知らないこと」が多いことに気付く。

一刻も早く現場ヒアリングに行きたい。

2015・09・08 2次調査——現場ヒアリング［百田］

9月8日、いよいよ現場へのヒアリングが始まった。

今回は2日間の日程で東北地方の支社に赴き、ライフデザイナーやスタッフから現状調査のヒアリングを行う。

東京駅から東北新幹線で移動する車窓から外を眺めると、見えてくる景色もビル群から住宅街へ、そして田園地帯へとその姿を変えていく。人々が常にせわしなく動いている東京とは異なる風景が目の前にある。

大都市の文化に慣れてしまっている自分たちの仮説は、果たして正しいのだろうか。ITや通信の環境が東京都とは異なる地方の地域において、デジタルを活用するというコンセプトは果たして受け入れられるのか。そんな不安を抱きながらライフデザイナーやスタッフが待つ支社に向かった。

通常、本社や本部からヒアリングのために人が来るというと、かしこまった雰囲気になって本音が言いづらくなることがある。本音を包み隠して相手の期待に沿った回答をすることもあるかもしれない。これは一般的な大企業にありがちな傾向ではないだろうか。

でも、今回は青空流で進める。「立場やしがらみを離れ、イチ職員として発言し行動する」

というグラウンドルールは、社内の利害関係者にも広げていかなければ意味がない。

だから、ヒアリングにあたり、どうやって心理的安全性を確保するかという点には非常に気を使った。現場のライフデザイナーや関係者に「言っても無駄」「自分が責められる」「否定される」と思われてしまっては、本音が聞けないどころか、間違ったインサイトを得ることになってしまう。

ヒアリングの前にアイスブレイカーを入れたり、現行のL:iefの使い方のコツ・便利機能を紹介したりしながら雰囲気をほぐす。時には「今のL:iefはちょっと使いづらいですよね、こないだこんなことがあって……」少々自虐的に現行端末の課題を共有することもした。「うん、うん。実はそうなんですよねー」という反応が返ってくる。とにかく何を言っても大丈夫。と感じてもらいたかった。

なんとか私たちの思いが伝わったのか、最初は硬かった皆さんの表情が次第に自然体となり、出るわ出るわ、本音が。

- つながりにくい、遅い
- 起動に非常に時間がかかる
- 立ち上げたままだとすぐにバッテリーがなくなる
- 重くて長時間、立って活動する際にはつらい
- 操作が難しいのでお客さまの対面では不安

- バッテリー切れや、電波環境でお客さまに迷惑をかけてしまわないか不安
- 画面展開が煩雑で使いづらい
- 文字が小さくて見づらい
- お客さまにお見せできるような画面デザインじゃない
- 機能が多すぎてわからない
- カタカナや略語が氾濫していて訳がわからない
- あの機能がない。この機能がない
- Ｌｉｅｆには頼らず、自分たちでいろいろ工夫している
- 本来の使い方と少し違うけど、Ｌｉｅｆの××の機能をこうやって使ってます

非常に耳が痛くてつらくもなるが、聞けば聞くほど、お客さまのお役に立ちたい、良い体験をしてもらいたいという思いは、みんな共通なんだと感じる。「すべてのフェーズで良い顧客体験を」という青空プロジェクトのコンセプトを口に出すまでもなく、現場ではいろんな創意工夫をして、お客さまをサポートしていた。

例えば、入院給付金のご請求があった後のフォローアップも、現行Ｌｉｅｆのリマインダー機能を使って、実に丁寧にお客さま対応をしていた。しかし、そこには多くの手作業が発生する。ライフデザイナーが、良い顧客体験を作り出すことに集中するためには、こういうちょっとした面倒な手作業はある程度自動化して減らすべきだ。

■聞きっぱなしにしない［榊巻］

調査がどんどん進んでいく。構想立案フェーズで調査禁止！　としていた分、みんなグイグイ調査を進めていた。調査のボリュームもすごかった。

当時のざっくりした工程表がこれだ（図2－6）。

こうして調査が進んでいく状況で大事なのは、「聞きっぱなしにしない」ということだ。コアメンバーには、調査・ヒアリングをしたら、その日のうちにチェックポイントをするようにお願いしていた。調査に携わったメンバー3～5人で、以下のようなことを話してもらうのである。

- 新たにわかったこと
- 特別に、もっと深掘りして調べたい（分析したい）もの
- 施策のタネ
- 気付き、感想

図 2-6：現状調査のスケジュール

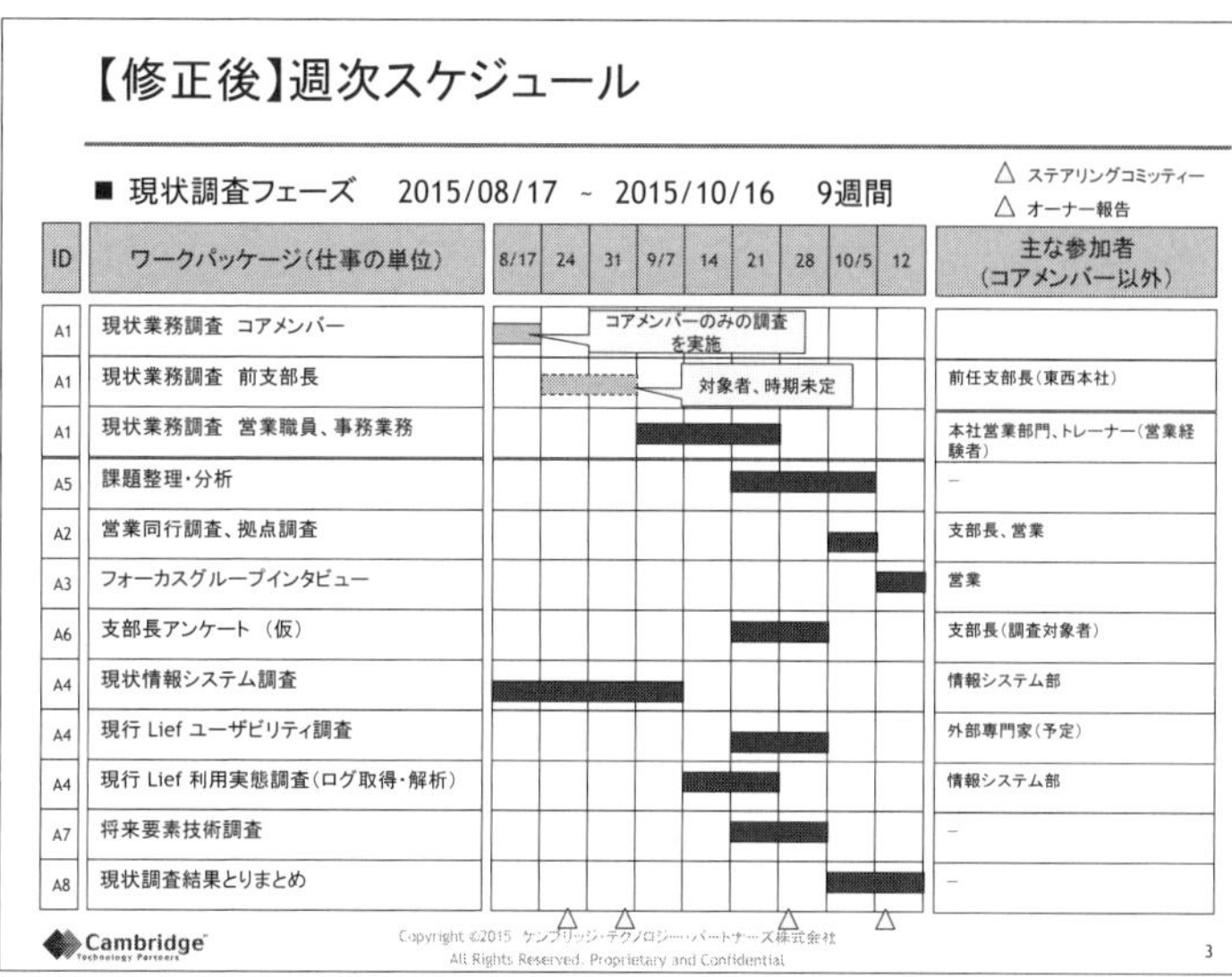

調査フェーズはとにかく忙しいので、聞いたら聞きっぱなしになりがち。しかし、調べることは目的ではなく、調べてそこから何かを見出すことが目的であるはずだ。

だから、ためずに毎日、気付きを整理しておくのである。こうすると「もともと考えていた仮説が間違っていそうだ」とか、「このタイミングで方針転換しないとまずい」とか、「やっぱり仮説は正しそうだ、これ以上、深掘りしても意味がないだろう」といった軌道修正がリアルタイムにできるようになる。

ところがほとんどのプロジェクトではこれをやっていない。調査がすべて終わってから「さて、何がわかったかな？」なんてやっていると取り返しがつかなくなる可能性もある。やりきるのは大変だが、間違いなく価値がある。青空プロジェクトではこれを徹底した。

インタビュー

ヒアリングを振り返って［岩井］

現場のリアルを体感する

現場でのヒアリングは、本当に気付きが多かったですね。例えば、ライフデザイナーは日報を書いているんです。それを上長に提出しています。そこまではコアメンバー調査でわかっていました。で、実際に現場で話を聞いてみるとこんな話が聞けるんです。

日報はあえて手書きにしています。

手書きの文字だからこそ、部下であるライフデザイナーの状態がよくわかるんです。気持ちが乗っているとき、そうでないとき、好きなお客さんのことを書くとき、少し苦手なお客さまのことを書くとき、モヤモヤしているとき、自信がないとき……。気持ちが筆に表れるんです。

　私たちは、それを手書きの文字から感じて、声をかけアドバイスをするようにしています。

　日報が電子になったら、いろいろメリットがあるのはわかります。効率的になるでしょうし、データも取れるでしょうね。でも、失われるものもあります。

　私たちにはどっちが良いのかわかりませんけど、手書きには手書きの価値があるんですよね。

　手書きの日報から相手の感情を感じ取り、人間関係を重視するなんて発想は正直、本社にいたら全く気が付きません。合理化やシステム化は大事ですが、現場の方の感情にも寄り添わないと、本当に良い端末はできない。使ってもらえる端末にはならないと強く感じました。

　ある支社に行った際は、「この地域のお客さんは気が短い方も多くて、端末が遅いのが非常に困る」という話が聞けるなど、地域ごとの特色も見えてきました。

　初めは戸惑いと違和感がありましたが、コンセプトフレーミング→現状調査という順にしたのが良かったと思います。とにかく調査の情報量が多いんです。いくらでも聞けてしまうし、いくらでも調べられてしまう。どういう方向性で、どういう項目をヒアリングするのかなど、先にコンセプトが決まっていなければ、調査に溺れていたと思います。

そこにいる人の「顔」を思い浮かべる

もう1つ調査でよかったのは、具体的な「人」がイメージできるようになったことです。

20年近く現場を離れていた身としては、ヒアリングに行くまでのユーザーは「ライフデザイナー」だったのですが、ヒアリングしてからは、例えば、田中支部長、佐藤所長、伊藤さんという具体的な人がイメージできるようになりました。というか自然と浮かんでくる。具体的な人がイメージできて、どういう仕事（端末の使い方）をしているかがイメージできると、どうすべきかが具体的に検討できるのはもちろん、「この人のためにこうしたい」「こうすると伊藤さんは喜ぶだろうな」というモチベーションにもつながりましたね。

■プロジェクトルームをハブにする［榊巻］

全員で1つの議論をしていた構想立案フェーズと違って、役割分担をして現状調査を進めると、途端に情報共有がしづらくなる。

コアメンバーが全員フルタイムでプロジェクトに関わっているならまだしも、現業と兼務のメンバーもいる。

この問題に効果的だったのがプロジェクトルームだ。実はプロジェクトが立ち上がったときからずっと専用の会議室を確保してもらっていた。

専用プロジェクトルームを持つ利点はいくつもある。

1．イチイチ会議室を手配する手間がなくなり、思い立ったときにすぐに議論ができる

プロジェクトは大量の会議で構成される。そのとき、イチイチ会議室を手配しないで済むのは大きい。この手間は馬鹿にならない。会議室の手配だけではない、移動の時間ももったいない。全員がプロジェクトルームにいれば移動コストもほぼなくなるし、思い立った瞬間に打ち合わせができることも重要だ。

「そう言えば、あの件、どうなった？」「ああ、ちょっと話しますか、会議室空いてるかな……ええっと……」なんてやっている暇はない。

2．モードを切り替える空間として機能する

プロジェクトルームには常に誰かがいて、常に情報が更新されている。そんな空間に入ると

図 2-7：青空の専用プロジェクトルーム

自然とスイッチが切り替わる。

普段の業務では年次を気にして仕事をしている人も、青空のプロジェクトルームに来るとフラットな発言を意識するようになる。

普段の仕事では、ほとんどスクライブしないけど、青空のプロジェクトルームに来たら書かないと！　という気持ちになる。お祭りや花火大会の会場みたいなものだ。

日常と切り離してプロジェクトに没頭する場として、プロジェクトルームは有効に機能していた。

3．情報が集まるハブになる

調査のタイミングで特に効いてくるのが、この情報の集まるハブとしての機能だ。

いろいろな人がいろいろな場所に行き、個人個人での仕事になってしまうので、モチベーションを保ちづらくなってしまう。また、コミュニケーション不足にもなりがちだ。これをプロジェクトルームがある程度解消してくれる。

例えばプロジェクトルームには、先程紹介した「調査の振り返り結果」を壁一杯に貼り出してある。

調査ヒアリングしたらその日のうちに振り返ってもらう。その結果をプロジェクトルームに持ってきもらい貼り出していく。

そうすると、他のチームの様子が手にとるようにわかるようになる。「あ、こっちでもウチと同じような意見が出てるね。やっぱり感覚は間違ってなかったのかも」とか、「おや？　これは、僕らの肌感と真逆の意見だね。どうしてこうなったんだろう？　後で聞いてみるか」なんて会話が自然に生まれていた。

ユーザビリティ（使い勝手）の分析

2015・09・10　2度目の強烈な自己反省［百田］

調査も終盤に差し掛かってきたこの日のテーマは、画面や機能の全体統制についてだった。これまでの調査で、部門縦割りに機能が作られていることがわかっていた。見た目も操作性も部門ごとにバラバラで、ライフデザイナーからみるととても使いづらいツギハギシステムになっていた。これを改善して、操作性に一貫性をもたせるのが１つの大きな施策になりそうだった。

だが、言うは易し。実際に部門の仕事に落としていくと、それぞれの言い分があり、今までの延長ではそう簡単に全体統制が取れそうにない。総論賛成。各論になるとうっすら各部門の主張が顔を出してくる。そんな雰囲気だ。

「……なんだか、噛み合ってるようで上滑りしてませんか？」ケンブリッジの白川さんが議論に割って入ってきた。普段から空気を読まないコンサルタントだが、今日はより一層読んでない。

「敢えて厳しいことを言わしてもらうと……皆さんの議論は、これまでと『何を変えるつもりのか』がよくわからないんですよ。これまでできなかったことをやろうとしてるんでしょ？」

確かにそうだ。私は白川さんを食い入るように見てしまった。感じてたことをきれいに言語化された気がした。

「これまで全体統制を効かせてこられなかったのはなぜか。ダメだとわかっていながら部門個別の開発をしてきたのはなぜか。過去の反省を徹底的に見つめ直さないと、また同じことが起こりますよ」

確かにその通りだ。耳が痛い……。

これにはガツンとやられた。工藤さんが静かに言った。

「白川さんが言われるとおりやね。自己否定。これができないと組織は変われないんやな。徹底的に現状分析して、現状追認はやめよう」

これで、キッチリ調べてキッチリ反省しようという流れになった。

■ユーザビリティ診断 ［榊巻］

現状調査の一環として、現行のLief端末のユーザビリティ（使い勝手）調査を実施した。

このプロジェクトでは端末の使い勝手の改善も大きなテーマになっていたからだ。

今回は2つの視点からユーザビリティを調査することにした。

1つはこの手の専門家の視点。そしてもう1つは、端末を使うライフデザイナーの視点だ。

それぞれの視点から、良い点、改善すべき点を棚卸す。

■2015・09・18 専門家の評価 ［百田］

ユーザビリティスペシャリストの植木さんが、現行端末の問題点を淡々とレポートしてくれた。

確かに説明されればされるほど、確かにその通り。という内容ばかりだった。なんというか、薄々わかっていることをズバリ言われると、笑うしかない。情報システム部の岡田も「いや、ほんとにその通り。何も言い訳できません」「ちゃんと痛いとことつくなー。これが専門家か」と笑っていた。

セッションの中で印象的だったのは植木さんのこの一言だった。

「使いづらいシステムは、思った以上に悪さをしますよ。使いづらいと『操作の手間による人件費』『操作を覚えるための教育コスト』が見えないところで膨大にかかり続けることになるんです」

確かに、今のシステムは見えないコストが非常にかかっている可能性がある。使い勝手が悪すぎて、わざわざ教えなければならないからだ。この「教える」「教えられる」が半ば当然のようになっている構図を変えていくことが大切だ。マニュアルがいらないシステム、そういうものを目指していこうと思った。

また、文字の小ささ、色の識別のしづらさ、ボタンの統一感のなさなど、１つ１つの小さな煩わしさが積み重なって大きなストレスとなっている。そして、座って説明することもあれば、立ったり、中腰になって説明したりすることもある。屋内と屋外では画面の反射の具合も異なる。そういった、ペルソナやシチュエーションを網羅的に考慮して、統一された全体感を持った端末に変えていかねばならないことを痛切に感じた。

2015・09・28 イチユーザーの評価［榊巻］

もう1つは、ライフデザイナーの視点だ。これは実際に使っているライフデザイナーではなく、ケンブリッジのメンバーが代替した。日々使っている人だとそれが「当たり前」だと思ってしまう、また、本部に遠慮して本音を言わないという可能性もあるからだ。

ＩＴには精通しているものの、保険営業は素人のケンブリッジメンバーが、操作レクチャーを受けながらじっくり端末を操作する。1日かけて散々端末をいじった女性のメンバーが僕に話しかけてきた。

「榊巻さん、これ、改めて使ってみるとなかなかひどいですね……」

「え？　ほんと？　どのあたりが？」

「いろいろあるんですけど、まず、色がひどいです」

「色？？？」

「白黒か、そうでなければ真っ黄色や真っ赤。原色ばかりなんです。これを使うのは女性がメインですよね？　しかも若い女性も多いわけで。正直全然ウキウキしないんですよ。こんな色味じゃ。控えめに言ってクソですね」

これにはなかなか衝撃を受けた。「な、なるほど」

「もちろん、機能の導線や、情報の表示の仕方なんかもひどいんですけどね。一番ひどいなと思ったのは、端末を使う女性の視点に、全く立ってくれていないんだろうな、と感じてしまうところです。『機能作れば良いんでしょ？』って心の声が透けて見える気がします」

彼女はもともと言いたいことを言うタイプのメンバーだったが、なかなか強烈だ。

「どんな色合いならいいんだろう？」

「女性のファッションとか雑誌みたことあります？　原色なんて全然使わないんですよ。淡い色が中心です。赤にしたって、黄色にしたって柔らかい色合いで統一感を出してます。次の端末を作るときには、機能的な配置や、ボタンの見やすさを気にするだけではダメだと思います。ユーザーエクスペリエンス（使う人の体験）を大事にするわけですから、こういうことにも気を使ってほしいな」

これも、このままストレートに青空メンバーに共有したが、ケンブリッジの若手女性コンサルタントにケチョンケチョンにダメ出しされる住友生命メンバーがなんだか面白かった。

落ち込むを通り越して、笑いが出ていた。
新しいことをやるときには、「痛烈な自己反省」は本当に大事だ。

振り返りメール

振り返りメール〔榊巻〕

青空プロジェクトでは、週次で振り返りメールを送る習慣があった。

毎週コアメンバー全員が、全員宛にメールを出すのである。いわゆる週報を想像してもらうと良いだろう。ただし、「やったこと」などは書かず、以下の3つを書いてもらう。

- 良かったこと／改善したいこと
- わかったこと
- モヤモヤしていること

管理のための週報ではなく、思考を深めるための週報なのだ。出す側はふと立ち止まって考える機会になる。特に、「わかったこと」は大事な内省の機会になる。

読む側としては、各自が抱えている「モヤモヤ」を知れるのが嬉しい。メンバーのモヤモヤがプロジェクトにとって重要な論点になることも多い。

このときは百田さんから振り返りメールが出ていた。

百田です。振り返りメール送ります。

●良かったこと／改善したいこと

何も言っていないのに、岡田さんが、いつの間にか資料を作って共有してくれたこと。岡田さんの先回りの視点が良かった。見習いたい。

●モヤモヤ

今週は無し

●わかったこと

会議の生産性の向上について、いろいろ気付きがありました。長文です。

ファシリテーター、スクライバーを実践すると会議におけるその役割の大切さが実感できますね。特にスクライバーをやると、すごく頭が整理されることを感じます。積極的に取りに行くべきポジションですね！

また別の会議では、プロジェクターを使ってみんなで「指しながら」議論をし、それと同時並行で資料を作成する試みをしました。議論が良く噛み合い、参加者からは「こんな議論がしたかった。とても新鮮だった」というコメントをもらいました。成功予感が非常に持てましたので、広めていきましょう！

プロジェクトで試した手法を、通常業務にも持ち込むというのは良いサイクルだと思うし、チャレンジの結果をオープンにして展開したことで、他のメンバーも刺激されたようだった。「そんなに効果あったんや？」「やるのはちょっと勇気いるなー、百田さんすごいな」「小枝ー、次の会議でお前もやってみろよ」なんて声がプロジェクトルームで聞こえてくるようになった。

振り返りメールは、住友生命のメンバーだけが書くのではない。ケンブリッジも書いている。皆がぽっかり落としている視点を拾う。一段高い視座に引き上げる。行動を促す一言を添える。なんてことが、スパッとできたら実にカッコ良い。それを目指して僕らも毎週振り返りメールを書いていた。

……決して表面には出さなかったが、実際は

（ここまで言っちゃって大丈夫かな？　でも踏み込んで言わないと刺さらないしな……）

（そもそもこの内容、みんなに刺さるのかな？　むしろ逆効果にならないかな……）

なんてアレコレ気にしながら、何度も読み返しては書き直し。そしてドキドキしながら送信ボタンを押していた……。実にカッコ悪い（笑）。

2015・09・16 榊巻さんからの差し込みメール［百田］

青空メンバーとケンブリッジのメンバーは、全国の支社・支部に出張し仮説検証のヒアリングを重ねていた。そんな折、榊巻さんからメールが飛んできた。プロジェクトメンバー全員に宛てた振り返りメールだ。

最近気になっていることがありまして……。まとまっていないのですが、振り返りメールを兼ねて書いてみます。2つあります。

①改めて次のようなことを自問自答しながら進めていかなければならないと感じています。

- 後から振り返って、「このチームだからこそ出せた成果だよね」と言えそうか？
- 結局、青空の目玉の方策って何なのか？
- 結局、このプロジェクトが生み出す価値って何だろうか？

プロジェクトが終わったときに、この辺りが明確に答えられないとダメですよね。なん

となくプロジェクトを進めていてはこの問に答えられなくなる。そのためには今から常に考えて続けていないといけないと思うのです。皆さんはどう思われますか？

榊巻さん、なかなか、差し込んでくるなというのが当時の印象だった。「プロジェクトが終わったとき」とはどれだけ先のことだろうと思っていたが、だからと言って漫然と進めてはダメ。ゴールから逆算せよ、と言っているように感じた。

そして、榊巻節はまだ続く。

②それから、唐突ですがＮＧワードを作った方がいいなと感じています。

「勉強になりました」「参考になりました」「知れて良かったです」「気付きがありました」……これらはヒアリングを終えた皆さんからよく聞く言葉です。これ自体は良いのですが、この言葉で満足してしまったら、思考停止と同じ。

次のようなことを考えられていないと本当の意味で「参考」にはなっていないわけです。

- 何がどう参考になったのか？
- 具体的に聞く前と、聞いた後で、何が変わったのか？
- 今後、どんな風に検討に活かすのか。

仮説の精度が高くなった、新たな方策のタネができた、検討の選択肢が一つ増えた、など、何らかの変化があるはずですよね。ヒアリングでお話を伺う際には、少しだけ意識を高めてみてください。

今振り返っても、なかなかな差し込み具合だ。

こうやって、ケンブリッジのメンバーは歯に衣を着せず、率直に思ったことを伝えてくる。結構度胸がいると思うのだが、キャラクターなのか、社風なのか、ストレートな物言いの割にそんなに嫌な感じがない。

むしろ、こうした率直な指摘を受けて、自分たちも真摯に応える努力をする。時折、原点に引き戻しくれる動きは重要だ。どうしても話が具体的になってくると忘れてしまう。こうした信頼できるパートナーとしての良い協働関係が、チームを前へ前へと進めていく原動力になっていた気がする。

分析と集中討議

■分析するテーマを絞る［榊巻］

調査が進んでいくが、調査フェーズは「現状把握のための棚卸し（調査）」と、「原因の深掘り（分析）」によって成り立っている。

調査しながら、毎日チェックポイントをしているので「詳細な分析をしないとマズイ」というポイントはたくさん出てきていた。

この日は、溜まっていた「追加調査対象・分析対象」を棚卸しして、優先順位を付けていった。そうすると、分析対象として全部で23のテーマが浮かび上がってきた。

分析の目的は、大きく2つある。

①原因究明分析

問題が発生している原因（メカニズム）を紐解き、施策のヒントを得ること。

いわゆる「なぜなぜ分析」や、「フィッシュボーン分析」「システムシンキング」などはこれに当たると考えている。どんな仕組みで問題が発生しているのかがわかれば、打ち手は自ずと明確になる。こちらは一般的な解釈だろう。

②モデル化分析

複雑な事象をモデル化して、起こっていることを実感しやすい形にすること。

こちらもとても重要な作業だと思っている。プロセスが複雑だったり、時間軸が長くなると、全体像がつかめず人によって理解、解釈が異なってしまう。

これを避けるためには、事象をある程度単純化し、実感を持って捉えられるようにしておく必要があるのだ。

今回のように手分けてして調査を進めていくときは特に重要になるし、プロジェクトに参加していないステークホルダーに説明する際にもモデル化分析は有効だ。

分析の対象として挙がった23のテーマを、原因究明分析とモデル化分析に分け、分析の担当者を決めていく。住友生命メンバーとケンブリッジがコンビを組んで個別に分析を進めていく

図 2-8：23 の分析対象一覧

No.	課題分析テーマ	分析方法（整理の仕方、整理の観点）	導きたい方策	担当者1	担当者2	[illegible]
1	不備返却のパターン化	・不備発生時の不備連絡パターンを洗い出す ・直接お客さまに行くケース、事務員を経由するケース… ・それぞれの件数	・不備のタイムリーな通知によって、迅速な顧客フォロー、営業職員の手間軽減	佐藤さん	中川さん	福島
2	営業職員への指示伝達経路まとめ	・あいメール、朝イチなどの連絡手段、件数、内容を洗い出す ・媒体、受け取った後のアクション… ・支部長や事務員からの口頭指示をどう管理しているかも含めて	・Coolに連絡をPushする ・MustはPush、WantはPull ・タスクにしっかり会社で優先順位つけて統制する ・媒体は要検討（メール？別のツール？朝イチの拡充？）	佐藤さん	中川さん	福島
3	事務手続きが1回で完結しないものまとめ	・一発解決していない事務をリストアップ ・一発で終わらない原因を調査 ・本社確認待ち、郵送待ち、書類作り直しなど… ・それぞれの発生件数、待たせている時間… *現場で何が起きているか、を調査する 　それぞれのケースを洗い出す *4、5、6の結果と3の結果の関連がわかるようにする	・事務一発完了への移行	吉田さん	船木さん	福島
4	新契約のビフォーアフター	・現状と将来を比較し何がよくなるか明確にする ・将来像を実現する上で、超えるべきハードルをピックアップする ・誰にGoサインもらえばよいのかを確認する 　・将来像実現のための社内の意思決定は誰にしてもらえば良いか（コンプラ面など）		増田さん	石井さん	遠藤
5	保全のビフォーアフター	同上		佐藤さん	中川さん	遠藤
6	給付のビフォーアフター	同上		吉田さん	船木さん	遠藤
7	スパットくんの利用実態まとめ	・いつ使う？どのくらい使う？なぜ使う？使うと何が嬉しい？ ・運用の何がどう大変？スパッとで何ができて何ができない？ ・領収書が必要な理由、電子ではダメな理由を確認する	・スパットくんの何が問題なのかハッキリさせて、青空でどこまで検討するのか決める	増田さん	石井さん	福島
8	トレース業務の全容と実態まとめ	・トレースしている項目を洗い出す ・トレース作業の実態を明らかにする（事務員が口頭で営業職員にリマインドして、営業職員の報告を頼りに完了フラグを立てる）（営業職員が自己申告で完了フラグ立てる）	・トレース業務の削減＆機械化範囲の特定 ・「これはちゃんとやっとけ」というチェックリストを作る 　・最低限やるべきことのリスト	山中さん	岡本さん	福島
9	FS、活動基盤や日報（MOS）の実態まとめ	・FS、活動基盤とMOSにどんな内容を入力しているか、どんな内容は入力していないかを洗い出す ・顧客と話した内容を、何にどう記録しているか？ ・どのくらい真面目にいれてるのか？ ・入れたものをどう使ってるのか？ ・どの項目があれば使える？本来どうやって活用すべきものか？ ・長期のToDo（3年後に訪問する、などの約束）をどうやって管理しているか	・MOS入力の極小化、簡略化 　・スマホ入力、GPS活用 ・FS、MOSの活用 →FS、MOS活用の糸口を見つけたい	菅野さん	百田さん	遠藤
10	顧客データ分析フロー	・「FSまとめ」と関連して、入力したデータが分断している部分が見えるようにする。データフロー図のイメージ。 ・二重入力になっている部分、もしくは入れっぱなしで後に利用がないもの、データを引き継げるが一手間かかるもの、の観点でデータのつながりを明らかにする ・保全手続き含む ・おそらく連携機能は既に揃っていて、使ってないだけ。だから"活用率"で示さないとダメかも。 ・AsIsとToBe並べる	・一貫した顧客体験を軸にした際、どこでデータ分断が起こっているか ・どこを強化すると自然な流れでシームレスにデータを利用できるか	菅野さん	原口さん	遠藤
11	Liefに搭載されているコンテンツ棚卸し（Next、Next2以外の何か）	・コンテンツを一覧化する ・Lief機能の要不要当たり付けをする ・属性情報を合わせて一覧化する 　・利用フェーズ（コンサル、新契…） 　・商品（保障、年金、貯蓄…） 　・カテゴリ（教育資料、募集資料…） 　・所管部署 　・メディア（PDF、Excel…） 　・最終更新日、作成日… 　・利用数、アクセス数… ・どのくらい類似があるかなど見たいが、全部調査すると大量すぎる ターゲットを何にするか →担当する人と相談 ・種別で整理	・どのくらい巨大なコンテンツが乗っているのか、どれほど複雑なのかを可視化 以下の議論の土台にする ・重複コンテンツの議論 ・利用度の低いコンテンツの議論 ・青空用に作り直す範囲の議論 ・青空に移行する／しないコンテンツの議論 ・カテゴライズ、動線の議論 ・所管部署の議論 ・今、使っていないが対面営業で使いたい機能のヒアリング	原口さん	伊澤さん	福島
12	募集に使う商品別のコンサルツール、コンテンツの棚卸し	・商品ごとにコンサルに使用する資料ツールを棚下ろす （PDFの1枚ちらし、未来診断ツール、Excelの10ページ資料、資料なしの口頭、説明しない…など） ・どの資料をどのくらいの割合で使っているか？何分くらいかかるか？動的、静的情報の割合は？	以下の議論の土台にする ・コンサルフェーズにおいて、端末と紙をどう棲み分けるか ・簡易版／がっちり版の複数バリエーション用意すべきか ・コンサルを強制的にやるように仕向けなくて良いか	伊澤さん	原口さん	福島
13	リーフ研修の実態棚卸し	・そもそもどんな研修がどのくらいあるのか棚下ろす ・研修ごとの狙いは何なのか？（お客さんの利益を教える、営業職員の利益を伝える、機能を使う前後の流れや活用の仕方を伝える、機能の使い方そのものを伝える、など） ・誰から誰への研修か、頻度は、時間は… ・トレーナーへのヒアリング？マネ塾の実態整理？ ・支部長への研修内容も棚卸しする	・使い方ではなく、使うことのメリットを伝える研修を強化する ・浸透プロセスのうちどこが不足しているのかを明らかにする	菅野さん	工藤さん	遠藤
14	守るべきセキュリティ要件の棚卸し	・端末運用上守るべきセキュリティ要件を棚下ろす ・現在、要件をどのように実現しているのか ・マルチデバイス化する際に越えなければいけないハードルを明らかにする ・HOLONの詳細は不明。別途、ヒアリング必要 ・BHOにおけるセキュリティ要件は明確 ・SLCのアーキテクチャ呼んでセッション？ ・大木さんに野村證券などの事例を参考にヒアリング	・マルチデバイス化を検討する際の土台とする。（セキュリティ要件の実現方法が論点になるはず）	岡田さん	岩井さん	遠藤
15	未来診断の見直しに向けた事前調査	・Webアンケートの調査結果分析 ・使い勝手のヒアリング ・前後のつながり（パラメタ取り込み、診断結果をどこまでつなげると嬉しいか？） ・12の結果、未来診断でカバーするのはどこまでか、を検討する	・未来診断をどのように見なおすか議論する土台にする	★岡本さん	百田さん	福島
16	コンテンツを独力で探し出せない症候群の影響度合い調査	・知りたいことを知るために使っている工数を調査する ・営業職員がマニュアルを探している時間 ・営業職員が事務員に質問する時間 ・事務員がマニュアルを探す時間 ・事務員が支社、本社に聞く時間 ・本社が…	・IVR、チュートリアルのような対話型FAQの導入 ・マニュアルがあるが辿りつけないことの解決	工藤さん	山中さん	福島
17	支部長の指導内容調査	・どんなふうに、営業職員を指導しているのか ・事後の振り返りなどしているか？	・取るべきアクションは指示しているが、事後の振り返りなど、アクションの質を高める指導ができてないなど、方策のヒントがあるか？	菅野さん	工藤さん	遠藤
18	サービス提供時間と、要望のまとめ	・稼働時間は整理済み ・実際にどのくらい困っているのか？ ・現在の非稼働時間帯に何をどこまでできればいいか？	・日曜日には受付のみ稼働、平日に処理をする仕様 ・端末をスタンドアロン稼働できるようにすべきか？の意思決定 ・月1回の非稼動日の解放	岩井さん	岡田さん	遠藤
19	あるべき体制、役割分担に向けた現状調査	・現在の役割分担を整理する 　・何に対する決定権がどこにあるのか？ 　・情S、商品部でセッション *ToBeは現段階では考えない	・部門横断の組織、委員会の構築 ・役割の追加、明確化 ①ユーザビリティ、デザインの統括 ②コンテンツの統括、編集 ③機能、コンテンツに優先順位をつ　ける人、決裁ルート ④機能を捨てる意思決定 ⑤活用促進 ⑥コンテンツ自体の内容、正確さ	岩井さん	岡田さん	遠藤
20	現状の開発体制、余力の調査	・情S、SLCでセッションし、現状の開発余力を確認する		岡田さん	岩井さん	遠藤
21	採用	・採用関連のコンテンツにどのようなものがあって、どのように使われているか？ ・実際に最近採用した人は何を使ったか？していない人は何が障壁になっているか？ *12との関連がわかるようにする	・会社全体で保有する活動基盤と採用に関連性を持たせ、安心して新人を採用できる環境を整備	岡本さん	権野さん	遠藤
22	ワクワクするLiefの引き出しネタ整理	・営業同行ヒアリングの前に整理し、確認方法を検討				
23	Liefのユーザビリティ分析	・導線：営業職員の検索or利用の思考プロセスとどのくらい乖離しているか？ ・コンテンツの最適化：ただ紙を載せ替えただけのコンテンツがどの程度あって、それによって何が起こっているか？ ・デザイン：色使いや、配置など	・使いづらいわかりづらいっていうけど、結局なにがどうわかりづらいの？何直せばいいの？を明確にする	ユーザビリティの専門家（植木氏）	ユーザビリティの専門家（植木氏）	
24	対面でのナビゲーション向上に向けた事前調査	・デキる営業のトークセオリーを調査する 　・必ず押さえる（聞く）べきことなど 　・1分しか時間がないなら、これを聞く 　・10分あるなら、まずこれを話す　など 　・営業からヒアリングで聞き出す？	・デキる営業の暗黙知を形式知に ・ヒアリングに限定せず（保険とは？なども含む）、板を見ながら会話できるようにナビゲートする機能 ・1分コース、10分コースなど時間に合わせたトークナビゲーション機能	なし（ヒアリング時に実施し、集まったら取りまとめるので、その時に決め	なし（ヒアリング時に実施し、集まったら取りまとめるので、その時に決め	

形を採用した。

その後、全員が集まる集中討議で結果を共有する手はずになっていた。集中討議に参加すれば、自分が調査していない部分の状況もよくわかるようになる。

当時の分析対象を洗い出したエクセルがこれだ（図2－8）。「分析のテーマ」だけでなく、どうやって分析するのかという「分析方法（整理の仕方、整理の観点）」、その結果どんな示唆が導けそうなのかという「導きたい方策」まで踏み込んで認識を合わせている。

調査のパートでも触れたが、この手の仕事はとにかく「作業」になりがちだ。何のためにやっているのか、何がわかったら良いのか、を強烈に意識しておかないと、「整理しました！」「おお。ありがとう。で？　何がわかったの？」となりがち。

今振り返ると、青空プロジェクトでは、最初から一貫して「なぜやるのか」「何を目指しているのか」「どうなったら良いのか」を大事にしていた気がする。そのカルチャーが、調査や分析の進め方にも表れていたのだと思う。

2015・10・08　集中討議でのアイスブレイカー［百田］

分析の対象を絞り込んでから数週間。各自が分析作業を進めてきた。今日は分析結果を共有する2日間の集中討議だ。

東京築地の本社にコアメンバーが集まってくる。少しずつ人数も増えていて、ケンブリッジメンバーも入れると総勢30人を超える大所帯になった。一方で、大阪のメンバーもいるので、1カ月以上顔を合わせていないメンバーもいた。

集中討議は、いつもの通りアイスブレイカーから始まった。これはメンバーの心をほぐし、心理的安全性を確保し、自由な発想を促す効果がある。集中討議に限らずケンブリッジのセッションでは、冒頭、アイスブレイカーが行われる。

- 最近買ってよかった家電を教えてください。
- 学生時代の部活を教えてください。

といった自己紹介系のネタを扱うこともあれば、

- マッチ6本で正三角形を4つ作ってください
- マッチ5本で同じ形の三角形を5つ作ってください

なんてクイズ系のアイスブレイカーをすることもある。最初は、正直いって慣れず、なぜ貴重な時間を使ってこんなことをするのか理解できない部分もあった。しかし、このアクティビティがあるとないとでは、その後のセッションの進み方が全然違う。

現業を引きずったまま、硬い雰囲気のまま始まる会議は、どうしても硬い雰囲気のまま進み、言いたいことが言えなかったりとか、オブラートに包んだ表現が多かったりとか、腹の探り合いが多くなってしまうように思う。

普段は、住友生命とケンブリッジが持ち回りでアイスブレイカーをやっているのだが、この日はケンブリッジの遠藤さんが用意していた。集中討議ということもあって少し大掛かりだ。

•グループ対抗、時間カウント対決をします。

4名ずつのグループになってください。1人15秒ずつ順番にカウントして、自分のカウントが終わったら、次の人に合図してください（肩をたたくなど）。

時計を見るのも、声を出すのも禁止です。

1分に1番近いタイミングで手を挙げたチームの勝ちです。

普段は斜に構えたメンバーも、こういうアイスブレイカーをやられると嫌でも盛り上がる。「遅いよー！」とか「合図がわかりづらいわっ！」なんて楽しいそうな声が会議室に響き渡る。十分ほぐされた格好になった。

■2015・10・08 集中討議［百田］

さて、心理的にはほぐれたまま、脳みそは真面目なモードに突入していく。

集中討議の眼目は、自分たちが決めた調査対象の23テーマに対して、現時点の調査結果を共有し、次のアクションにつなげることだ。当日使ったイントロの資料があったので、そのまま

図 2-9：集中討議の頭出しをした資料

本日の目的と実施方法

■目的

◆課題テーマの調査・分析結果を共有・討議し、解決の方向性を合意する

◆Assessmentフェーズ中に、追加で確認すべき調査・質問事項を確認する

■実施方法

◆制限時間内であれば、原則、自由に時間を使ってよい

■事前にゴール、アジェンダ、時間配分をしっかり計画しておくこと

◆下記の点については明らかにし、スクライブすること

① 解決すべき課題
② 決定事項（解決の方向性）
③ 残ToDo

Cambridge 0

タイムスケジュール（初日）

1404会議室

日付	時間	Min	アジェンダ	分類
9/17	13:15-13:30	15	Intro	—
	13:30-14:00	30	【No.10】顧客データ分断フロー	営業活動
	14:00-14:30	30	【No.9】FS、活動基盤、MOS実態まとめ	営業活動
	14:30-14:45	15	休憩	—
	14:45-15:15	30	【No.2】営業職員への指示伝達経路まとめ	事務
	15:15-15:30	15	【No.8】トレース業務の種類と課題まとめ	事務
	15:30-16:00	30	【No.1】不備返却のパターン化	事務
	16:00-16:15	15	【No.7】スパットくんの利用実態まとめ	事務
	16:15-16:30	15	休憩	—
	16:30-17:30	60	【No.14】守るべきセキュリティ要件	システム
			【No.20】現状の開発体制、余力の調査	システム
			【No.18】サービス提供時間と要望のまとめ	システム
			【No.19】あるべき体制、役割分担に向けた現状調査	組織、体制
	17:30-17:45	15	Outro（青空ロゴ投票結果発表！）	—

Cambridge 1

タイムスケジュール（二日目）

1403会議室

日付	時間	Min	アジェンダ	分類
9/18	9:15-9:30	15	Intro	—
	9:30-10:00	30	【No.4】新契約のビフォーアフター	事務
	10:00-10:30	30	【No.5】保全のビフォーアフター	事務
	10:30-11:00	30	【No.6】給付のビフォーアフター	事務
	11:00-11:30	30	事務関連の予備時間	事務
	11:30-12:30	60	休憩	—
	12:30-13:00	30	【No.15】未来診断の見直しに向けた事前調査	募集
	13:00-13:15	15	【No.21】Liefにおける採用の現状調査	採用
	13:15-13:30	15	【No.13】リーフ研修の実態棚卸	教育
	13:30-13:45	15	【No.17】支部長の指導内容調査	教育
	13:45-14:15	30	【No.12】募集に使う商品別のツール、コンテンツ棚卸	募集
	14:15-14:30	15	休憩	—
	14:30-15:00	30	【No.11】Liefに搭載されているコンテンツ棚卸	コンテンツ
	15:00-15:30	30	【No.16】コンテンツ独力で探せない影響度合調査	コンテンツ
	15:30-17:00	90	端末導入パターン整理	—
	17:00-17:30	30	振り返り、営業ヒアリング項目再確認	—
	17:30-17:45	15	Outro	—

2

載せている。青空プロジェクトの打ち合わせは、イチイチ目的が明確に示されていたし、タイムマネジメントもきっちりしていた。

それにしても23のテーマはどれも深くて複雑なものばかり。モデル化型の分析としては、「新契約」「保全」「入院給付金等の手続き」等が挙がっていた。実務的にも、関わるプレイヤーも非常に広範囲。何より業務パターンが多すぎて誰も全容を把握しきれていなかった。これを端的に整理するのはかなり難しい。

原因究明型の分析としては、「L・ief研修に関わる課題分析」「システム開発体制とボトルネック分析」「顧客データ分断フロー分析」などが挙がっていて、こちらも重くて重要だ。それらを、2週間という限られた時間の中で、徹底的に深堀り分析をしてきた。その成果の共有である。今にして思えば、つくづくとんでもない熱量だったと思う。

自分の担当パートは、「顧客データ分断フロー分析」だった。

機能を縦割りで作ってきた結果、顧客情報は驚くほど分断されていた。しかし、どこでどのくらい分断されていて、どこが問題になっているのか、誰も正確に捉えていなかった。またやみくもにすべてつなげば良いというものでもなく、具体的にどことどこをつなぐ必要があるのか、見極める必要があったのだ。

私は一言、「青空のコンセプトを実現するために必要な『顧客に関する情報の管理』について、現状と将来像の認識あわせを行うこと。そして乗り越えるべきハードルを明らかにするこ

図 2-10：分析結果共有会の様子

と。これがこのパートのゴールです」と宣言してから、最初のスライドを映した。

「結論から言うと、3つのポイントで顧客体験上、問題となるデータ分断が発生していると捉えています。ここからは結構細かくなってしまうのですが……実態としては、こんな風になってまして……」と言いながら、20ページくらいの資料を一気に説明する。

「こういう場合、ライフデザイナーはこうやって、脳みそでデータをつないで、こっちにメモして、さらにこっちの画面を立ち上げてまして……」

自分で説明していてもややこしい。他のメンバーからも、「えー、そんなことになってるの？」「これは……。現場は大変だね……」「こりゃー、やってられねーな」

図 2-11：当日説明した、顧客データ分断フロー分析の一部

情報の管理・活用における課題（As Is）

①**顧客情報（FS）**はライフデザイナーが個人単位で管理しているが、**活用・引継ぎの面で改善の余地がある**
（⇒「～基盤」「職業」「志向」といった営業上の重要情報を資産化できていない）

②**基盤（事業所）を管理する共通基盤がなく**様々なレベルでの個別管理となっており、**活用・引継ぎが会社としてできていない**
（⇒「開拓したらバッティング」等が日常的に発生している）

③**プレイヤー**（ライフデザイナー、支部長、事務担当者等）**を跨いでの基盤・顧客情報の共通化ができていない**
（⇒「職団に編入できる」などの情報が可視化されていない）

1

データのつながり～FS情報（As Is）

➢FS情報は「①情報の充実度」「②後任担当者への引継ぎ」「③チャネルを跨いでの共有化」に課題

お客さま【お客さま番号】
契約A【証券番号】
担当者X【個人コード】
後任担当者Y【個人コード】
全社で参照可能
Xのみ参照可能※
Yのみ参照可能※
※新顧客総合照会では担当者の個人コードを入力すれば一部照会可能

2

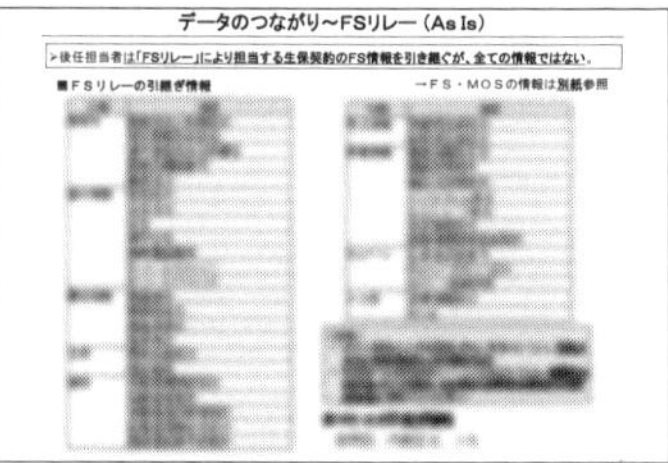

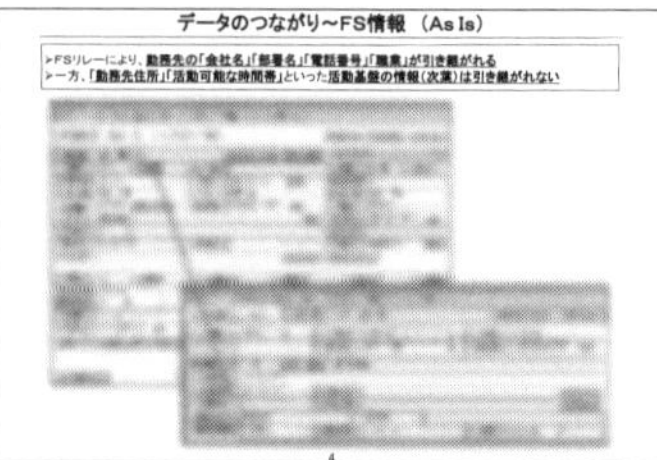

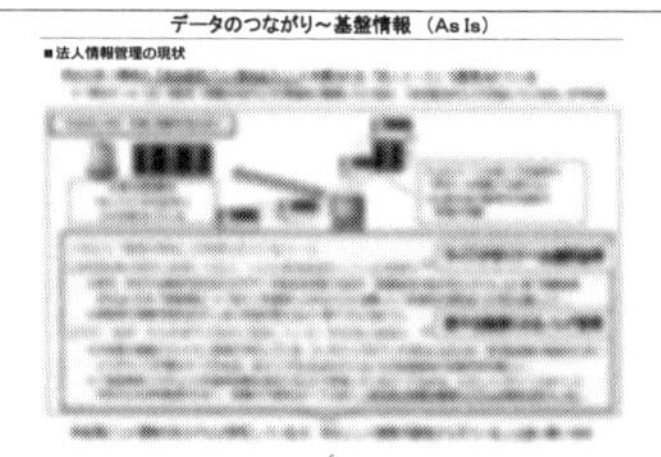

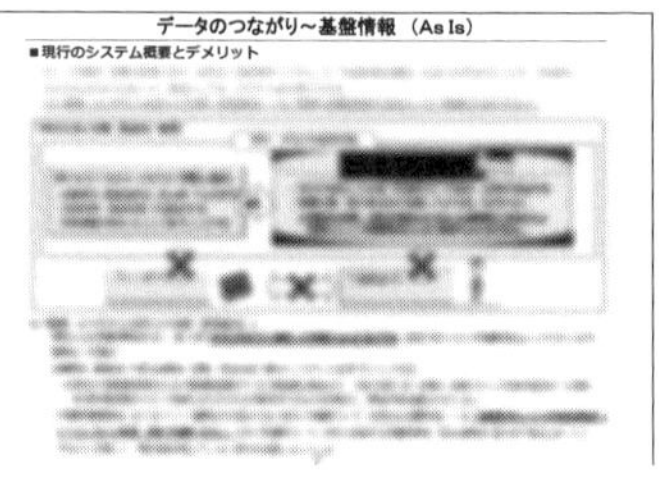

と、悲鳴に近い声が上がってくる。

「あれ？　でも、××の機能を使えば、これ、もっと楽に検索できるはずですよ？　一昨年苦労して作った機能なんですよ」商品部のメンバーの発言だった。そう。確かにそうなのだ。機能はある。

「ああ、それ僕も知ってます。でも、現場で聞いてみたら、『知りませんでした！』と言ってました」

「ホントですか？　周知したつもりだったんですが……」

「うーん……集中討議のときにも話したけど、やっぱり浸透プロセスに問題があるよね」

「それもそうだけど、機能が継ぎ足し継ぎたしなのが良くないんだろう。建て増しの温泉旅館のようになってるんだよな」情報システム部の岩井が、自戒の念を込めながら言った。

「うーん。そうだね。『機能の視点』ではなく、今回、百田が整理してくれているみたいに『使う人の視点でウォークスルー』をし続けないとダメなんだろうな。そうしないと、問題に気付けない……」

「せや。部分最適は絶対避けなあかん。全体最適を貫き通すのが青空や」岡田の表情は嬉々としていた。コンセプトフレーミング前にはあれだけ不満気だったのが嘘のようだ。

（良いチームになってきたな……）そんな風に感じた瞬間だった。

こうして1つのテーマが終わった。共有し、質問をしまくり、論点を出して、施策の方向性

図2-12：将来像の案を示したスライドの一部（百田パートの資料は30枚を超えていた）

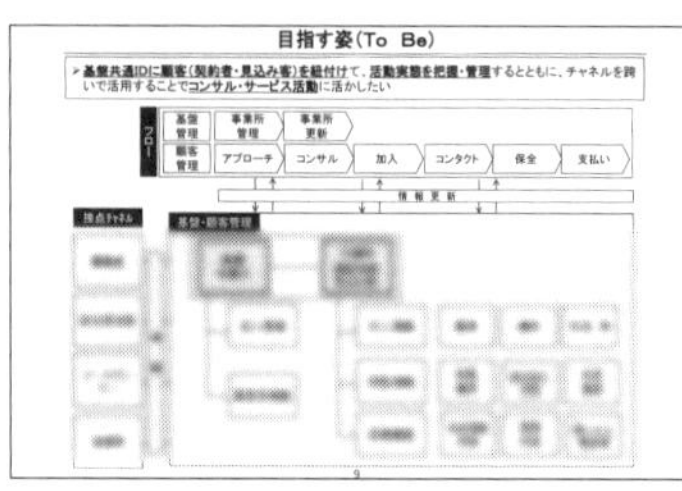

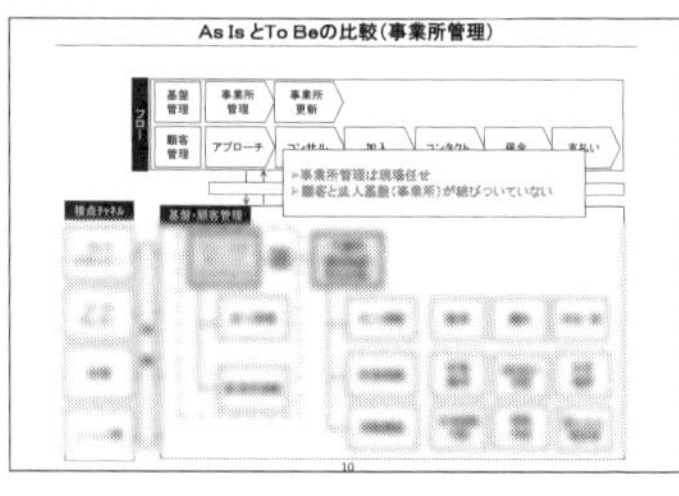

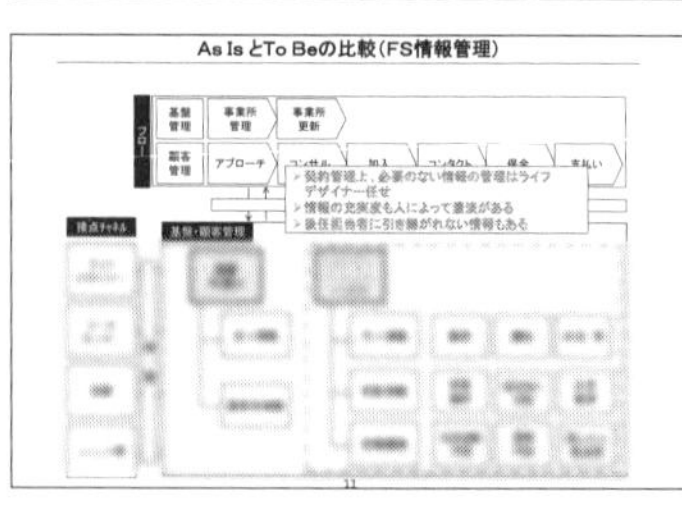

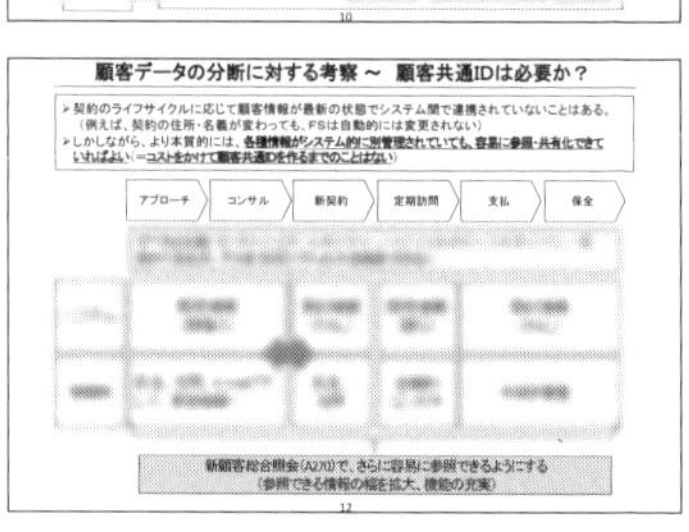

を見出していく。1つあたり30分〜1時間くらいの時間が割り当てられていた。まだ1つ目のテーマが終わったばかりだ。あと22テーマ。なかなか気が遠くなる。

■ 2015・10・08 集中討議［榊巻］

23テーマを2日間で一気に棚卸しする集中討議。良い議論ができている手応えがあった。何が良いって、単に情報を伝達するだけではなく『良い顧客体験の実現に向けて、何が障害になっているのか？』という共通の視点を持って、質問や議論ができている点だ。

この手のセッションは、情報を共有することが目的化しがちだが、今回は明らかに違った。「課題の方針を決める」という目的がハッキリしているからだろう。そのおかげで議論がブレることなく、どんどん方針が決まっていく。

2015・10・08 集中討議チェックポイント［榊巻］

2日間がものすごい勢いで過ぎていった。忙しさに埋もれてしまわないように。青空プロジェクトでは、セッションをやる度に「チェックポイント（振り返り）」を実施していた。前述の振り返りメールは週単位の振り返りだが、チェックポイントはセッション単位での振り返りだ。セッションの終わりに、

- 良かった点
- 改善点
- 感じていること、モヤモヤしていること

を5分程度で振り返る。セッションをやりっぱなしにせず、良かった点は次回も継続し、改善点は修正する。感じていることやモヤモヤを確認することで、すっきりと次のセッションに望めるようにするのが狙いだ。

図 2-13：1 日目のチェックポイントのスクライブ

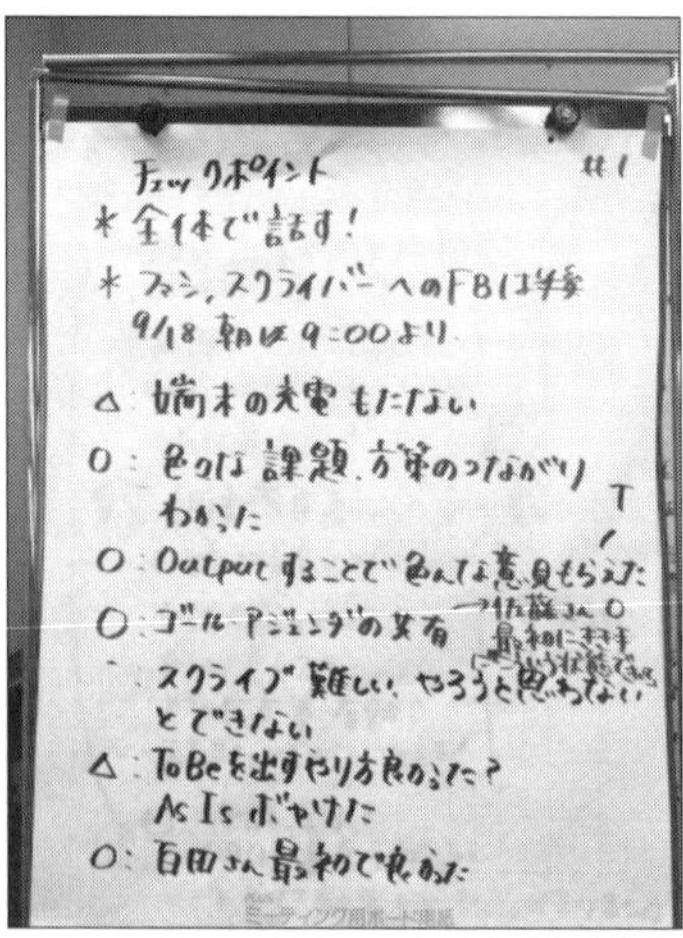

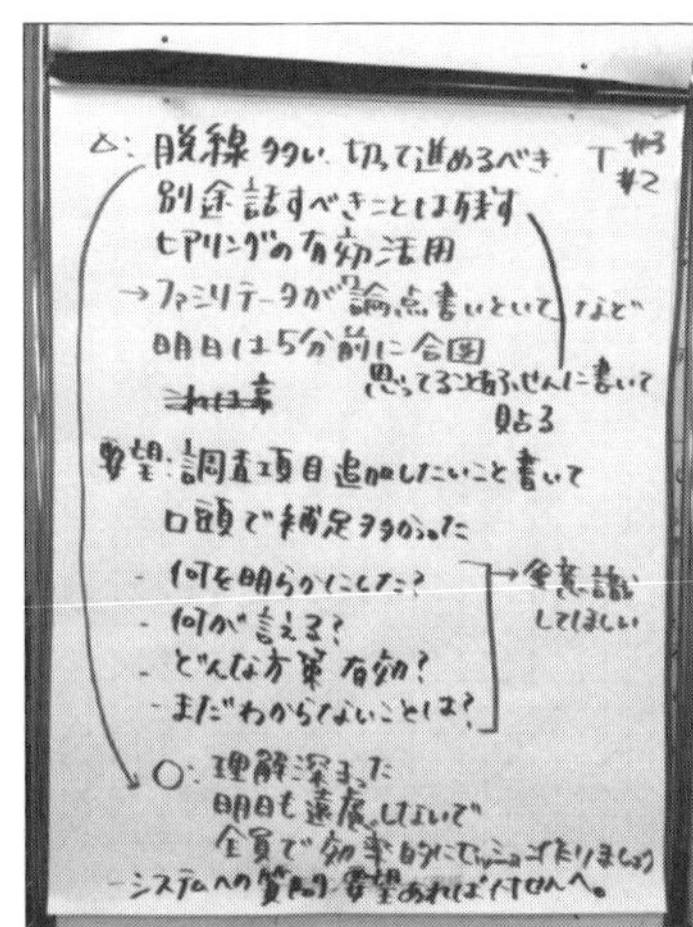

2時間の打ち合わせの後にはチェックポイント。1日現場ヒアリングをしたらチェックポイント。集中討議の終わりにもチェックポイントだ。

集中討議1日目のチェックポイント

1日目は、初日の良かった点と反省点を共有している。翌日に向けてより良い議論をするためだ。ここで話されているのは以下のような内容である。

○課題、方策のつながりがよくわかった
○アウトプットすることで、いろいろな気付きがあった
○ゴールアジェンダの共有が良かった。佐藤さんが最初に「聞き手にはこういう状態になってもらいたい」と言ってくれた

のが良かった

△将来像にまで踏み込んで話すのは、本当に良かったのか？　現状の話がぼやける気がする

△脱線が多かった

（対策）明日は、別で話せば良いことは今話さないようにしよう。

（対策）明日は、気になることは付箋に書いて、貼っておくようにしよう。

感想だけではなく、翌日に向けて改善すべきことも議論している。普通は、会議の後に、会議が良かったのか、悪かったのか振り返ることはまずない。だが、こうして少し振り返りをするだけで、うまくいったことは意図的に継続できる。うまくいかなかったことは素早く改善できるようになる。

青空プロジェクトにとってはこのチェックポイント・振り返りの文化が効いたと思っている。何事にも「やりっぱなし」がなくなったのだ。ちゃんと振り返り、より良い明日を作っていくことが自然とできるようになった。

プロジェクトオーナー報告

2015・10・19 プロジェクトオーナー報告［百田］

10月19日、汐満、日下に2回目のプロジェクトオーナー報告を行った。前回8月27日に報告してから2カ月程度の間が空いた。その間、猛烈に現状調査・分析が進んでいる。果たしてうまく伝わるだろうか。そんな不安がよぎった。

報告では、あえて時間を使って、コンセプトフレーミングを踏まえた現状調査のプロセス、調査分析の狙い、仮説立て、現地ヒアリング、調査を踏まえた方向性について、丁寧に説明した。

結局、調査分析の結果、わかったのは、ものすごく大雑把に言うと以下の3つのことである。

①Liefの機能やデータ構造が、部署起点

機能を部門がバラバラに作ってきた結果、すべてが機能起点になっており、お客さま起点になっていなかった。この構造が、お客さまに相対して仕事をしているライフデザイナーに大きな負荷をかけていた。「良い顧客体験」の提供には抜本的な見直しが必要な状態だと言えた。

②ユーザビリティの配慮が圧倒的に不足

前述した通り、画面の見た目・操作性に対する配慮が決定的に不足していた。その結果、ライフデザイナーに対する負荷だけでなく、教育コスト、問い合わせ等の見えないのコストも膨らんでいた。

③端末ならではのメリット、ライフデザイナーや顧客にとってのメリットが不足

構想立案フェーズでの仮説は当たっていた。Lief端末を使うことで得られるメリットは少なかった。紙で業務を回すのと、あまり変わらないということが明らかになった。同時に、端末ならではの魅力的なメリットを出すために、新しい端末で何を提供すれば良いのか、という当たりも、ある程度つけることができた。

このような「調査でわかったこと」以外にも、大きな収穫があった。プロジェクトメンバー全員が現場ヒアリングに参加し実状を体感できたことだった。現場のライフデザイナーがどんな思いで日々の業務をこなしているのか。どんな思いでLief端末を使っているのか。自分がライフデザイナーだったら、どんな端末を作ってほしいと思うのか。思いを馳せられるようになったのだ。

こんなことを日下と汐満に丁寧に伝えていく。前回、期待も込めて辛口のコメントだった日下は、じっと説明に聞き入っていた。そして、おもむろに口を開いた。

「説明ありがとう。書いてあることはその通りやな。本当にその通りやと思う。いろんなことがライフデザイナー任せになっている。その上、会社側がきちんと状況を把握できておらず、適切なサポートもできていない。うちの弱い部分だと思ってきたけど、今回の報告で、はっきり確信が持てた」

コンセプトフレーミングの段階では、まさにコンセプトだけで、現場の状況や問題点、それに対しての解決の方向性など、具体論を示すことができなかったが、この1カ月で現場の状況をしっかり捉え、生々しく伝えることができた。これが響いたようだ。

汐満も続く。

「ようここまでやったな。ここから先は、どんな機能を持たせるべきかの議論と優先順位付けやな。例えば……」

汐満と日下の堰を切ったような議論は1時間続いた。2人もまた、部分最適に対する問題意識を強く持っていたのだ。そして、青空プロジェクトが示したコンセプトと現状分析が彼らの問題意識を確信に変えた気がした。

インタビュー

プロジェクトオーナー報告を振り返る［工藤］

構想立案フェーズでコンセプトの報告をしたときに、日下の反応が微妙だったのが気になっていました。実は、あの報告の後、何度も日下と会話するようにしていたんです。日下の考えは一貫していました。

「もう君たちの時代だから自由に考えてほしい。何をやるかの前に、誰がやるか、が大切だから。このメンバーに期待している」と。日下の人間性の素晴らしさに頭が下がりました。

日下の期待に応えたい。そのためには日下に伝わるように報告しなくてはなりません。
私が一番大切にしたことは「言葉の選択」です。
このとき、使った印象的なワードを思い返してみると……。

- 説明すべきことが増えているが、お客さまが割いてくれる時間は増えない。
- 今あるものを漫然と継続するのではなく、「止める・減らす」が大きな柱になる。
- 「あったらいいな」は作らない。「なければ困る」に絞ってとことん研ぎ澄ます。
- 変えずに変える。
- 女性が使うのだから、女性の意見を取り入れない手はない。必ず必要。

これらの「言葉」を考えて、選んで、気持ちを乗せて伝えました。

そして、使い古された言葉ですが「俺が部長だったら何を知りたいか。不安に感じるところはどこか」を必死に考えてましたね。

まとめ

変革ノート［榊巻］

調査・分析フェーズがやっと終わった。全国を飛び回り毎日毎日議論を重ね、ハッキリ言って体力的にはクタクタだった。でも、調べれば調べるほど、エネルギーはむしろ上がっていったように思う。調査していくごとに、核心に迫っていくような感覚が面白かった。調査・分析のフェーズでのポイントを、改めて整理しておきたい。

①調査の終了条件を明らかにする

本文でも書いたが、やみくもに調査を始めてはならない。

- 調査によって何がわかれば良いのか？
- 既存の資料では何が足りないのか？　追加で調べる価値があるのか？

これらが明らかでないと、終わりのない調査に溺れることになる。

②調査で何がわかったのか、その調査に価値があったのか、毎日自問する

調査は「やった気になりやすい」タスクの1つだ。調査フォーマットが埋まっていくと達成感がある。ヒアリングをしに行くと、貴重な話が聞けた気になる。

でも大事なのは、その先だ。

- 調査によって何が見出せたのか？
- 見出せたものは、プロジェクトにとってどんな価値があるのか？

これを自問し続けないといけない。

自問するタイミングは、調査やヒアリングをした直後である。

③分析は2つの観点で

分析には、モデル化型の分析と、原因究明型の分析があるという話。両方うまく使い分けていく必要があるだろう。

特に、モデル化型の分析は軽視されがちだが、同じものを見れば、同じ思考プロセスを経て、同じ結論にたどり着きやすくなる。見ているものが違うと、当然結論は異なってしまう。

多くの人を巻き込んでいくためには、「同じものを見る努力」＝モデル化型の分析によって理解を促進する努力が有効になることもある。

④報告では、言葉を研ぎ澄ませる

工藤さんのインタビューで語られていたが、報告で何を伝えるのかがこのフェーズの明暗を分ける。

調査・分析フェーズでの報告は、わかったことだけを淡々と伝えることになりがちだ。しかし、それだと「それで何？」になる。示唆やファインディングがない調査・分析は意味がない。

例えば、

- 調査して、××がわかった、このことから、××ということが言えるはずだ。
- ××という仮説が確信に変わった、施策の方向性として××を有力案に検討を進めていきたい。
- ××という仮説を持っていたが、実は大きな問題ではないことがわかった。

など。示唆が出せないなら、「単に調査という作業をしただけ」になっているのかもしれない。言葉を研ぎ澄まそう。

3
章
施策立案（ビジネスモデル）フェーズ

2015年10月中旬〜12月

施策の洗い出しと整理

■施策立案トレーニング［榊巻］

現状調査・分析フェーズの報告が終わり、２０１５年10月、いよいよ施策立案フェーズに入る。

と言っても、このタイミングから「ヨーイ、ドン」で施策を考えるのではない。実は、プロジェクト開始直後の７月に、施策立案トレーニングを実施している。少し時間を戻して、そのときの様子を少し紹介したい。

◇◇◇◇◇◇◇◇◇◇◇◇◇◇◇◇◇◇◇◇

2015・7・31 施策立案トレーニング

「今日は施策立案トレーニングです。パワーポイントで１００ページもあるので、端折りながら青空プロジェクトに効きそうな部分を解説していこうと思います」

白川が言う。

◇◇◇◇◇◇◇◇◇◇◇◇◇◇◇◇◇◇◇◇

施策立案は、プロジェクトの華だから青空メンバーの関心も高そうだった。

同時に疑問の声も上がった。「ちょっと質問です。課題を特定してないのに、問題の真因もわかってないのに、施策なんて生み出せないんじゃないですか？」

「なんでこんな早いタイミングで、トレーニングをやるんですか？　単なる思いつきの施策を出しても意味がないのでは？」

青空メンバーの指摘は毎回鋭く、なかなか手ごわい。

白川はニヤリとして答える。

「そういう人のためのトレーニングなんですよ。一般的な課題解決思考では、現象の把握〉問題点の設定／特定〉原因分析〉施策立案という感じになりますよね？　これはこれで真理であり、間違いなく有効な方法です」

青空メンバーたちは深くうなずく、これまでさんざんやってきたやり方なのだろう。

「だけど、これだけだとどうしても施策が小さくなりがちなのですよ。問題、つまり現状のマイナスをゼロにするような施策が出がち。なんというか小さくまとまった施策になってしまい現状の改善にとどまってしまう。今回はもっと大きなパラダイムシフトが起こるような施策を考えたいじゃないですか」

確かに、もっとダイナミックな施策、突飛な施策もほしい。

「そこで我々ケンブリッジがよくやっているのが、両面で考えるというやり方です。こん

図3-1：2軸でのアイデア出し

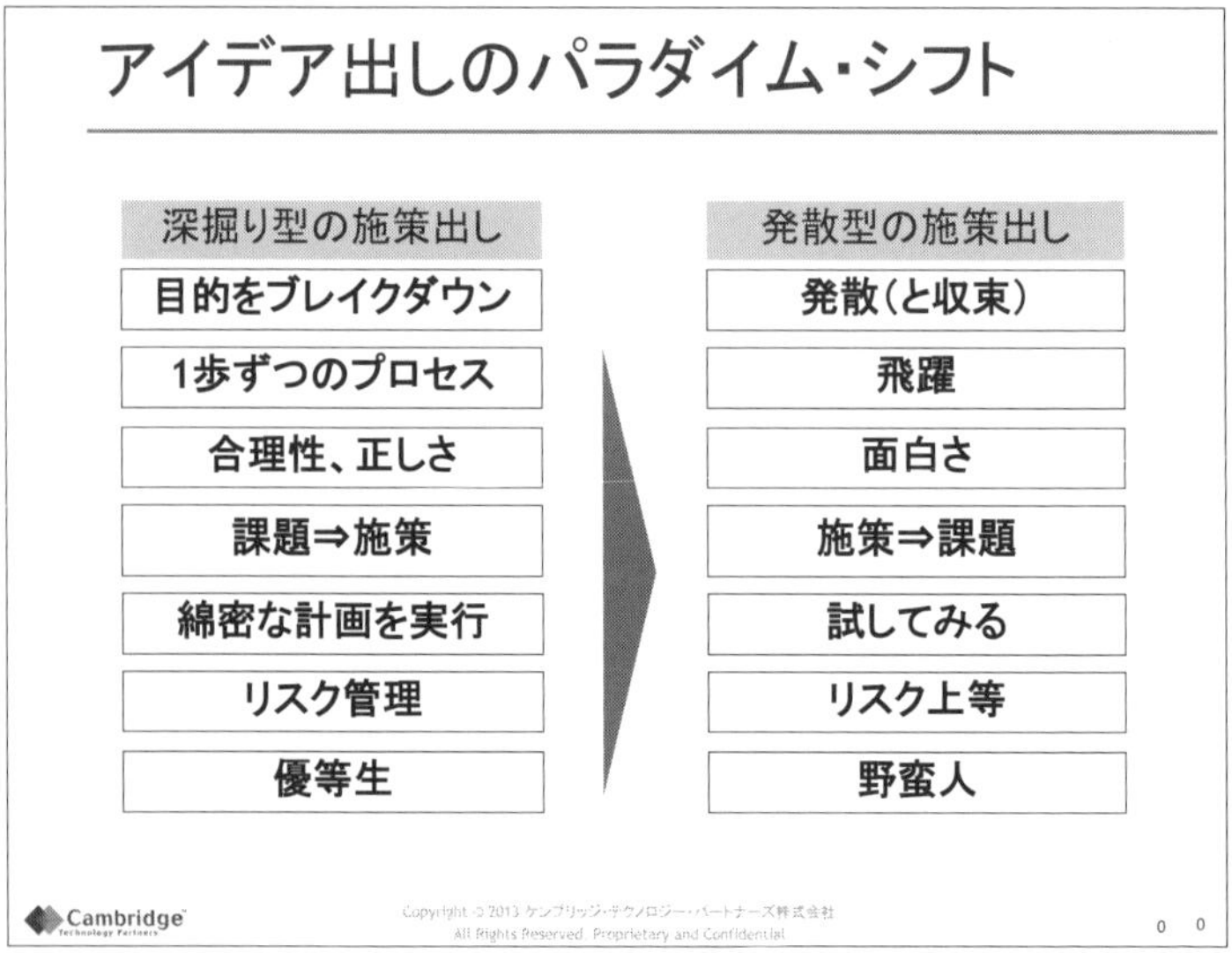

アイデア出しのパラダイム・シフト

深掘り型の施策出し		発散型の施策出し
目的をブレイクダウン	▶	発散（と収束）
1歩ずつのプロセス		飛躍
合理性、正しさ		面白さ
課題⇒施策		施策⇒課題
綿密な計画を実行		試してみる
リスク管理		リスク上等
優等生		野蛮人

Cambridge Technology Partners

な感じですね」パワーポイントのスライドが映し出される（図3－1）。

「左側は、いわゆる問題解決型の特徴。論理的に正しく人にも説明しやすい。優等生な施策が出てきますわな。これはこれでやったらいい。でも、これだけでなく、右側のやり方も合わせて実施します」

　みんな食い入るようにスライドを見ている。

「思考を飛躍させるんです。型にはまった分析からは生まれないアイデアが出てくるかもしれない。左側の施策は100個挙げた施策のうち、95個がそのまま採用されるようなイメージです。一方で、右から生まれたものは、100個中5個が採用されるかどうかという感覚ですね。打率は低いが当たるとでかい。そのまま使えなくても全然問題なしです。アイデアや新たな着眼点が手に入れば、左側から生まれた施策をブラッシュアップすることもできるんですから」

「なるほど、面白い考え方ですね。根拠がなくてもいいから思考の枠を取っ払ってみるということですね」工藤さんが言った。

「大事なのは左もやるということですよね。右だけって言われたらどうしようかと思ったよ」鋭いツッコミを入れていた岡田さんも、納得がいったようだった。

「で、もう1つ大事な話が」白川が先を続けた。「施策立案フェーズは10月からですが、今7月のこの段階から施策を考えて続けてほしいのです。僕らはアイドリング思考という言い方をしていますね」

アイドリング思考は白川の作った造語だが、施策立案時の考え方をよく言い表していて、僕は好きだった。

「施策出しの会議の場だけで考えても、良い施策は出ない。ってことですよ。ずっと考え続ける。脳みそのほんの数%でもいいから施策について思いを巡らせておく。調査しているときも、分析しているときも、考え続けてほしい。できれば家で皿を洗っているときもね。これがアイドリング思考の考え方です」

2時間ほどのトレーニング。このときはアイドリング思考というテーマだけで30スライドくらい使って説明したが、要するに2つの話をしていた。

- 右脳型で突飛な施策を考えよ
- アイドリング思考でずっと考え続けよ

コンサルタントがこういう話をするのは珍しいのではないかと思う。なぜなら論理的思考から遠い話だからだ。論理的思考、つまり、左側の思考こそが正義。というコンサルタントが多い気がする。

でも実態は、右の考え方が大事になるシーンも多いと思うのだ。コンサルタントが入ったプロジェクトで施策や打ち手に違和感があるなら、もしかすると左側偏重で右をすっぽり抜かしているからかもしれない。

このトレーニングのおかげで、全員がアイドリング思考を実践していた。調査でヒアリングをするたびに右側の思考で施策アイデアを出す。家で思いついた施策は忘れずに書き留めておく。精緻な分析が進めば左側の思考で論理的な施策を生み出していく。こんな風にして、施策立案フェーズが始まった10月にはすでに大量の施策アイデアが出揃っていた。

2015・10・21 施策のマッピング［榊巻］

大量の施策を整理し、有効そうなもの、明らかに筋悪なものをざっと分類する。さらに、有効そうなものは、業務フェーズに合わせてマッピングしていく。

青空プロジェクトは「すべてのフェーズで良い顧客体験を」というコンセプトを掲げていたから、どの業務フェーズの何を改善していくのか、他の業務への影響はあるか？ ということを常に気にしていた。

まとめたものがこれだ（図3－2）。

横軸に業務フェーズが展開されている。挙がった施策はある程度分類し、どのフェーズに効くものなのかわかるようにマッピングする。複数のフェーズにまたがっているものもある。

また、主要な施策になりそうなものは太字にしてあり、この1枚で、青空プロジェクトが実現しようとしていることが語れるようになっていた。

「こうやって整理してみると、ものすごくたくさん施策がありますね……」百田さんが感慨深そうに言った。

「そうですね。今回は無数の施策を連携させて1つの大きなコンセプトを実現していくタイプのプロジェクトになりそうですね。プロジェクトによっては3つの大きな施策だけを集中して

図3-2：業務にマッピングされた施策群

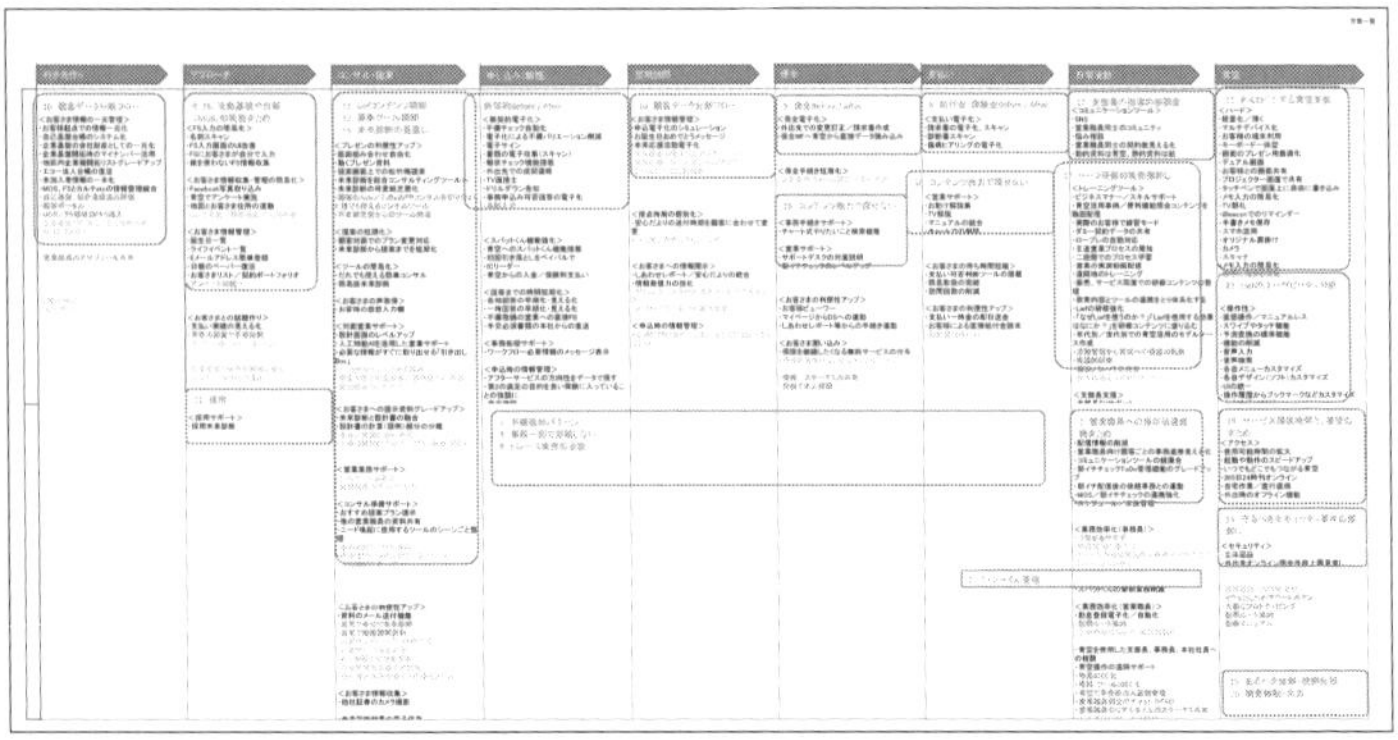

やっていく、みたいなパターンもあるんですけどね」

「そうなんですね。でも……。これだけ多くの施策が出ていると、何から手をつけたらいいのか、困りますね……。こっからどうやって進めます？」

百田さんの不安はもっともだ。実は施策を眺めると大きく3つに分類できる。

①方針の検討が必要なモノ：そもそも何をする施策なのか、まだ決まりきっていない施策群。

②課題解決が必要なモノ：方針は決まっているが、実現に向けて大きなハードルがいくつかあるのがわかっていて、実現性検証、課題解決をしておく必要がある施策群。

③粛々と 実行していけばよいもの：やりたいことがハッキリしていて実現に向けた問題もそれほど大きくない。あとは実行するだけの施策群。

こんな説明をしながら百田さんと会話を続ける。

「この3つに分類すると、①を真っ先に検討しないとだめです。①が固まってきたら、②を後半に検討します。ここまでくると、実現に向けた見通しがおおよそ立つ状態になると思います」

施策立案フェーズでは、前半と後半で集中討議を2回企画していた。前半の集中討議で①を、後半で②をやる計画だ。

「なるほど……。③は次のフェーズでいい？」

「そうです。実現の方法はＩＴソリューションの選択によっても変わってきますから、③を深掘りしたり検討を進めるのは、もう少し後にすることが多いですね」

■2015・10・22 個別方策検討チームの立ち上げ［百田］

榊巻さんにアドバイスをもらいつつ、膨大な施策を分類し、関連するものをまとめていく。最終的に、施策方針を検討するチームを4つ作ることにした。

コアメンバーが4つのチームに分かれて検討を進め、集中討議のタイミングで全体で共有してブラッシュアップする方式が採用された。各チームのテーマと、議論するべき論点はざっと以下の通りだ。

Aチーム

テ　ー　マ：お客さま情報の一元管理と活用
主要な論点：具体的に何の情報をどの粒度で管理するのか。データのインプットはどこから得るのか。数あるデータ入力業務をどう変えるのか。これらの情報が揃ったら顧客体験はどのように変わるのか。

Bチーム

テーマ：保険のコンサル営業&コンテンツ
論　点：お客さまの良い顧客体験を実現する上で、営業の流れはどうあるべきか。そのために利用されるツールはどのようなものか。紙媒体、端末をどう使い分けるべきか。

Cチーム

テーマ：事務手続きの簡素化
論　点：事務手続きが簡素化されると、ライフデザイナーたちの動き方はどう変わるのか。その結果、お客さまの顧客体験にどのような影響が生じるのか。顧客情報の一元化によってデータがシームレスにつながると顧客体験がどのように変わるのか。また、どのように変えるべきなのか。

Dチーム

テーマ：端末の教育研修サポートのあり方

論　点：ライフデザイナーが安心してお客さま対応（特に面前で）するために、サポート・研修はどうあるべきか。そのためには、現状のサポート・研修をどう変えるべきか。あるべき将来の端末操作マニュアルとはどのようなものか。

実際には、別立てのXチームがあり、そこでは「端末の選定と配付方式」など少し技術的な話などをすることになっていた。

余談だが、青空プロジェクトの特徴の1つは、「答えるべき問い＝論点」を常に明確にしていることだと思う。何について答えを出すべきなのか、何について議論すればいいのか、何が明確になったら次に行っていいのか。これが明確だと、抽象度の高いテーマでも道に迷わなくて済むようになる。

インタビュー

ケンブリッジの進め方に対する葛藤［山中］

——ケンブリッジの印象はどうでしたか？

最初の印象ははっきり言って、最悪でした（笑）。アイスブレイカーをしつこくやったり、ミーティングのやり方を変えたり、部門横断的な議論を仕掛けたり……。施策検討のチーム分けもあえて部門をバラバラにしてましたよね。全然馴染みがないし、何をやっても、最後は当社の権限や分掌には勝てないと思ってました。それほど住友生命の縦割りの伝統は強かったのです。

でも、だんだんその見方は変わっていきました。

最初にはっきりと「違うな」と感じたのは、コンセプトフレーミングの合宿で「青空」という名前が決まったときです。

プロジェクトの名前って一見、プロジェクトにはそれほど大きな影響がないように見えますよね。でも、あの夜、みんなで想いを込めて、こだわって話し合って決めたんです。とても楽しかったし。ディテールや名前にこだわるのは仕事への想いの表れなんだと思うんです。

あの瞬間、伝統的な縦割りの雰囲気は一切消え去っていました。

チーム名を「青空」に決めたとき、なぜかわからないけど、間違いなくこのプロジェクトは成功すると確信しました。

そこから、じわじわケンブリッジスタイルが定着していきましたね。なんか嫌でしたけど（笑）。

結局、ケンブリッジが抜けた後も続けていることが結構あるんですよね。

- 会議の最初に、目的と論点を明らかにすること。
- 会議の最後に、決まったことと宿題を明確にすること。
- 前提なしに、いったんやりたいことを膨らませること。
- 逆に議論をする場合には、前提をきちんとすり合わせること。
- 会議参加者に「どういう状態になってほしいか」ということを明確にして資料を作ること。

この辺の考え方は、今もやっているし、かなり影響を受けていると思います。

メンバーの入れ替わり――出会いと別れ

2015・10・01 菊地の異動［百田］

話の時間軸は少し戻るが、10月の人事異動で驚くことがあった。プロジェクトの立ち上げからこれまでをリードしていた菊地が別の部の室長に栄転することになったのだ。大組織のプロジェクトはこういう人事異動がいつあるかわからない。最後までこのプロジェクトに残っていられるのは、何人になるのだろうか。そして、思いは継続していけるのだろうか。不安がよぎる。

2015・10・28 岡本参画［榊巻］

別れがあれば、出会いがある。執筆者の1人である岡本さんが青空のプロジェクトルームに顔を出すようになったのは、この時期だった。Aチームを担当する工藤さんが、自部署の岡本さんに仕事をうまく振り出しているようだった。

当時の岡本さんは、例えて言うなら「野球部に入ってきた新入生」という雰囲気だった。ハキハキしているし礼儀正しい。良い意味でも悪い意味でも優等生風な青年。これが岡本さんの第一印象だった。

2015・10・28 青空プロジェクトへの参画［岡本］

青空のプロジェクトルームにいる工藤さんから電話が入った。

「岡本ー！　ちょっと来られるか？」

急いでプロジェクトルームに行くと、会ったことのない人だらけ。工藤さん、岡田さん、百田さん。そしてケンブリッジの遠藤さんもそこにいた。

「お疲れさん。ライフデザイナーの電子活動日報の現状を詳しく知りたいんだ。今、入力にかなり負荷がかかってるやろ？　1つ入力しようと思ったらすごく階層が深かったり……。そこらへんをつまびらかにしたいんだけど、頼めるか？」

「了解です。ちなみにいつまでに仕上げればよろしいでしょうか。なる早で作成しますが……」

「それがな、明日から、泊まり込みでそれについて話すんや。明日の午後イチがこの話題でな。それまでに仕上げてほしい」

このとき、16時半を回ったぐらいだったのを覚えている。納期短っ！　と驚きつつも、二つ返事で引き受けた。そして、そこからは必死にデータを揃えた。なんとしてもこの仕事で工藤さんの期待に応えたかった。青空に関わるチャンスだと思っていた。

初めてプロジェクトに関わったにもかかわらず、私のモチベーションが高かったのは、その前の工藤さんとのやり取りのせいだった。初めて工藤さんに会ったのは10月の初旬。

当時の私は、長期の休暇から復帰し、商品部に復職した直後だった。そんな頃、青空プロジェクトでリーダーをしている工藤さんが、商品部に異動して来たのだ。

青空プロジェクトのリーダーをやっている工藤さんだが、同時に商品部の仕事もこなしていた。それもかなり高いレベルで。それだけでもすごいのに、「伝説の営業マンだったらしい」とか、「一声かけると1000人のライフデザイナーが動くとか」いろいろな噂が聞こえてくる人でもあった。当然、私も含めて部のメンバーは興味津々だった。

工藤さんと初めて話したのは統計の仕事でだった。工藤さんはいきなり仕事を振るのではなく、私の話をよく聞いてくれた。

「岡本くんは今の所属で何がしたいの？　思っていることを言ってみてよ」

「……私は休職前、パンフレットチームにいました。ですが、途中で投げ出す形になってメンバーに迷惑をかけてしまいました。なのでできればそのトラウマを払拭したいです」

「ほー、そうなんや。いいんじゃない」

「はい。後は……。誰かに貢献している感覚を持ちたいんです……」

「せやな。当然よな。俺もそういうつもりで仕事を振るようにするな」


このときから、工藤さんから多くの仕事を振ってもらった。私は気付くと工藤さんから褒められるのが嬉しくて、教えてもらえるのが楽しくて仕事をしていた。

工藤さんは仕事を振り出すとき、必ず、「なぜこれが必要なのか」「この分析で何をしたいのか」を丁寧に語ってくれた。工藤さんが思い描いている世界を見せてくれる感覚だ。だから自然と、期待に応えたい、期待を上回りたい、そう思うようになったのだと思う。

そこには青空プロジェクトの話もたくさん出てきた。なぜ青空をやっているのか、どんなコンセプトで何を実現しようとしているのか。そんな話をしょっちゅう聞いていた。自然と青空プロジェクトへの憧れというか、期待感みたいなものが高まっていった。だんだん工藤さんともっと一緒に仕事をしたいなという気持ちになっていったのだと思う。それが、前述の話につながっていく。

今思うと、この期間は、工藤さんが私を見定める期間であり、私が仕事に対する熱量を高める期間だったのだと思う。この期間がないまま、青空プロジェクトに呼ばれていたら……。また違った結果になっていたかもしれない。

2回の集中討議

2015・10・29 大阪城見での集中討議 [百田]

岡本に仕事を頼んだ翌日。

大阪ビジネスパークにあるビルの一室で集中討議が始まろうとしていた。今回は各チームで検討してきた施策を詰めて、方針を固めるのが目的だ。

「うわっ、広いっすねー。天井も高い」榊巻さんが声を上げた。

「窓がないからどうかなと思ったけど、これぐらい広ければ十分やな」環境づくりにはうるさい岡田も満足している。

これまでは、大阪メンバーには東京に来てもらうばかりだったが、今回の集中討議は大阪で開催することになった。

「部門横断チームなんやからお互いに行き来せなあかん。事務・サービスの機能は大阪に集中しているし、ゆくゆくはお世話になるシステム開発部門も大阪なんやから」工藤らしい、バランスの取れた計らいだ。

「住友生命さんって、やっぱり大阪の会社なんですね。いつも以上に大阪弁が出てますし、何か皆さん、生き生きしてますよ」ケンブリッジの白川さんが言うと、一同、爆笑した。

そう、関西出身のメンバーも多いのだ。ここに来るといつもホームスタジアムに戻ってきた気分になる。

コンセプトの確認、イメージの具体化

午後1時、恒例となったアイスブレイカーから集中討議がスタートした。今回は私が担当だ。大学在学中から10年間、馬術に関わってきたので、あまり知られていないこの競技や馬のことについて紹介した。

「百田は、俺らのことを馬と思ってうまいこと扱っとるからのう。誰かが熱くなっても『どう

どう』ってな」

工藤がちょっかいを入れると、また一同、爆笑だ。端から見るとふざけているように見えるかもしれないが、こういうウォームアップが良い効果をもたらす。心理的安全性が確保された空間になり、みんなが発言しやすくなるのだ。

アイスブレイカーで気持ちがほぐれたところで、コンセプトをいま一度共有した。そもそも何のためにこのプロジェクトをやっているのか、「あるべき姿」を改めて確認する。

ここでは、「すべてのフェーズで良い顧客体験を」という全体コンセプトだけでなく、具体的に、どういった場面で、どういうサービスを、どのように提供すれば実現できるのか、その具体的なイメージを確認した。

チーム別の検討

全体での議論が終わると、チームに分かれての検討が始まった。

今回の集中討議では、事前に4つのテーマに分けて施策を検討することにしていた。私はAチームに入った。先輩の工藤、岡田に、ケンブリッジの遠藤さんが加わるという、なかなか力強いチームだ。

「ええか、ここからの議論は事実関係を押さえていくことが重要や。いったいどれぐらいのラ

図3-3：岡本から送られてきたデータを眺める岡田、工藤、百田

イフデザイナーが今の顧客管理機能を使いこなせているのか。使いこなせていないとしたら何が問題なのか。それを定量・定性の両面で押さえなあかん」営業現場での支部長経験の長い工藤は、このセッションテーマに相当な思い入れがあるのだろう。言葉の端々にそれを感じる。

「いいっすねー。工藤さんの口から『定量』『定性』なんて、どうしちゃったんですか?」岡田がちゃちゃを入れると、工藤も声を上げて笑う。

「馬鹿にしとんのか、岡田。青空に入ってからめちゃ勉強して言葉を覚えたんや。覚えたての言葉は使いたくなるやろ(笑)」どうもこの2人は相性がいい。

「数字といえば、昨日来てた、岡本さん、でしたっけ。まとめてくれていましたよね」遠藤さんがそう言いながらパソコンを確認し、岡本から送られてきたデータをプロジェクターで映す。

「うわ、めっちゃ良いデータじゃないですか、これ」岡田が声を上げる。

そこには、何百というデータ項目がありながら、使われていなかったり、何年も前の情報で更新されていないお客さまの情報の統計データが赤裸々に示されていた。

「これだけ歯抜けになっているとは……。これは結構ひどい状況ですね」遠藤も驚きの声を上げる。

「企画・開発する人間は、箱を作れば自然と情報が入ってくると錯覚しがちやねん。どうしたら、ライフデザイナーは情報を入力しようという気になるのか。そこから逆算しないとあかん」工藤の言葉に熱がこもる。

「それから、あまり有用でないデータ項目や機能は、この際なくした方がいい。切り捨てる英断は今しかできん」

■2015・10・29 大阪城見での集中討議［榊巻］

Aチームが楽しそうに議論しているのが横目に見える。

僕はCチームにいた。事務手続きの電子化をテーマにしたチームだ。このチームが答えるべき問いは、

• どんな事務手続きならコンセプトを実現できるのか？

図 3-4：チームメンバーが発表した宿題（の一部）

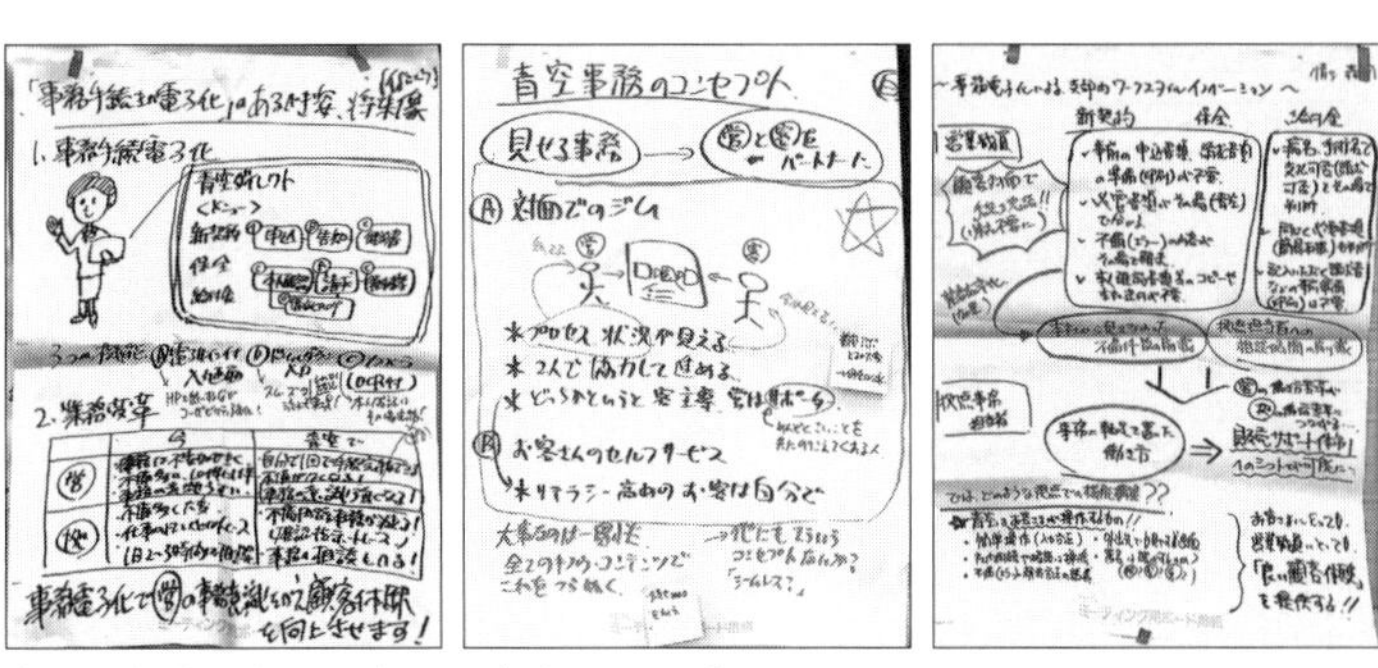

左から佐藤、白川、森岡の事務コンセプト

・具体的に何がどうシームレスになると、コンセプトが実現できるのか？

ということだ。

集中討議のために、現状の事務がどうなっているのか下調べをし、分析を重ねてきた。

集中討議の直前には、「あなたが考える事務手続きの将来像」というお題で宿題を出していた。青空プロジェクトの全体のコンセプトを受けて、事務手続きのあるべき姿を考えるという話だ。「事務手続きのコンセプト」と言ってもいいし「事務手続きの施策方針」という言い方もできる。

プロジェクトを進める時は、こうしてプロジェクト全体のコンセプトから、領域別のコンセプトに落とし込んで考えていくことになる。

Cチームは各自の宿題を共有することから始めた。

チームリーダーの佐藤さんが宿題を発表してくれる。「良い顧客体験を実現するための事務……。難しかったんですが、私は『不備がなく一発で終わる事務』と捉えました。なので、リアルタイムで事務不備や漏れを指摘してくれるような端末を考えてまして……」

通常こうしたプロジェクトだと、我々のようなコンサルタントが相当議論をリードするのだが、このプロジェクトは住友生命のメンバーにガンガン前に立ってもらうことにしていた。なのでケンブリッジは、リード役というより、イチ参加の立場に近かった。当然宿題もやってくる。ケンブリッジの白川が宿題を発表する。

「私は、個人的にめちゃくちゃ事務手続きが嫌いなんです。目の敵にしています。でも嫌いだからこそ、事務手続きを楽しめないかと考えてみました。だって事務そのものが『良い顧客体験』の場になったら面白くないですか？　だから『お客さんとライフデザイナーが一緒に見て、一緒に作る事務』をコンセプトにしました」

「一緒に作る、か！　なるほどっ。……ってどういうことですか？　全然イメージ湧かないっす」情報システム部の森岡さんが軽快にノリツッコミをしている。彼は岡本さんが入ってくるまで小枝さんと並んでプロジェクト最若手、しかももともと事務局としての参加だったが、全員がフラットな関係で議論する青空プロジェクトでは、年次や役割など関係なかった。わからないことは遠慮なくしっかり確認する。これができないと次の議論ができないのだから。

「それはですね。通常、端末はライフデザイナーだけが見て操作しますよね。その間、お客さんは結構暇なんですよ。だから、端末を操作する過程もお客さんと一緒に見ながら進めるんです。お客さんとしては、キチンと間違いなく手続きしてくれているのがわかるし、初めて見る端末はそれなりに面白いでしょうし」

「そういうことですか。なるほど」

今度はちゃんと納得しているようだ。

佐藤さんも、白川の案に乗っかる。

「確かに新しい考え方ですね。しかも、小回りの利くタブレット端末じゃないと、お客さんの隣に気軽に移動するとかできないし……端末の利点も活かせている」

こんな感じで各自の案を発表していく。それぞれいいところがあり、弱点もある。そして論点になりそうなポイントを抽出して、議論を重ねていく。

「そもそもシームレスって何なんでしょうね。良い顧客体験を実現するための、データ構造ってどうなっているべきなのか？　……まず我々が出すべき答えはこれだな」リードしている佐藤さんにも熱がこもる。

図3-5：Cチームの議論

「ですね。でもその前に、こっちの論点をやってからの方が、議論しやすくないですか？」森岡さんだ。ここでも遠慮はない。

通常、会議のファシリテーションというと、前に立つ人だけがファシリテートするイメージで、議論はファシリテーターにお任せになりがちだ。

ケンブリッジでは、森岡さんのように、イチ参加者の立場から議論をサポートするような動きを「隠れファシリテーション」と呼んで推奨している。隠れファシリテーターがたくさんいると圧倒的に議論が楽になるからだ。

全員がフラットに意見を言い、全員がファシリテーションを意識して議論を引っ張る。そりゃ議論の速度も上がる。書き出された模造紙の数もすごい。

こうして少しずつ議論がまとまってくる。Cチームの議論を大雑把にまとめると以下のようになる。

■従来の問題点

従来の端末では、保険契約ごとに情報が表示されていた。

これだと、お客さまAさんの住所変更をする際には、他にAさんの契約がないか検索する必要がある。Aさんの同居親族名義で契約がある場合は、さらに気付きづらい。そして見落としてしまうと、後日もう一度、住所変更手続きをお願いすることになる。

■施策方針

保険契約単位だったデータ構造を、顧客単位に変える。

しかも、その画面をお客さまと一緒に眺めることができるなら、お客さま自身が「あ、こっちの契約も一緒に住所変更が必要ですね」なんて声をかけてくれる可能性もある。

■実現に向けたハードル

その場で間違いなく完結させるためには、事務手続きのフローチャート化、デジタル化、不備の自動チェック化などが必須だろう。

図3-6：当日のコンセプトチャート

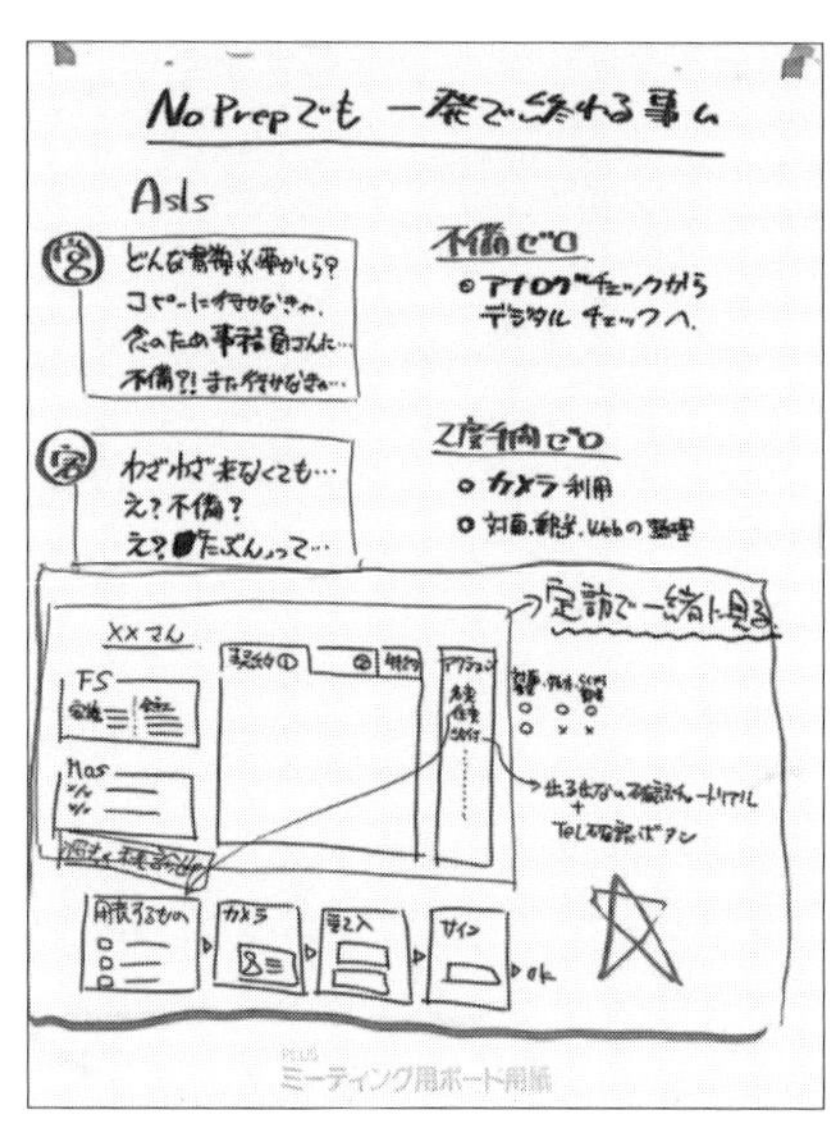

■事務手続きの電子化、実現コンセプト

・特別な準備をしてなくても、その場で一発で終わる事務。

・お客さまとライフデザイナーがパートナーになり、一緒に手続きをする事務。

これで、施策の方針は固まってきた。実現に向けたハードルもハッキリしてきたので、次の段階に移れそうだ。

熱い議論をしていると、時間が経つのが早い。気付くと1日の終了時間になっていた。集中討議でもチェックポイントは欠かさない。この日のCチームのチェックポイントはとても印象

図3-7：当日のチェックポイントを書き留めたスクライブ

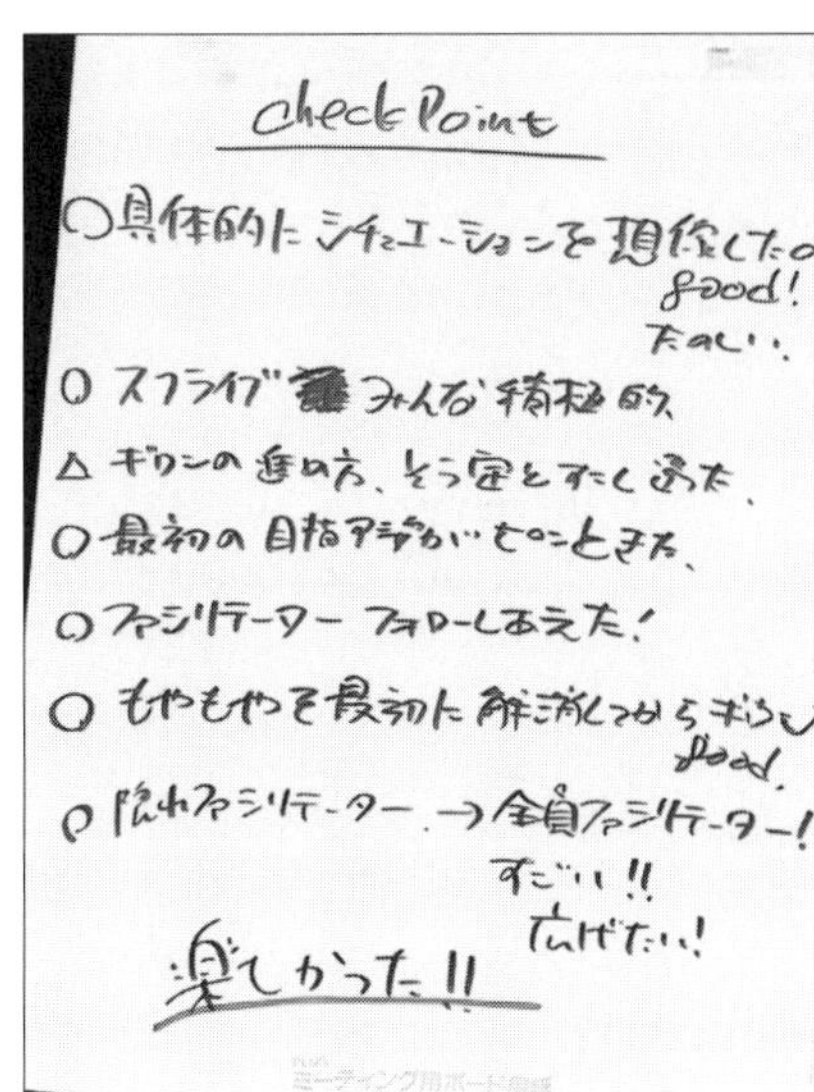

に残っていた。当日のスクライブ（図3－7）を見ても、Cチームの熱量が伝わってくる。

○具体的にシチュエーションを想像したのが良かった
　あれで議論がドライブしたね
○スクライブ（板書）をみんながやってくれたのが良かった
○宿題発表をして、このチームが目指す姿がピンときた
○ファシリテーターをフォローしあえた
○隠れファシリテーターを超えて、全員ファシリテーターになっていた気がする
○なんだこれ、楽しい！

メンバーが手応えを感じているのが、ありありと伝わってきた。いい感じだ。

ふと、周囲を見渡すと、他のチームも盛り上がっている。あちこちから笑い声も聞こえてくる。会場全体に充実感があふれていた。

■2015・11・24 千葉幕張での集中討議［岡本］

大阪城見での集中討議が終わり、東京に戻ってきた工藤さんは、「岡本、ありがとう！　あのデータのおかげで討議がかなり進んだよ。あれがなかったらどうしようもなかった」と声をかけてくれた。会社人生の中で一番嬉しい言葉だった。

ここから、私も正式にプロジェクトに参画し、Aチームのお手伝いを始めることになった。

城見での集中討議が終わって1カ月が経った頃。私が初めて参加する集中討議がやってきた。２０１５年11月24日～25日の一泊二日。施策立案フェーズ二回目の集中討議だ。

前回の集中討議で決定した各施策の方針を受けて、もう一段、詳細を詰めていく。具体的には「実現に向けた、システム構築見積もり依頼」ができるレベルを目指していた。

図3-8：集中討議2日目の全体議論の様子

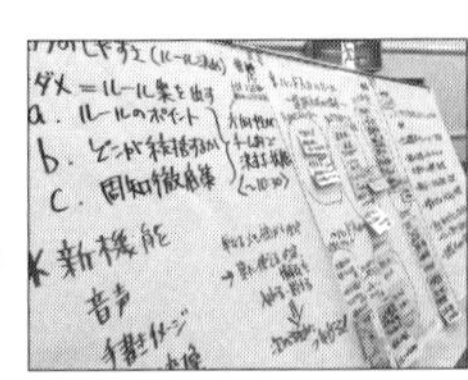

この日の集中討議は特に大事で、議論がかなり深いところまでいったと記憶している。

「OSを Windows ベースにするかiOSベースにするか」のように具体的なものもあれば、「販売に足りない機能は何か」のようにふわっとしたものまであった。

システム的なことは岡田を中心とした情報システム部のメンバーが発言するのだが、ファシリテーターをするのは商品部。というように真のクロスファンクションを会議の進め方から体感できたのを今でも覚えている。

集中討議初日、私は「出番は全然な

いだろうけどなるべく発言できたら良いな」ぐらいの気持ちでいた。付箋を使った意見出しでは、意見を書くだけでなく、説明も求められた。「なぜそう思ったのか？」「ここはどう考えているのか？」と言った質問もたくさんもらう。そうなると遠慮している余裕などなく、必死に考え必死に回答するしかなかった。だから自然と発言量が増え、一人の参加者としてプロジェクトに貢献できている気がした。

最初は「何か一言発言できれば良いや」くらいの気持ちだったのだが、結果は全く違っていた。なんというか……議論は厳かなもの、発言は年次の高い人がするもの、という私の常識と全く違うのだ。（これが青空の集中討議なのか……）とまさにカルチャーショックを受けたことを覚えている。

2015・11・24 千葉幕張での集中討議［榊巻］

集中討議初日。この頃になると、青空メンバーの議論スキルは卓越していた。

例えばコンセプトフレーミング時点から大きな論点になっていた「端末の教育浸透プロセス」というテーマを議論したのだが、こんな進め方だった。

まず、セッションのゴールがキチンと示される。議論を通じてどんな状態まで持っていきたいのか、何を決めたいのかが、明示されるのだ。

図3-9：セッションのゴールを示した資料

1

所長・支部長による指導について

（ディスカッション用）

H27.11.24

2

本セッションのゴールは次のとおりです。

1．支部長指導における「課題の仮説」や「論点の方向性」について精緻化・共有化できた状態

2．ＦＳ・ＭＯＳ情報が指導でどう利用されるかに関し、具体的な指導用帳票イメージ等について、支部長視点も入れながらブラッシュアップできた状態

3．浸透策の方向性について共有化できた状態

4．１～３を踏まえ、具体的な取組方策を取捨選択し、共有化できた状態（ふろしきをたたむ）

図3-10：検討の背景と、検討範囲の定義の資料

3

「一貫した良い顧客体験」を実現するには、所長・支部長による営業職員指導が重要なウェイトを占める。

ついては、指導の実効性を向上するために青空で何ができるかを議論し、打ち手の具体化を図りたい。

4

まず、指導を以下のように定義する。

目標の達成に向け（P）

行動した結果について（D）

振返りを通じて課題を把握し（C）

未来の行動に繋げていくために支援や助言を行うこと（A）

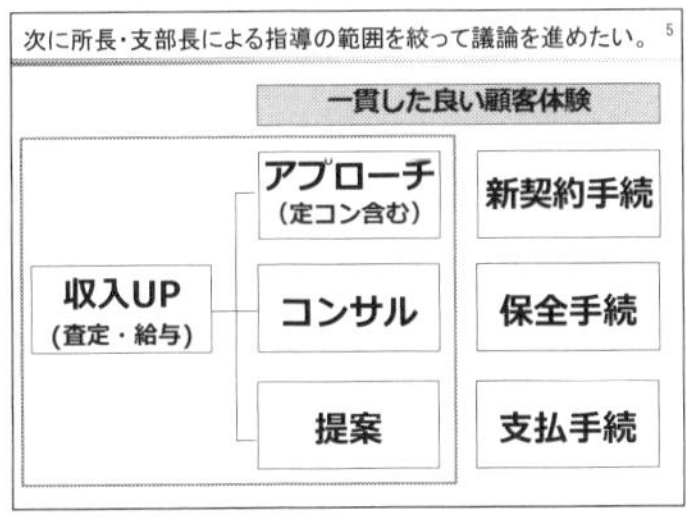

図 3-11：分析結果と、施策の仮説の資料

指導のBefore Afterと実現に向けた打ち手

	Before	After	打ち手
収入UP			
行き先			
スキル教育（指導者教育）			
動機付け			

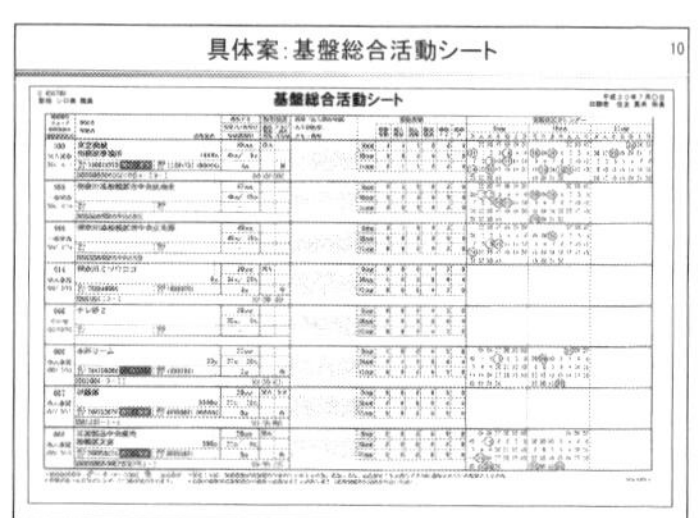

具体案：個人総合活動シート

【今日以前（過去）】
それぞれ日ごとの
➢新規FS・IS数
➢設計書作成数
➢提案数
➢手続き数
➢定コン数

活動実績の見える化

【明日以降（未来）】
それぞれ日ごとの
➢アポ数
➢手続き予定数

活動予定の見える化

具体案：基盤総合活動シート

次に背景経緯が共有される。「一貫した良い顧客体験を実現するには、所長・支部長によるライフデザイナー指導が重要なウェイトを占めると考えています。今まではここがおろそかになっていました」「指導といっても定義がバラバラですので、いったんこう定義して、範囲を絞ることにしました」とファシリテーターが一言添える。

さらに、分析の結果が示され、そこから導ける施策の仮説も具体的に提示された。具体的に示されれば、それだけ論点も挙げやすくなる。

挙がった論点に対して、全員で議論をして、結論を導いていく。

ケンブリッジのメンバーが、多少準備を手伝っているとはいえ、住友生命

のメンバーが主導してこれだけのことを自然とやっていたのだ。工藤さんですら細かな指示はしていない。もう完全に、自律自走するチームになった青空プロジェクトは、どんどん検討を進めていった。

■ 2015・11・25 千葉幕張での集中討議［岡本］

集中討議2日目。この日は分かれて討議というよりも全体で決めていく内容が多かったように思う。テーマは大きく2つだった。

①顧客体験の具体化

これまで分かれて議論してきた各方策をつなぎ合わせて、1つの顧客体験として軸を通す必要があった。そこで作られたのが、「顧客体験具体化フローチャート（図3－12）」だ。いわゆるカスタマージャーニーマップのようなもので、横軸には営業プロセスが並んでいる。見込み客作り→見込み客へのアプローチ→コンサル提案→契約→定期訪問→保全→支払い、という感じである。

縦軸に展開されるのは「お客さまの体験」である。

- お客さまから引き出したい感情
- 逆に、お客さまから引き出してはいけない感情
- そのために、今回投入する新規方策
- 目指すべき感情体験を実現する上で、残された障害

という感じでこれまでの検討を1つのチャートに整理していく。横に流して見ていくことで顧客の体験をウォークスルーできるようになっていた。

初見だった私は、この巨大なフローチャートに圧倒された。

（ここまで、徹底的に検討するのか……）

衝撃的だったのは、このフローチャートに部署の名前がただの1つも出てこないことだ。徹底的に「顧客だったらどう感じるか？」「ライフデザイナーだったらどうか？」という視点に立った資料だった。

全員でこれを確認して、不明点を潰していく。

Aチームに所属して検討をしていると、どうしてもAチームの世界に閉じこもってしまうことになる。そして放っておくとセクショナリズムが生まれてしまう。全員が役割や担当を超えて、青空全体を見続けることができたのは、こうした一歩引いて全体を俯瞰する作業がとても

図3-12：顧客体験フローチャート

効いていた気がする。

②端末の導入パターン

もう1つは物理的な端末の話だった。集中討議で示された論点は、以下の8つだった。

1. 全員に配付すべきか？
2. 一斉稼働する（ビッグバン方式）か？
3. プロトタイピングを実施するか？
4. 外利用・内利用で端末を分けるか？
5. マルチデバイス対応とするか？
6. BYODをよしとするか？
7. OSはWindowsかiOSか？
8. 端末費、通信費の利用者負担をどう考えるか？

3万台にものぼる端末だ。一つひとつの論点が投資に大きな影響を与えることは、容易に想像できる。

それにしても、これだけの人数で議論しているにもかかわらず、誰か固定のメンバーだけが発言するような雰囲気ではなかった。全員がイチ参加者となって進めていく雰囲気なのだ。

ファシリテーターが「○○さん、ご意見ありますか？」と聞いていたり、ケンブリッジが「何か言いたそうですけど○○さん、どうですか？」とファシリテーターを手助けしてくれていたり。

私は「本当の打ち合わせっていうのは、こうやって進めていくものなんだぜ」とまざまざと見せつけられた気がした。初めての経験だった。

こうして、初めての集中討議が無事、ゴールを達成して終了した。

最終報告

2015・11・17 施策立案フェーズ最終報告準備［榊巻］

2回目の集中討議から約1カ月。施策もだいぶ煮詰まってきた。

いつものプロジェクトルームで、青空メンバーは、ステークホルダーへの説明について議論をしていた。

「そろそろ、汐満さんや日下さんだけでなく、役員・社長に対して報告するタイミングですよね。どうしましょう？」

「それ、ホント悩ましいっすよね。いつもやったら資料作って説明にあがるんやけど……。普通にやってもこの熱量が伝わらない気がするんよね」

岡田さんが応じる。まだたったの5カ月ではあるが、今までの住友生命のプロジェクトとは全く違う概念で、メンバー全員が相当な熱量を持って取り組んできた。なんとしてもこの雰囲気を伝えたかった。

「いっそ、プロジェクトルームに来てもらったらいいんじゃないですか？　この青空の基地に来てもらって、どんな雰囲気で何をしているか五感で感じ取ってもらうのもいいと思うのですが」ケンブリッジの白川が面白い提案をする。

「なるほど。その手があったか」これに岡田さんが乗ってくれた。「確かに、このプロジェクトルームには青空のカルチャーが詰まってるから、これを見て熱量を感じ取ってもらいたいっすね。グラウンドルール、ファシリテーション、スクライブ……実際に見てもらいましょう。もちろん、アイスブレイカーも！」

こうして、関係する役員・部長たちをプロジェクトルームにお呼びして、プレゼンをすることになった。

■ 2015・11・27 施策立案フェーズ最終報告〔百田〕

今日は社長への報告日だ。社長でも例外なく、プロジェクトルームに来てもらい、説明をすることになった。これまでの住友生命の常識からすると、ちょっと考えられないことだった。

「こんな狭くて雑然とした部屋に、社長に来てもらって説明するとはなー。なかなかやりおるな」社長を待つメンバーの緊張をほぐすように汐満が言った。

「『雑然とした部屋』って、やめてくださいよ。この雰囲気が大事なんですよ」

岡田が応じたことで、一同に笑みがこぼれる。

「この部屋でええんか?」

社長が現れた。普通、こんな部屋に来ることはない。迷いがあって当然だ。一風変わった雰囲気の部屋を見回し、

「何か会議室らしくない面白い部屋やな。で、どこに座ったらええんや？」と興味津々に聞いてくる。やはりホームグラウンドでプレゼンできると、距離が縮まる。

スライドの正面に座ってもらって、いつものファシリテーションスタイルでプレゼンが始まる。

コンセプトフレーミング、仮説検証、施策策定をメンバーから丁寧に説明する間、社長は真剣な顔つきでずっとうなずいていた。そして、質疑応答に入ると、議論は広範囲に及んだ。

支部で行われている実務と問題点、お客さまの情報を「良い顧客体験」に活かしていく方策、開発におけるプロトタイピングの進め方などなど、やり取りは細部にまで及んだ。

社長の質問に対して、表面を取り繕うことなく腹を割って本音で話すことができた。これは、青空の文化を貫くものであり、また、プロジェクトルームでの報告だからできたことかもしれない。

最後に社長は、労うように言った。

「ご苦労さま。Ｌｉｅｆはここ数年でずいぶんと多機能なものになったな。部門ごとに開発してきたから、全体最適ではなくなっていたのかもしれない。青空では、部門ごとの横の連携をしっかり取って進めてほしい。いくら良いアプリケーションを作っても個別最適だと使いづらいものになってしまう。よろしくお願いします」

確かな手応えを感じた。青空プロジェクトの思いは、きちんと伝わったようだった。

「やっぱ、プロジェクトルームでやって正解やったわ」社長が退室し、いつも通りチェックポイントをした際に岡田が口にした。みんな同感だった。

思えば、こうしたプロジェクトで、常設のプロジェクトルームを置くことは非常に珍しかった。しかし、プロジェクトルームは、熱量の維持、心理的安全性の確保、ステークホルダーへの印象付けという意味で素晴らしい役割を発揮し続けた。

「基地は大事ですよ。誰もが気軽に集まって相談できる場所としても。ぜひ、ローンチまで確保できるようにしたいですね」榊巻さんが言った。

その基地に常駐し、誰よりも献身的にサポートしてくれたのは、ケンブリッジのメンバーだった。

ケンブリッジの離脱

2015・12・15 ケンブリッジが抜ける［百田］

青空に衝撃が走った。12月末でケンブリッジとの契約が終了し、1月からは自分たちで自走しなければならないことを知らされたのだ。自走するといっても更改まで2年半もある。プロジェクトは、なんとか一山越えたばかりだ。まだまだ難所がたくさんある。ここでケンブリッジが離脱したら……。

「岡田さん、なんとかならないんですか。なんだかんだ言って、まだ青空はよちよち歩きの状態です。ここで離脱されたら本当にキツイですよ！」焦りから私の声は怒気を帯びていたようだ。それが岡田を刺激した。

「わかってるよ！　俺もできる限りのことはした。しゃーないねん」

「もう決まりですか？」と、思わず追い討ちをかけてしまう。

岡田は感情を抑えるように遠くを見るような目で、一呼吸おいてから、努めて冷静に言った。

「決まり、やな。ええか、これは前向きに考えなあかん。これは俺たちのプロジェクトやろ。どこかでこういう日がくるんや。試練やけど、やるしかない」

岡田の表情に、関係者の苦渋の判断を想像した私は覚悟を決めた。「やるしかない」

自分たちでなんとかしようという雰囲気は瞬く間に青空のメンバーに伝播した。当面の目標は2016年3月の役員会議で実行計画に承認をもらうことだ。与えられたゴールではなく「俺たちのゴール」に向かって走る青空の結束力は、想像以上に強くなっていた。

■2015・12・15 支援を続けられない［榊巻］

支援したかった。一緒に走り続けたかった。

ここまで、コンサルタントとして良い仕事をしてきた自負もあった。今後の支援の形も、岡田さんとかなり議論していたのに、上層部からのOKが出なかった。

悔しくて、複雑な気持ちだった。

住友生命は、僕らのことをそれほど必要としていなかったのか……。僕らは価値を提供できなかったのか……。一瞬そんなことが頭をよぎる。

ケンブリッジには、EndToEnd（最初から、変革が実を結ぶまで逃げずに手伝う）という経営ポリシーがあったので、そういう点でも途中で離脱することに抵抗感があった。

とはいえ、このタイミングでの離脱はもともとの計画通り。そして、青空プロジェクトのメンバーはめちゃくちゃ優秀だった。どんどん僕らのノウハウを吸収し、しかも自分たちに合うようにアレンジして使っていた。

（僕らがいなくても、きっとうまくいくだろう……だとしたら……）

プロジェクトがうまくいくなら、ケンブリッジが残る意味はない。むしろいない方がキャッシュアウトも少なくてプロジェクトにとっては嬉しいはずだ。頭ではわかるが、それでも青空プロジェクトに残りたいと思うのは、もはや「自分のプロジェクト」になっていたからかもしれない。

当時こんな葛藤を抱きながら、ケンブリッジのメンバーにも自分にもこう言い聞かせていた。「僕らはいい仕事をした。ここで支援を終えるのは、むしろ誇れることだ。青空プロジェクトにとってベストな形に持ってこれたんだ」

そして、住友生命とケンブリッジが一緒にやる、最後のセッションがやってくる。

2015・12・22 サンセットと送別会［榊巻］

最後のセッションは、サンセットミーティング（全体の振り返り）のセッションの日である。ケンブリッジでは、振り返りを大事にしている。経験したことを学びに変え、次に向けたアクションを明確にするためだ。これまでもフェーズが一区切りつくたびにサンセットを実施していたが、この日は半年を振り返る大サンセットミーティングだった。

振り返りの項目を5つ用意した。内省を深められるように質問を工夫している。

1. 青空プロジェクトがこれほどうまくいっているのはなぜだと思いますか？
2. 今後、青空プロジェクトを継続していく上で不安なことはありますか？
3. 2で挙げたことを解決するために、何が必要でしょうか？
4. 青空プロジェクトを通してあなた自身が得た気付き・発見（チーム・個人での仕事の取り組み）は何ですか？
5. プロジェクト開始前と比較して、日常業務にどのような変化がありましたか？

事前に宿題を出し、全員に書いてもらったのだが、集まった回答の熱量に驚かされた。例えば佐藤さんの振り返りシートはこれ（図3－13）。見開き2ページにびっしり。百田さんのはこれ（図3－14）。こちらも熱量がすごい。

20人分の振り返りシートを基にした議論は大いに盛り上がった。この半年で、すごく大きな気付きがあったことがよくわかる。

この時期になると、ケンブリッジはほとんど何もしていない。ファシリテーターもスクライバーも住友生命メンバーがやってくれている。もう、ケンブリッジは必要ない。嬉しさと、寂しさが同居する不思議な感覚。「ああ、このチームは絶対大丈夫だな」と確信した瞬間だった。

これでケンブリッジの支援は、すべて完了した。

――突然、小枝さんが立ち上がった。「ケンブリッジさん、本当にありがとうございました！今から青空式送別会を開催します！」

図 3-13：佐藤さんの振り返りシート

青空支部サンセット用フォーム

記入者氏名：佐藤 [illegible]　　日付：H27.12.17

1　青空支部がこれほどうまくいっているのはなぜだと思いますか？

・販売、商品、サービス、システムから万遍なくメンバーが選出されてスタートしたこと。
・グラウンドルールをきめたこと。特に「経営の視点で考える」がよかった。
・全員集合の集中討議を複数会行ったこと。
　業務に縛られず集中できる環境で思い切り議論ができた。東京と大阪メンバーの距離がかなり縮まった。

　事務局の皆さまの目立たない動きを含めたご尽力には感謝してもしきれない。
・初期の段階で「顧客第一」という優先順を共有したこと。各自が常に原点に振返って議論できていた。

・何よりもケンブリッジさんのリードなしには、現状はなかったと誰もが感じていると思う。

2　今後、青空支部を継続していく上で不安なことはありますか？

・ケンブリッジさんがいなくなったあとのプロジェクト管理。
・会議への不参加者が増加すること。特にこれからは動きが早いので、一度休むとついていくのが大変になりどんどん参加しにくくなっていく。
・各部門を俯瞰してリードしてくれる方が不在。

3　2で挙げたことを解決するために、何が必要でしょうか？

・ケンブリッジさんがやっていたことをまずは既存メンバーが体言する。
　白川さん役になってあえて空気を読まずに発言したり、榊巻さん役で脱線した議論を元に戻したり etc
・「ケンブリッジさんがいたならどうしていただろう」というイメージをもてることは当面のよりどころである。
・新しいメンバーにやっていたことを継承していく、というよりは自然と真似してもらえるようにしたい。

4　青空支部を通してあなた自身が得た気づき・発見（チーム・個人での仕事の取り組み）は何ですか？

・自分では目いっぱい力を発揮しているつもりだったが、まだまだ出し切れていなかったことを実感。
・ケンブリッジの皆さまがやっていることを真似して、吸収し、実践してみることで大きく変わっていくことが実感できた。
・また、自分の力を最大限発揮できるだけでなく、一緒に仕事をするメンバーの力も引き出すことができることを実感。
・チームの力を最大限に発揮させることは、人頼みではなくある程度コントロールできることが分かった。
・人を育てることができるスキルも身につき、一緒に成長していることに大きな感動を覚えた。

5　プロジェクト開始前と比較して、日常業務にどのような変化がありましたか？何を取り入れましたか？

・榊巻さんの研修をこの時期にうけることができたのは、数年後に自分の会社生活を振返ったときに重要なターニングポイントであったと実感していると思う。
・特に「ファシリテーションの基礎」のプレゼン資料は自分にとってはバイブルとなっており、たまに取

ケンブリッジ・テクノロジー・パートナーズ株式会社　＊社外秘＊　Page 2

り出して何度も読み返し、体に叩き込んでいる。
・ちなみに「ファシリテーションの基礎」で自分に足りない、もしくは忘れがちなものは次のとおり。
　①対話を促す。→いまだに何でも自分で回答しようとしがちであるため。
　②会議の終了時に"決まったこと"を確認する。→早く切り上げたくてあえて省略しがちなため。
　③開始時に"会議のゴール≒終了条件"を確認する。→これで参加者の発言内容が大きく変わるため。
　④"隠れファシリテーター"の意識をもつ。→会議の内容が濃くなり、チーム力があがるため。
・「資料作成トレーニング」は、すぐに実践することの大事さを実際にやってみて良く分かった。
　"住友生命の文化にはプレゼンでの説明はあわないかも"と思っていた自分が少し恥ずかしい。
・ケンブリッジの皆さんがどんなスタンスで我々と対峙しているのかが興味があり、ケンブリッジさんのHPをみていたところ「よりよいチームワークを実現するための「よき規律」が存在している」ことを見つけた。いなくなった時のことを考え、早い段階でこの「よき規律」を意識したことでより主体的に取り組めたと思う。
　<よき規律>　※ケンブリッジ様 HP（http://www.ctp.co.jp/company/）より抜粋
　1. イエローフラッグは早めに
　2. プロジェクト・ライフサイクル全体に責任を負う
　3. 自分の能力に正直に、しかし、恐れず背伸びする
　4. 良く聴く
　5. Under－commit and over－deliver
　6. 多様な仲間とともに
　7. 言い訳はしない
　8. Bad Business に手を出さない
　9. 誰もが納得できるプロセスを
　10. 準備なしで会議に臨まない
　11. チームの皆が成長できるように時間を割く
　12. 迅速に状況を共有する
　13. 参加するからには徹底的に
　14. 木を見るために森を見る
　15. 早くできるもの、できないものを見極めよ
　16. 柔軟性を持とう
　17. ひとつのアプローチにとらわれない
　18. 長時間費やすのではなく、スマートに働こう
　19. 全員で成功を追及する
　20. 仕事を楽しむ
　ケンブリッジさんがいなくなったあとは我々がこの「よき規律」を愚直に実践していくことが大事なのではないかと思うので、どこかに貼っておきたい。

・ケンブリッジさんのことを忘れがちになったときは、次の本を読み返し初心に返りたいと思う。
　◇「業務改革の教科書」白川さん、榊巻さん　→この6ヶ月間のプロセスを思い出せる。
　◇「会社のITはエンジニアに任せるな！」白川さん　→「金を残して死ぬ者は下、事業を残して死ぬ者は中、人を残して死ぬ者は上」をまさに実践している会社だと思った。また、これから青空が進んでいく上で重要なヒントがたくさんある。
　◇「世界で一番やさしい会議の教科書」榊巻さん　→まだ売ってなかったのでこれから読みます！

⇒本当にありがとうございました！
プロジェクト終了後、笑顔でお会いできるのを楽しみにしています。　佐藤

ケンブリッジ・テクノロジー・パートナーズ株式会社　＊社外秘＊　Page 3

図 3-14：百田さんの振り返りシート

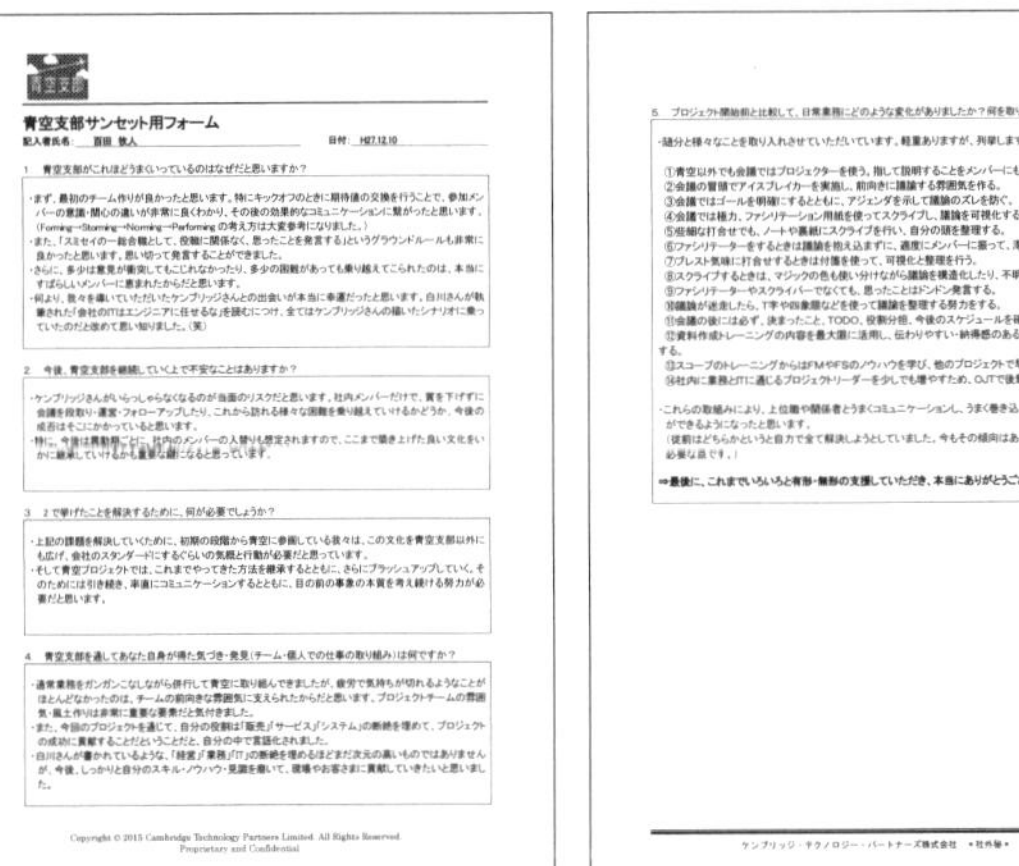

青空支部サンセット用フォーム

記入者氏名：百田 敦人　　日付：H27.12.10

1　青空支部がこれほどうまくいっているのはなぜだと思いますか？

・まず、最初のチーム作りが良かったと思います。特にキックオフのときに期待値の交換を行うことで、参加メンバーの意識・関心の違いが非常に良くわかり、その後の効果的なコミュニケーションに繋がったと思います。（Forming→Storming→Norming→Performing の考え方は大変参考になりました。）
・また、「スミセイの一総合職として、役職に関係なく、思ったことを発言する」というグラウンドルールも非常に良かったと思います。思い切って発言することができました。
・さらに、多少は意見が衝突してもこじれなかったり、多少の困難があっても乗り越えてこられたのは、本当にすばらしいメンバーに恵まれたからだと思います。
・何より、我々を導いていただいたケンブリッジさんとの出会いが本当に幸運だったと思います。白川さんが執筆された「会社のITはエンジニアに任せるな」を読むにつけ、全てはケンブリッジさんの描いたシナリオに乗っていたのだと改めて思い知りました。（笑）

2　今後、青空支部を継続していく上で不安なことはありますか？

・ケンブリッジさんがいらっしゃらなくなるのが当面のリスクだと思います。社内メンバーだけで、質を下げずに会議を段取り・運営・フォローアップしたり、これから訪れる様々な困難を乗り越えていけるかどうか、今後の成否はそこにかかっていると思います。
・特に、今後は異動期ごとに、社内のメンバーの入替りも想定されますので、ここまで築き上げた良い文化をいかに継承していけるかも重要な鍵になると思っています。

3　2で挙げたことを解決するために、何が必要でしょうか？

・上記の課題を解決していくために、初期の段階から青空に参画している我々は、この文化を青空支部以外にも広げ、会社のスタンダードにするぐらいの気概と行動が必要だと思っています。
・そして青空プロジェクトでは、これまでやってきた方法を継承するとともに、さらにブラッシュアップしていく。そのためには引き続き、率直にコミュニケーションするとともに、目の前の事象の本質を考え続ける努力が必要だと思います。

4　青空支部を通してあなた自身が得た気づき・発見（チーム・個人での仕事の取り組み）は何ですか？

・通常業務をガンガンこなしながら併行して青空に取り組んできましたが、疲労で気持ちが切れるようなことがほとんどなかったのは、チームの前向きな雰囲気に支えられたからだと思います。プロジェクトチームの雰囲気・風土作りは非常に重要な要素だと気付きました。
・また、今回のプロジェクトを通じて、自分の役割は「販売」「サービス」「システム」の断絶を埋めて、プロジェクトの成功に貢献することだということだと、自分の中で言語化されました。
・白川さんが書かれているような、「経営」「業務」「IT」の断絶を埋めるほどまだ次元の高いものではありませんが、今後、しっかりと自分のスキル・ノウハウ・見識を磨いて、現場やお客さまに貢献していきたいと思いました。

Copyright © 2015 Cambridge Technology Partners Limited. All Rights Reserved
Proprietary and Confidential

5　プロジェクト開始前と比較して、日常業務にどのような変化がありましたか？何を取り入れましたか？

・随分と様々なことを取り入れさせていただいています。軽重ありますが、列挙します。

　①青空以外でも会議ではプロジェクターを使う。指して説明することをメンバーにも徹底する。
　②会議の冒頭でアイスブレイカーを実施し、前向きに議論する雰囲気を作る。
　③会議ではゴールを明確にするとともに、アジェンダを示して議論のズレを防ぐ。
　④会議では極力、ファシリテーション用紙を使ってスクライブし、議論を可視化する。
　⑤些細な打合せでも、ノートや裏紙にスクライブを行い、自分の頭を整理する。
　⑥ファシリテーターをするときは議論を抱え込まずに、適度にメンバーに振って、滞らないようにする。
　⑦ブレスト気味に打合せするときは付箋を使って、可視化と整理を行う。
　⑧スクライブするときは、マジックの色も使い分けながら議論を構造化したり、不明な点を明確化する。
　⑨ファシリテーターやスクライバーでなくても、思ったことはドンドン発言する。
　⑩議論が迷走したら、T字や四象限などを使って議論を整理する努力をする。
　⑪会議の後には必ず、決まったこと、TODO、役割分担、今後のスケジュールを確認する。
　⑫資料作成トレーニングの内容を最大限に活用し、伝わりやすい・納得感のある資料を効率的に作成する。
　⑬スコープのトレーニングからはFMやFSのノウハウを学び、他のプロジェクトで早速活かしています。
　⑭社内に業務とITに通じるプロジェクトリーダーを少しでも増やすため、OJTで後輩に教えていく。

・これらの取組みにより、上位職や関係者とうまくコミュニケーションし、うまく巻き込んで仕事を進めることができるようになったと思います。
（従前はどちらかというと自力で全て解決しようとしていました。今もその傾向はあるので、そこは改善が必要な点です。）

⇒最後に、これまでいろいろと有形・無形の支援していただき、本当にありがとうございました！　百田

ケンブリッジ・テクノロジー・パートナーズ株式会社　＊社外秘＊　Page 1

図 3-15：プロジェクトルームで行われた、ケンブリッジの送別会の様子

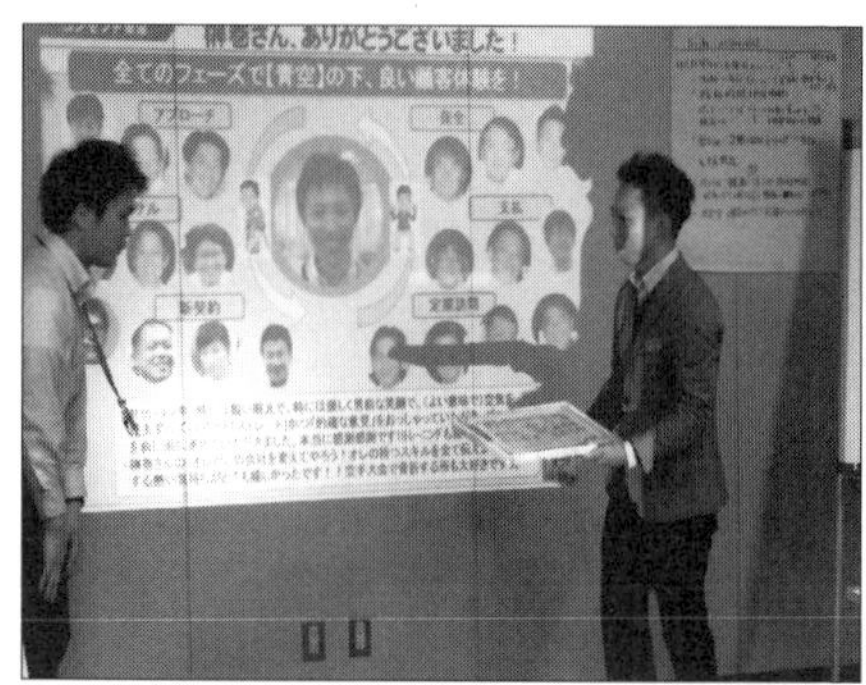

最後に送別会のサプライズだ。これは嬉しかった。

ケンブリッジメンバー全員分の盾と寄せ書き。第三者のケンブリッジに対してここまでやってくれるなんて。この盾は今でもケンブリッジのオフィスに飾られている。

まとめ

変革ノート［榊巻］

この章でのポイントをまとめておく。

①施策検討は3つの段階を意識する

本文中でも紹介したが、施策を、

- 方針を決めるべきモノ
- 実現に向けたハードルを解消するべきモノ
- 具体的に落とし込んで実行していくべきモノ

の3つの段階に分けて考える。それぞれの施策がどの段階にあるのかによって、すべきことが異なるからだ。そして、当たり前だが、「方針レベル」の検討から始めないと大きな手戻りが発生することになる。

②具体と抽象を行き来して、中身を詰めていく

この時期になると、抽象と具体を行ったり来たりするようになる。どういうことかというと、

Ａ　青空プロジェクト全体のコンセプト
Ｂ　個別施策のコンセプトや方針
Ｃ　個別施策の具体的な実現イメージ

この３つを行ったり来たりするのだ。

よくある駄目なケースは、ＡＢがなくてひたすらＣを話すケース。これをやると判断軸がなくなるので議論がつらい。

反対にＡＢばかりでＣがないのもつらい。具体的なイメージがわからないと「はて？」となる。構想立案フェーズで、日下さんに指摘されたのはこれで、Ｃがないから良し悪しが判断できないという話だ。

図 3-16：会議ファシリテーションの浸透

施策立案フェーズに入ると、Cが絶対に必要になる。だが、Bを忘れると全体感を見失ってしまうので注意が必要だ。

④会議ファシリテーションの全面導入

本フェーズに限ったことではないのだが、青空プロジェクトでは会議ファシリテーションの技術を全面的に導入していた。

具体的には、

- セッションのゴールを定め、そこにたどり着くための論点にフォーカスを当てる技術
- 意見を効果的に引き出し、議

論を見える化する技術
- 各自の意見を理解し、本当の意味での合意形成をする技術

などを大事にしていた。

ケンブリッジからファシリテーションのトレーニングを複数回提供し、全員がファシリテーションに取り組んでいた。

先輩が積極的だったから浸透した

こうしたファシリテーションスキルは、日常業務ではなかなか浸透しないものだが、プロジェクトでやると「全員でやるぞ！」という雰囲気が作りやすいので浸透が早い。グラウンドルールに則って、室長だろうがなんだろうが、「イチ職員として取り組む」が実践されていた。

工藤さんのような先輩たちが、新しいことにチャレンジしてみよう！　このプロジェクトで成長してやろう！　と誰よりも積極的に行動しているのを見て、若手が奮起しないわけがない。

それも、「俺はできるぞ、ほらこうやるんだよ」ではなく、「俺だってできないけど失敗しながら学ぶぞ」という姿勢を見せてくれていた。

先輩だって学ぶ側にいるんだよというメッセージ。それがカッコいい姿に見えるから、徐々にメンバー全員が「盗んでやるぞ」という意識に変わっていったのだと思う。

ファシリテーションノウハウの詳細は、『世界で一番やさしい会議の教科書』（日経ＢＰ社）に記述したので、そちらを参照していただきたい。

⑤メンバー交代／増員に対するケア

このフェーズでは、菊地さん、岡本さんをはじめ、数名のメンバーが入れ替わっている。特に新しく入ってきたメンバーに対するケアはきっちりしていた。やっていたことは３つ。

ａ．新たなメンバーのパーソナリティを知る

新たなメンバーの特性を捉えるのである。何を考えているのか、どんな仕事をしたいと思っているのか、何にモチベートされるのか。そんなことを丁寧に聞く。「仕事だからやれ」ではなく、その人のベクトルと、プロジェクトのベクトルを極力合わせようとしていた。

ｂ．プロジェクトのパーソナリティをきちんと伝える

メンバーの特性だけでなく、プロジェクトの特性、つまり「背景やコンセプト」を丁寧に伝える努力もしていた。

青空プロジェクトでの文化は、普段の住友生命とかなり違ったようだ。「新しい会社に転職するくらいのインパクトがあった」とよく聞いた。

だから、徹底してこれまでの経緯とコンセプトを伝える。グラウンドルールをはじめとして、プロジェクトのカルチャーも丁寧に伝えていた。

c．本音と建前を一致させる

3つ目に大事にしていたのは、プロジェクトのコンセプトやグラウンドルールを有名無実化させないこと。本音と建前は違うんだと思われた瞬間に忖度が発生し、プロジェクトは破綻する。後に、岡本さんが「グラウンドルールに書かれていることは建前かなーと思っていた。でも本当にそのまま実現されていて驚いた」と語っている。

〈岡本さんの回想〉

10月の集中討議では、夜に全員参加の懇親会が設けられていました。私は一番の若手だったのもあり、雑務的なこと（お酒を持ってきたりなど）をやっていました。まぁ下っ端なんで当然ですよね。

でも、先輩たちは、「そんなことしなくていいから！　こっちで語るぞ！」と、本当に年次など関係なく、議論の輪に入れてくれました。

オンでもオフでも、こんなに気のいい先輩がうちの会社にはたくさんいるんだなと感動したのをよく覚えています。そして、グラウンドルールって建前じゃないんだ！　とも（笑）。

これで、青空プロジェクトには表も裏もなく、グラウンドルールも本気で書かれていて、素直にプロジェクトに没頭して良いんだ、と思えました。

章

実行計画作りと体制構築

2016年1月〜3月

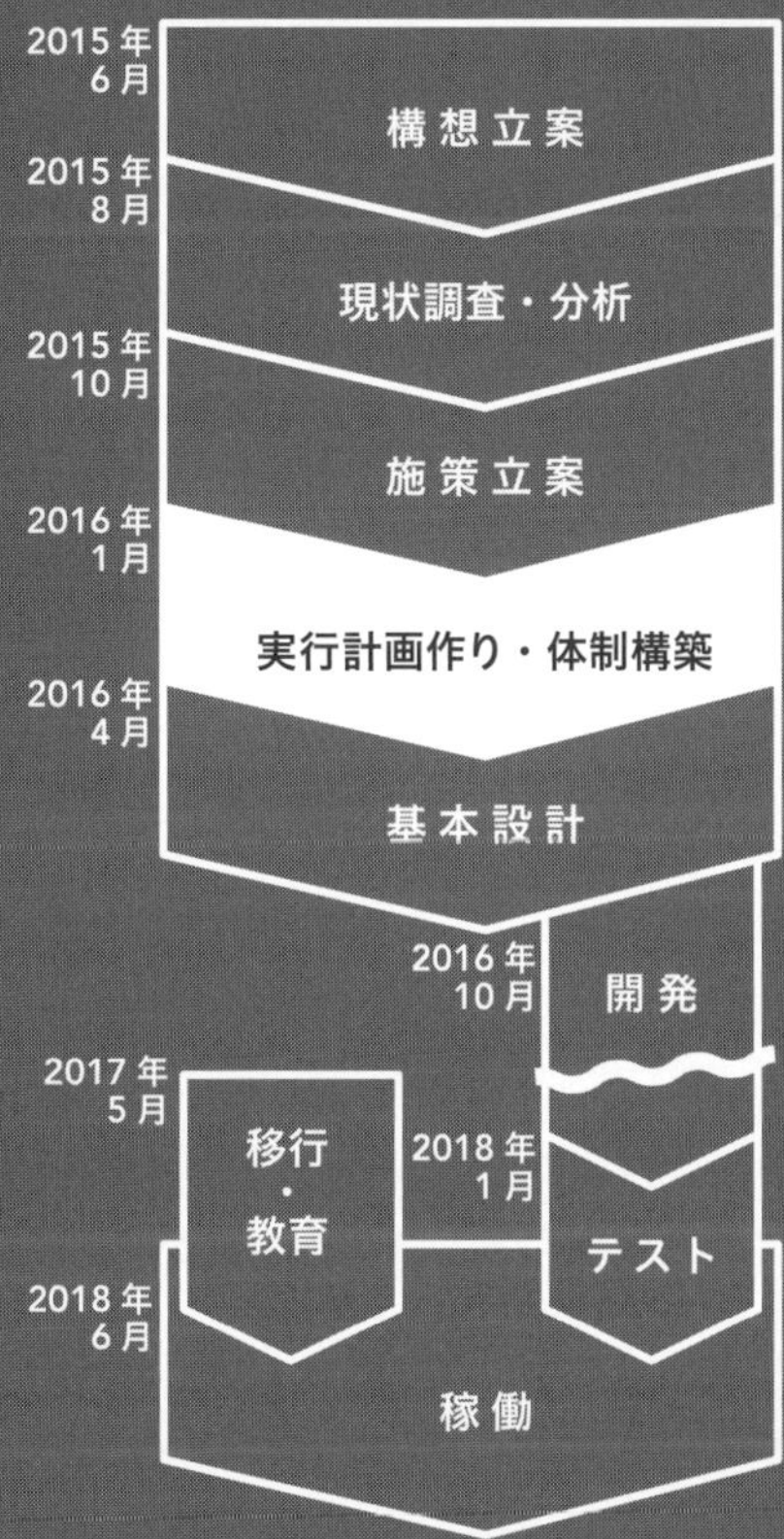

大綱立案

■実行計画を通す［百田］

ケンブリッジが抜けた。いつものプロジェクトルームにはもうケンブリッジはいない。ここからは自分たちで考え、工夫し、乗り越えていかなければならない。

特に3月末の「大綱立案」に向けての仕事が山積みになっていた。２０１６年4月から、端末がリリースされる２０１８年6月までの実行計画をまとめて、経営陣の承認を得なければならない。そのためには以下の２つが必要不可欠だった。

①全体実行計画をまとめること

人、物、金が、いつ、どのくらい必要になるのか。全体ロードマップをまとめて、具体的な計画に落とし込む。主要施策の方向性を示して了承をもらう。

「計画の質」を高める活動だ。

②計画に対する協力態勢を整えること

計画としてまとめたものが、絵に描いた餅にならないように、関係者とコミュニケーションをとり、協力を取り付ける。

この2つの活動を並行して進めていくことになる。

ケンブリッジが抜けるまでに、全体実行計画の仮案は作成されていたので、それを持って各部署を回り、協力を取り付けていく。こう書くとたいしたことない作業に見えるかもしれないが、実際はかなりハードだった。膨大な関係部署に対してイチから説明し、趣旨を理解してもらうのは時間と手間が掛かった……。しかし必要不可欠な工程だった。

■大綱立案の大変さ［榊巻］

住友生命の「大綱立案」とは、一般的な会社での「システム化企画の承認」だと考えてよいだろう。

だが、この「システム化企画の承認」に3カ月もかける会社は見たことがなかった。

案件の規模が大きいというのもあるが、それにしても長い。青空プロジェクトでは施策立案が約2カ月なので、大綱立案がどのくらい大きなイベントだったのかわかるだろう。

実行承認に向けて、大きなハードルの1つが、4月から開発を担当する中核組織、スミセイ情報システム（ＳＬＣ）の巻き込みだった。

2016・01・05 ＳＬＣを巻き込む［百田］

この日。プロジェクトルームに工藤、百田、岡田、森岡が集まっていた。

これから子会社であるＳＬＣに対して、プロジェクトのコンセプトや、実行計画を伝え、協力を取り付ける必要があるのだが、この進め方について議論するためだった。ケンブリッジがいなくなり、自分たちで舵取りをしていかなければならない最初の大仕事だ。

「これまでのように、2時間の連絡会議で、形式的に伝達するのではダメだと思うんや。青空の熱量が全く伝わらんやろ」と岡田。コンセプトフレーミングで集中討議を体験して以来、岡田は集中討議のスタイルを気に入っていた。

「確かにそうですね。これまでの検討量がすごいですから」森岡が応じる。

「ここはＳＬＣのある大阪で1日集中討議をすべきやと思う。しっかり膝詰めで、フラットに議論を交わしたい。森岡、今月開催できるか？」岡田が力強く言った。

「え？　今から準備ですか？　結構な人数のキーマンを集めるわけですよね。間に合うかな」

森岡は、先輩からの唐突な振りに驚いた様子だった。

「1月下旬あたりですかね。意思決定に関わるキーマンに加えて、実際の開発に携わるエンジニアにも来てもらうのであれば、周到な準備が必要です」

「そうや、これはめちゃ重要なセッションになる。森岡、忙しいところすまんけど、SLCとの調整を頼む。いつもほんま、ありがとう」

こうして、ケンブリッジが抜けた後の、最初の大仕事に向けて準備をスタートさせた。

それにしても、SLCの巻き込みでこんなに大掛かりな集中討議をやることになるとは……。これまでの住友生命では少し考えられないことだ。集中討議という形式も、ケンブリッジとは何度か一緒にやってきたが、今回は自分たちだけでやることになる。本当にうまくいくのだろうか……。不安と期待が入り交じる。

2016・01・22 SLCとの集中討議［百田］

大阪にある情報通信センターの大会議室に人が集まってくる。総勢70人の大きな会議体となった。

集中討議の目的は3つだった。

- これまでの検討経緯をきちんと伝え、コンセプトに共感してもらうこと。
- 開発に向けて、スケジュールや体制上の修正点、懸念点などを挙げてもらうこと。
- そして、青空プロジェクトを「自分事」として捉えてもらうこと。

ここがうまくいけばSLCの協力体制が整うはずだ。この集中討議では、ケンブリッジから教わった手法を余すことなく使った。集中討議という会議スタイルをはじめ、ゴールとタイムテーブルを明確にするファシリテーション、議論を可視化するスクライブ、心理的安全性を確保するためのアイスブレイカーなどなど。自分たちだけでやる、初めての集中討議だったので、準備にも相当な時間をかけた。

一方のSLC側のメンバーの思いはさまざまだった。プロジェクトの立ち上がりに期待感を抱く人、無茶な開発要求があるのではないかと警戒する人、単純に興味を持って参加している人などだ。70人もの参加となると、考えていることはバラバラだろうし、どうしても雰囲気が硬くなってしまう。青空で実践しているように、腹を割って何でも話せる環境を作ることが第一歩だと考えた。

そこで、集中討議の構成を2つに分けた。前半が検討経緯・課題・開発の方向性に関する情報の全体共有。後半は、分科会形式にメンバーを分けてテーマごとの意見交換だ。

前半戦——共通のゴールを作る

前半は、工藤を皮切りにメンバーが入れ替わりながらコンセプト、現状調査の結果、開発の方向性などについて説明をした。

特に現状調査は23のテーマに分けて課題を抽出した大作でもある。システムの課題だけでなく、実際の使われ方も含めてユーザーがどう課題を感じているかを伝えた。

システム開発を分業で行うＳＬＣメンバーにとって、ユーザーからのフィードバックを体系的・網羅的に受ける機会はそうそうないらしい。自分たちが開発したシステムが、どう評価されているのか、生の声を知ることができたのは、彼らにとっても非常に有益だったようだ。

そして、開発の方向性を説明していく。

「うーん。大変なプロジェクトだなー。これはかなり難しいですよ?」話を聞き終わった開発リーダーの1人が思わず声を上げた。

「はい、我々もそう思います。実現するのは相当な困難が待っているでしょうね」工藤が口元に笑みを浮かべながら率直に答えると、開発リーダーたちも苦笑いを浮かべるしかない。エンジニアのメンバーは、固唾を呑んでいる。

「ここに書いてあることはまだ私たちの夢でしかない。これから皆さんと一緒に魂を込めたい。そのためには、皆さんにこのコンセプトに共感していただけるかどうか、難しいことは難しいとはっきり言ってもらって、腹を割って協議できるかどうかが重要だと思っています」工藤が続けた。

「コンセプトに異論はないし、むしろこれだけ調査して、深く掘り下げて考えられているので非常に感動した。何より部門横断で一体感があり、ぶれていないところがいい。心配なのは、プロジェクトが進んだときにこの態勢が続くかどうかだが……」開発リーダーが答える。

「よくわかります。私自身もビジネス部門の人間として、システムのことがよくわからずに無茶な開発を要求していた時期もある。それが、今回のＬｉｅｆ更改に関わるようになって、システムの開発のみならず保守がいかに大変かということを身にしみて感じるようになりました。一方で、今のシステムは動線が複雑だし、使われていない機能も多い。それを変えていきたいんです。そのためにこの青空プロジェクトがあると信じています」

最初の重い空気は明らかに変わっていた。青空プロジェクトの思いが伝わっているのだ。

後半戦——実現に向けた意見交換

続いて第2部の分科会に入り、テーマごとに意見交換を行った。全部で8テーマ。ひとテー

図 4-1：SLC 集中討議の様子

ブル10人程度のまとまりになる。

分科会によって、スケジュールや、リスクに対する意見をたくさんもらうことができた。

「この時期の開発リソースが厳しいので、ここで負荷分散すべきだ」

「この方式だとシステムレスポンスが悪くなると思われる。今後の検討課題になるだろう」

「過去の経験から、この期間だとテストが間に合わない。修正した方が良い」

など、非常に貴重な意見ばかりだった。これを持ち帰り、スケジュール修正やリスク対策検討のインプットにする。

チェックポイント

集中討議の終わりにはもちろん、チェックポイントだ。

1日討議をしてみて良かった点、改善点、感想をもらう。以下のような声が、SLCの参加メンバーから多く寄せられた。

「今まで断片的な情報しかなかったが、全体像を丁寧に説明してもらって本当によかった」

「エンジニアの我々を含めた形でこんな場を設けてもらえることは、これまでになかったので非常に画期的だった」

「すごく熱量が伝わってきた。これだけの案件を実施しようと思えば、スキルのある人材の増員が必要だと思う。関係者と相談していきたい」


事前の予想では、案件規模の大きさにネガティブな反応があることも覚悟していたが、これだけ前向きな声をたくさんもらえたのは望外だった。「良いシステムを作りたい」というプロフェッショナルな思いがひしひしと感じられ、手応えある集中討議となった。

これで、SLCの協力体制は整いそうだ。実行計画にもいくつかの要望、修正点をもらいブラッシュアップすることができた。あとは大綱としてまとめていく作業になる。

2016・03・07 大綱立案準備 ［百田］

3月。SLCとの集中討議を終え、役員会議の審議・決裁に向けた作業が大詰めを迎えていた。森岡が中心となり資料をまとめていく。

多くのメンバーもピークが続いていた。

この週の振り返りメールに、私はこう書いた。

心理学的に「人はゴールを決めた瞬間が最もモチベーションが高く、その後は落ちる一方」だそうです。

青空も、コンセプトフレーミングのときの高揚感から比べれば、これからは辛さが先行することがあるかもしれません。

そんなときに、プロジェクトルームの良い雰囲気に接したり、チェックポイントや振り返りメールなどで励ましを受けると、モチベーションが上がることに気付きました。

　工藤さんをはじめ、青空はポジティブな声かけが半端ないですね（笑）。チームで取り組むことの素晴らしさを感じる日々です。


青空というチームの存在。お互いにポジティブなフィードバックを与え合うチームの文化は、最後まで心の支えになった。

大企業のような大きな組織で新しいことに取り組んでいくときは、最初のチームビルディングとカルチャー形成が極めて重要なのだと思う。

そして、経営会議にて、これまでの集大成である次期Ｌｉｅｆ更改対応の大綱が審議に付され承認された。２０１６年3月15日のことだった。

新体制

2016・03・08 新体制の発表［岡本］

大綱が承認されるおよそ1週間前、青空プロジェクトの中にも大きな動きがあった。「異動」である。

総合職には全国転勤があるため、基本的には毎年9月末と3月末に異動ということが多い。このタイミングでの異動者は、原口をはじめとする多くの「プロジェクト創業メンバー」だった。

原口は商品部営業情報開発室メンバーとして、青空立ち上げ期からプロジェクトを支えてきた男だ。

「俺、異動や」原口は私に直接伝えてくれた。「もう東京に12年もおる。下の子が生まれてから1回も一緒に住んでなくてな、もう中学生になってしまったわ。だから自宅のある大阪の情報システム部を希望してたんや」かねてより異動願いを出していたらしい。家族と12年も離れていたら、当然の希望だろう。異動先は大阪の情報システム部。原口の希望通りになって嬉しい半面、今後もどれだけ青空に関与し続けられるかは未知数ということもあり私は非常に不安だった。

他にも、事務サービス企画部の山中・菅野、契約審査部の菅原など、これまでの中心メンバーもことごとく抜けていくこととなった。青空を今まで支えてきた中核メンバーが抜けていくことで、残されたメンバーには不安が広がった。それでも、体制の変更は会社の決定でありどうにもならない。腹を決めて自分たちがやるしかない。

2016・03・29 新たな体制の構築［百田］

「大綱の決裁は無事に終わった。みんな、ほんまにありがとう。でも……。ここからが大変や」と、プロジェクトルームで工藤が感慨深くも引き締まった表情で言った。

ここから本格的に実行フェーズに入っていく。当然、より多くの部署・メンバーを青空プロジェクトに巻き込んでやっていくことになる。端末の更改と同時に損保業務の電子化や、ライフデザイナーの出勤管理電子化も検討することから、損保事業部・営業人事部とも新たに連携していく。

また、新端末の展開時には、教育部との連携が重要になる。こんな風に、これまでの主要メンバーが抜けるとともに、新しいメンバーが一気に増える。

この時期は、もともとの施策検討4チームに加え、新たに6チームが発足することになっていた。全部で10チーム。約40人の大所帯になる。

半分以上が新メンバーということになる。

ここが、プロジェクトにとっての分岐点になると思った。これまでのやり方、熱量、コンセプトが新しいメンバーに伝わらなかったら……。おそらくプロジェクトは空中分解してしまうだろう。なんとかして、新体制をスムーズに立ち上げていかなければならない。

そんな中、ケンブリッジが大事にしていたノーミングを、自分たちだけでやろうという話になった。

ノーミングとは何か。当時、榊巻さんが説明してくれた内容を引用しておく。

〈レクチャー会での榊巻さんの解説〉

一般に、新しく組織されたチームは単なるヒトの集まりに過ぎず、お互いに手探り状態

図4-2：タックマン・モデル

になります。組織として機能するようになるには時間がかかるものですよね。こうしたチームが作られていく過程を示したものに「タックマン・モデル」というものがあるんです。

ヒトが集まっただけの段階をフォーミング・ステージ、お互いの理解が進んで考え方の違いや意見の衝突が表出する段階をストーミング・ステージと呼んでいます。さらに、お互いの価値観が統一されたり役割分担がしっくりしてくる段階をノーミング・ステージと呼びます。最後の段階はパフォーミング・ステージで、チームメンバーがお互いが補完しあって1+1が3にも4にもなっている状態を指します。

このモデルのポイントは、「必ずこの4つのステージを経る」という点です。つまり、どれだけ素早くフォーミング、ストーミングの段階を抜けるかが大事になります。

だから、素早くノーミング状態にたどり着くことを目的に、「自分の強み弱み」「好きなこと嫌いなこと」「今の気持ち」「モヤモヤや不安」などをぶっちゃけて話し合う場を設けるようにしているんですよ。これをキックオフのときに合わせてやる「ノーミングセッション」と呼んでいます。自分のパーソナルな部分をさらしてしまうことで、「受け入れてもらえる」感覚が生まれます。これが心理的安全性の確保にもつながるというわけです。

青空プロジェクトの初期には、キックオフの中でノーミングセッションを実施したが、今回はそれをアレンジして、自分たちだけでやるのだ。

2016・04・01 新体制キックオフ&ノーミング［岡本］

ケンブリッジが置いていったノーミングという手法。百田は何度かやって馴染みがあるようだったが、実は、私自身は初めての経験だった。もちろん住友生命にこんな文化はない。半信半疑でノーミングに参加してみたのだが、体感してみるとこれがなかなか良かった。

ノーミングは、2つのパートに分けて進められた（このあたりはSLCでの集中討議に似ている）。

図 4-3：この日、書き出されたA3用紙

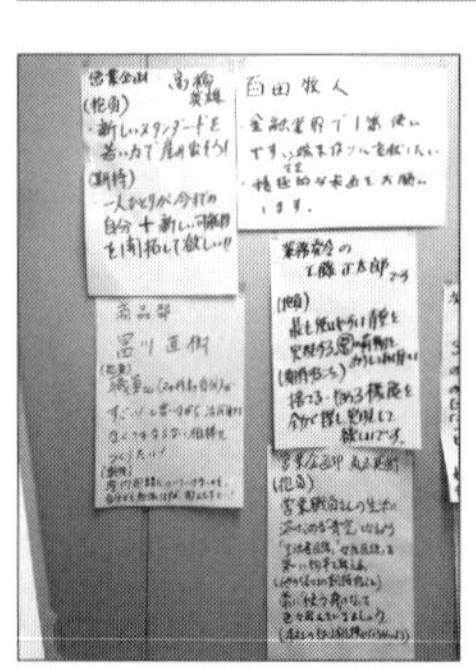

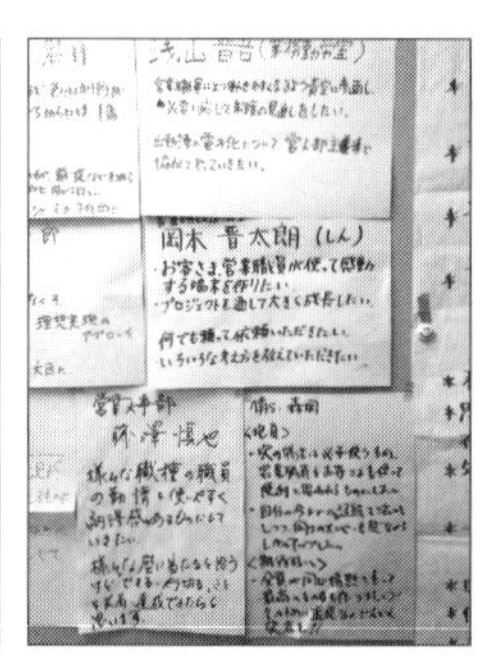

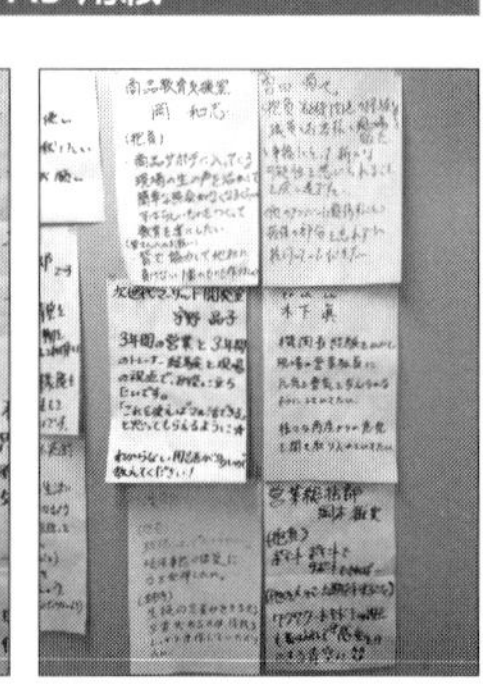

コンセプトの共有――プロジェクトの追体験

まずは、コンセプト策定から大綱が決まっていった経緯を丁寧に説明する。

「これまでの検討を、新しいメンバーにも追体験してもらいたい」と百田は、ことあるごとに口にしていた。

一般的に、新しいメンバーへの説明は、「これまでの経緯」よりも、「これからすべきこと」に軸足が置かれることが多いように思う。即戦力として動いてもらいたいからだ。私が過去に途中参加した取り組みもそうだった。

しかし青空プロジェクトは違った。徹底的に時間をかけて「これまでの経緯」を伝える。質疑もかなりの時間をかけたと記憶している。新しいメンバーが腹落ちするまで付き合う。

各自の思いを引き出す――対話を通じて理解しあう

次に、メンバーから思いを引き出すパートに移る。百田が全員にA3用紙を配る。

「次の3つを書き出してください。1．このプロジェクトを通して自分がどうなりたいか。2．新しいLiefをどんな端末にしたいのか。3．今の素直な気持ち。この3つです。個人作業です。自分の気持ちと向き合ってみてください」百田が言った。

書き出されたA3用紙を張り出し、全員で眺めながら議論をした。一方通行ではない、対話に時間をかけたセッションだった。

ノーミングの有効性

このノーミングで良かったのは、「青空というのはこういうところだよ」ということを実際に体験してもらえたことだと思う。私自身は、セッションや集中討議を通じる中で少しずつ「青空の文化」を体感していったのだが、ノーミングがあれば一発で伝わるだろう。

例えば、心理的安全性が確保された場所であること。忖度なく、まっすぐ青空プロジェクトのことを考えられる場であること。ファシリテーションを全面に取り入れてやっていくスタイルであることなど。青空プロジェクトの文化やスタイルを体感してもらうことで、それらを共通認識とすることができたと思う。同時に、青空初体験のメンバーにとっては、戸惑いもあるようだった。いきなりA3用紙を渡されたら、それは少なからず驚きがあるだろうと思う。なんだか見ていて面白かったが、こうした文化の体感は重要なんだろうと思えた。

その後も、異動によるメンバーの入れ替わりがあるたびに、その都度コンセプトに立ち戻り、進め方に疑問があってもまずはケンブリッジの手法を体験してもらうことを実践し続けた。

常にプロジェクト内の多数がコンセプトを理解し、ケンブリッジ手法を効率的だと実感している状態を作ることで、疑問を持ったメンバーに対してすぐにケアできる土台ができあがっていったように思う。

若手の成長

■頼れなくなることで、自主性に火がつく［百田］

ケンブリッジだけでなく、多くの立ち上げメンバーが抜けていったこの時期。残った若いメンバーには確実に変化が起こっていた。若手からの問題提起、そして提案が増えてきたのである。

例えば、テレビ会議の改善。

東京築地と大阪城見に拠点があるので、両拠点をつないだテレビ会議をしょっちゅう開催していた。情報システム部の森岡は、普段は東京から参加しているのだが、あるとき、たまたま出張が重なり大阪から参加したことがあった。

セッションの直後に森岡から全員に向けて、相談がなされた。「あの、大阪に来てわかったんですが……。東京側が議論をリードする中で、大阪から議論に入り込むのはめちゃくちゃ難しいんですよ。普段東京なんで、全然気が付きませんでした。大阪がもっと発言しやすくなるように、いくつかの工夫ができるんじゃないかと思いまして」ということで、森岡発信で試行錯誤が展開されるようになった。

有効だった工夫を以下に挙げておく。

- 発言者は必ず名乗ってから発言する。
- TV越しに、大阪メンバーを指名して発言しやすくする。
- 声が拾えるように、発言者に確実にマイクを回す。
- カメラは発言者をズームで映すのではなく、部屋全体を映し、場の雰囲気がわかるようにする。
- 東京・大阪の両方でスクライブをして、議論を見える化する。

テレビ会議の質が上がったのはもちろん嬉しかったが、こうしてアクションを起こしてくれるメンバーが、目に見えて増えていったのが最高だった。そして岡本もその1人だった。

青空流ファシリテーションが人を育てる［岡本］

2016年1月以降、ケンブリッジがいなくなってしまったので、決定的に人が足りなかった。だから自然と、私がスクライブをするシーンも増えていった。

ある集中討議で、全然スクライブできなかった苦い経験を思い出す。実はあれ以来、各メンバーのスクライブを見て研究し、試行錯誤を繰り返していた。

ありがたいことに、セッションをこなすたびに、「めっちゃわかりやすいやん」「岡本のスクライブで議論が一気に進んだわ」と声をかけられることが増えていった。これは素直に嬉しかった。

仕事は、やらされているうちは全然手応えがない。そうではなく、自ら動いて、認められて、初めて手応えを感じることができるのだとよくわかった。

ケンブリッジの手法は、若手が前に出る機会を与えてくれた。これが若手の成長に寄与しているのは間違いなかった。自分だけではない。後に入ってくる若手たちも、皆ケンブリッジのやり方を真似て、大きく成長していった。

2016・05・23 プロトタイプの提案［岡本］

少しずつ仕事を取りに行き、自分なりに工夫し、認めてもらい、自らの成長を実感してきた5月中旬。私は、期せずして大きく踏み込んだ提案をすることになった。

各チームが機能・画面の案を持ち寄り、議論していたときのことだった。

（あれ？　こっちのチームの機能と、こっちの機能、どうつながるんだっけ？）そんな疑問が頭をよぎった。

各チームが、キーとなる画面のイメージを作って持ってくる。その画面自体はイメージができるのだが、問題はそこからの画面遷移である。あっちのチームの画面と、こっちのチームの画面がどうつながるのか、全然わからない。

つまり、「チームを横断した全体の流れ」が見えなくなっていたのである。

通常、もっと先の基本設計フェーズで画面遷移などを確認していくことになるのだが、今回は、「すべてのフェーズで良い顧客体験を」というコンセプトだ、早いタイミングで画面遷移も設計する必要がある。しかも要件を出す住友生命が主体的に「こんな遷移であるべきだ！」と主張した方がいい。

（実際の動きに近い形で、画面遷移を共有できる方法はないだろうか……）

そんなことを考えていた私が目をつけたのは、パワーポイントによるモックアッププロトタイプだ。実は基本検討を開始したタイミングで、ごく一部の中心画面だけを対象に、ＨＴＭＬベースのモックアップでプロトタイピングを実施していた（予算の関係もあり、これ以上は広げられなかった）。

これをパワーポイントと、ハイパーリンク機能で実現してみようと思い立った。うまくいけば、青空プロジェクトに大きく貢献できるかもしれない。

そう思い立ってからは早かった。誰にも相談せず大急ぎで試作品を作った。ただただ、プロジェクトに貢献できる可能性を逃したくなかった。そして、試作品を工藤と百田に見せてみる。２０１６年5月23日のことだった。

図 4-4：プロトタイプのイメージ（これらはすべてパワーポイントでの手作り）

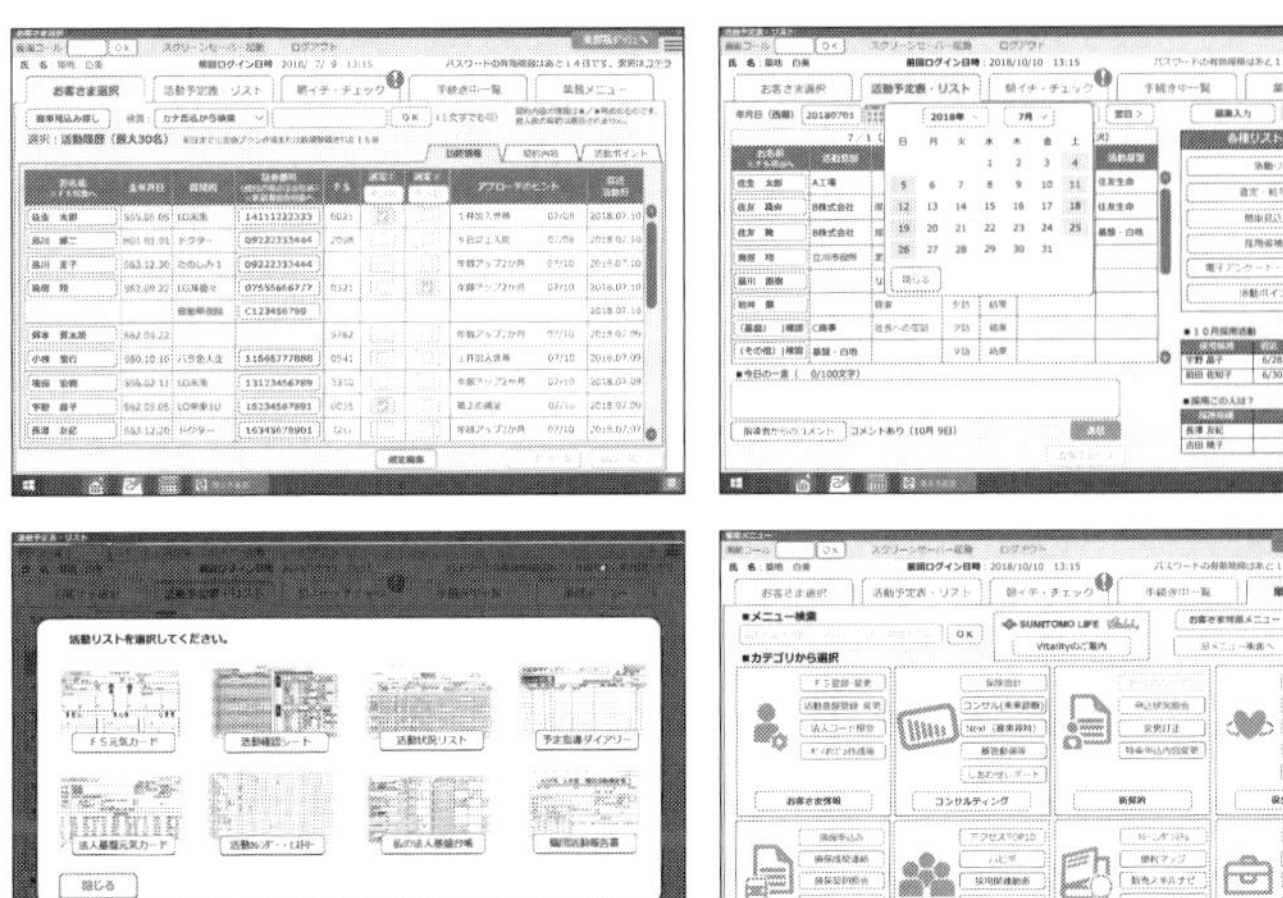

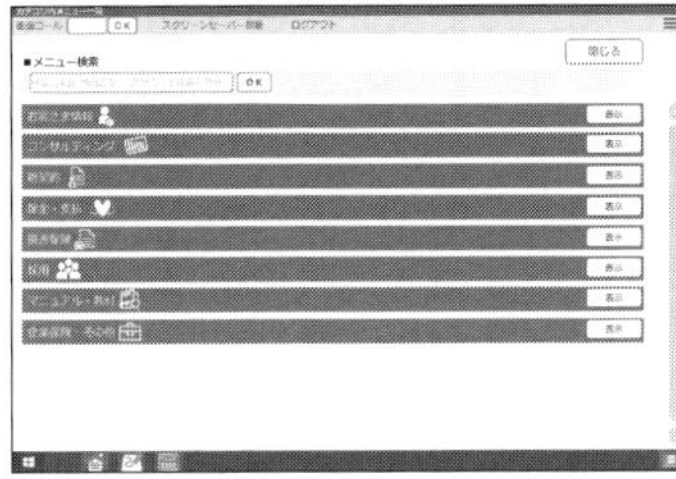

「こんなものを作ってみたのですが、どうですか？　スライドショーにしてもらって、ボタンを押すと擬似的に画面が移っていきます。これで画面と機能全体をウォークスルーできるんじゃないかと思ってまして……」

「……これはすごいな。1人で作ったの？　マジで？」と百田。

「うん、うん。これはすごい！　新しい要件定義の形やな。青空プロジェクトの中核になる画期的なものやわ。岡本、お前はすごいよ！」工藤さんは本当に、人を乗せるのがうまい。

私はおだてられると頑張ってしまうタイプなので（笑）、ここから勢いがついた。Aチームの機能を網羅すべく、各画面を作成し、それらをハイパーリンクでつなげていった。

各セッションで議題となる機能についてはすべてプロトタイプを作って、それを見ながら議論を進めるようになっていった。

■岡本自作のプロトタイプでの要件定義［百田］

初めてプロトタイプを見せられたときは正直驚いた。誰かから頼まれたわけでもないのに、いつの間に作っていたのか。

しかし、これで空中戦になりがちな議論が、実物を見ながらできるようになった。これは噛

図4-5：サンセットで、岡本に寄せられたコメント

メンバーからのコメント			
岡本主任 青空の認識共有が図れてているのは間違いなく岡本プロトがあるからだと感じております。 常に冷静に物事を考えている姿、尊敬しております。 （渥見）	岡本主任 いつも頼らせていただきありがとうございます！一緒に標準化やりあげましょう！プロトは無くてはならない存在です。拘って作成くださりプロ意識・想いが伝わります。 （長澤）	岡本主任 皆さんから言われているとは思いますが、岡本プロトがすごすぎます。また、会議中の発言が的確でいつも勉強させていただいております。今後ともよろしくお願いいたします。 （東上床）	岡本主任 いつも言ってるけど、晋プロト本当にすごいわ!!技術だけでなく、細かい所も相当作りこまれていて、「粗さがない」のが岡本のすごい所!! 岡本と青空を語りながら飲むのは最高のひと時です!!　（鳥居　翔）
岡本主任 いつもアイスブレイク楽しみにしてました。パワポで画面展開を再現することまでは諦めようと思っていましたが、あやうく試合終了になるところでした。ありがとう！（稲垣）	岡本主任 わたしと長澤さんが話していることがわからなくなってくると、岡本主任がビシッとまとめてくださいました。いいチームです。まだまだ標準化は続きますが、一緒に頑張りましょう。（首藤）	岡本主任 岡本プロトに出勤簿の取り込みありがとうございました。標準化を無視した作成でご迷惑をおかけしました。引き続きよろしくお願いします。 （鳴海）	岡本主任 岡本プロトがあるからメンバーが課題を共有し、担当部門間の認識齟齬が起きないんだと思います。標準化でも主力メンバーを支える姿素晴らしい。4月からは同じ室になるのでよろしく！　見城
岡本主任 岡本プロトのいつも感嘆しております。引続き損保画面もお忘れなく、よろしくお願い致します。 （曽田）	岡本主任 いつも各種連携や指摘ありがとうございます。 引続き宜しくお願いします。 （種子田）	岡本主任 しんプロトの凄さはもちろん、ポテンヒットになりそうなものを積極的に拾って対応してくれて、本当にありがとう！4月から20Fでも引き続きよろしく。 （魚谷）	岡本主任 Liefコンテンツの確認では、迷惑をかけて申し訳なかったです。 プロトの作成を含め、影響力の大きい仕事ぶりは素晴らしいと思います。 （古城）
岡本主任 超大作プロト本当に助かりました。それだけでなく、ABセッション、標準化本当にありがとう！これからもよろしくやで！！ （富川）	岡本主任 プロトのおかげで、手続きの流れのイメージが、持てます。 ありがとうございます。 （前田）	岡本主任 次期Liefの全体像を今一番明確にもっているのは岡本くんです。導線の部分が今後とても重要になるので、早く岡本くんにおいつこうと思います。ありがとう！！（佐藤）	岡本主任 プロトのおかげで、場面ごとの画面間のつながりを確認することが出来、より良い検討につながりました。職人！ （契審・増田）
岡本主任 岡本プロトの功績は大きいね。まず手を動かしてみることの大切さが、私もハッとさせられる良い手本になりました。 （原口）	岡本主任 次期Lie開発に欠かせない存在となったプロトが凄すぎて、本当に驚きです。想像を超える大変さがあると思いますが、ぜひ頑張ってください。 木下	岡本主任 岡本プロトなしではこの1年の活動は語れません。そして、岡本君の積極性と類まれな献身性に青空は支えられています。本当に本当にありがとう！ （百田）	岡本主任 誰しもが褒める「岡本プロト」に気持ちや想いを込めて、対応している姿勢が素晴らしい!!　ABセッションなどで、百田部代に食らい付いていくスピード感にも日々の成長を感じます！ （岡田）

み合わせが全く違った。

各機能とデータをシームレスにつなぐことで、良い顧客体験を創出する、というコンセプトはあったが、頭の中で想像するのは限界があった。プロトタイプがあることでブレずに要件を伝えられたと感じている。

ＳＬＣの担当者からも、「プロトがあったからこそ、青空プロジェクトの想いが伝わった」「細かいところ、遷移のスピードやイメージなども入っていたことから、開発のイメージが非常にしやすかった。あれがなければ工数が数倍かかっていたかもしれない」という声をたくさん聞いた。

この時期のサンセット（全員で行う振り返り）で、岡本に寄せられたコメントを見ると、プロトタイプがどれだけプロジェクトに貢献していたのか一目瞭然だった。

また、岡本はプロトタイプを作成し続けたことで、全体像を最も理解している人間となっていた。みんなわからないことがあると、岡本のところに聞きに行っていた。

これは青空で仕事をする上で、非常に大きな自信になったようだった。発言するにも、提案するにも、まったく躊躇する様子はなかった。

……ここまでの人材が隠れていたとは。青空で成長したのか、もともとそうだったのかわからないが、とにかく生き生きと躍動する岡本が頼もしく見えた。

■仕事に対する見方が変わった［岡本］

恥ずかしながら、青空プロジェクトに参画するまで、「誰かに言われて何かをやる」タイプの仕事ばかりしてきた。

プロトタイプの一件は、「自分で問題を見つけ、自分で解決策を考え、自分でアクションして、チームに貢献する」という、完全に自分の中から生まれてきた仕事だった。本当の意味での仕事を知った瞬間だった。

この頃から、自分からいろいろな仕事を拾うようになった。特に部門と部門、プロジェクトとプロジェクト、チームとチームの間に落ちてしまうような案件を拾っていくよう意識していった。

これまでだったら、「何かおかしいな」と思っても積極的に動くことはなかった。誰もやらないなら誰かがやるまで待っていればいい、自分は若手だから打ち合わせを引っ張る人間ではないだろう、と以前は本気で思っていた。

青空に参加して、180度考え方が変わった。せっかく集まって打ち合わせをしているのに、何も決まらない、誰もやらないではもったいない。それなら自分が動いて進めていく方がよっぽど気分が良い。そう思えたのは青空プロジェクトがあったからだ。

そして、そんな風に感じているのは私だけではなかったと思う。

インタビュー

お前が行け［森岡］

この時期になると、各部署や現場に説明しに行くシーンも増えてきました。

関係者に説明するための資料を、僕が作るのですが、工藤さんによく言われました。

「この資料にお前の思いは入っとんのか？ なんで作業だけして持ってくる？ お前の思いを持ってこい。お前が一番主張しないとダメや。このテーマを一番考えてる奴はお前なんや」

でも、最初はピンときませんでした。言われたことをちゃんとやる。それで何が悪いのか。僕が作った資料を使って説明するのは上長なんですよ。だったら上長の話しやすいように作った方がいいじゃないですか。

でも、そんな俺の気持ちを見透かしてなのか、工藤さんは資料作りも、それを使った説明も担当者にやらせていました。

「担当者が一番わかってるはずや。担当者が考えてたことを、なぜ上長が嬉しそうに、代弁しに行かなあかんねん？ 本気で良いものを求めるなら、本気で考えている奴らが、主張しに行くべきやろ？ 今、これに対して、一番必死に考えてるのは誰なのか？ 森岡やん。だったらお前が行くべきやろ」

こんなことを言う上長には会ったことがなかった。

なかなか衝撃的でしたね。もともと僕は「事務局」という立場で参画していたはずだったのですが、いつからかコアメンバーになっていました（笑）。

こうなると、熱量を上げて、踏み込んで行くしかないですよね。

今思うと、ケンブリッジもそうでした。コンサルタントには先生とか、アドバイザーというイメージがありましたが、彼らは違った。

今でもよく覚えているのですが、プロジェクトが始まった直後、「新契約のルールブックを持ってきてほしい」とケンブリッジの遠藤さんに言われました。僕らも読んだことがないマニュアルを、彼らは全部読んで、本気で考えてくれる。専門用語をちゃんと押さえ、住友生命の社員になってくれていた。それが僕らの気持ちに火をつけた。

ケンブリッジは、ペースメーカーでも、伴走者でもなく、最も熱量の高い社員になってくれていた。それが最高でした。

こんな感じで、気が付けば、事務局だとかケンブリッジだとか、若手だとかベテランだとか、そんなもの、全く関係なくなっていたんです。

まとめ

変革ノート［榊巻］

実行計画作りは難しい。「企画の質」を高めることは多くの人が意識するのだが、「体制の質」を高めることは見落とされがちだ。ここでは「態勢の質」を高めるために青空プロジェクトが大事にしていた3つのコツを紹介しておきたい。

①実行承認前に、関係部署を巻き込む

青空プロジェクトでは、SLCの本格的な参画は10月なのにもかかわらず、その9カ月も前から、丸2日の時間をかけて巻き込みをしている。

そして、承認のための実行計画を一緒に作り、一緒に承認を通す形にしたのだ。こうすることでSLCも自分事になり、協力体制を整えてくれるようになった。

②「何をするか」よりも、「なぜやるか」に時間を割く

協力体制を得るには、「やってほしいこと」よりも、「なぜやるのか」「その結果、何を実現させたいのか」「なぜその結論に至ったのか」を語りたい。

人はロボットではない。やるべきことに納得したい生き物だ。納得さえできれば、勝手に動いてくれるようになる。そのためには以下の3つを徹底するのが効果的だと考えている。

- コンセプトと、そこに至った経緯や苦悩を丁寧に伝えること
- これまで大事にしてきた手法や、プロジェクトの文化を伝えること
- そして、これに対する「今の気持ち」をきちんと引き出すこと

この3つがセットになることで、同じ方向を向ける確率が大きく上がる。

③若手を育てて、実行フェーズの主戦力にする

多くのプロジェクトでは、実行承認以降、爆発的に関係者が増える。そして関係者が増えれば増えるほど、多くのリーダーが必要になる。

つまり、たいていのプロジェクトはこのタイミングで深刻なリーダー不足に陥る。

青空プロジェクトでは多くの若手を急激に成長させることで、見事にこの難局を乗り越えた。その成功要因は大きく2つあると考えている。

a．若手を若手扱いしなかった

青空プロジェクトでは、4年目の若手だろうが、伝説の営業マンだろうが、フラットだった。若手にも自分の頭で考え意見することが求められ、判断を迫られ、仕事を任された。最初から1人リーダーであることを求められていたのだ。

b．ケンブリッジの手法が、若手が前に出るサポートになった

例えば、スクライブ。発言できなくても書くことはできる。でも書こうと思うと相当頭を使って聞いていないと書けない。

例えば、会議ファシリテーション。黙っていると、若手だろうが関係なくファシリテーターから意見を求められる。

例えば、サンセット。一人ひとり、事前に振り返ることが求められるので、他の人の意見に相乗りできない。自分の頭で考えるしかない。

こうした手法がベースにあるので、若手でも自分の頭で考え、意見を言いやすかったと思う。

リーダーを育てる手法については、白川が書いた『リーダーが育つ変革プロジェクトの教科書』（日経ＢＰ社）を参考にしている。実はこの本、青空プロジェクトの事例がモリモリ出てくるので、併せて読むと面白いと思う。

章

基本設計フェーズ

2016年4月〜9月

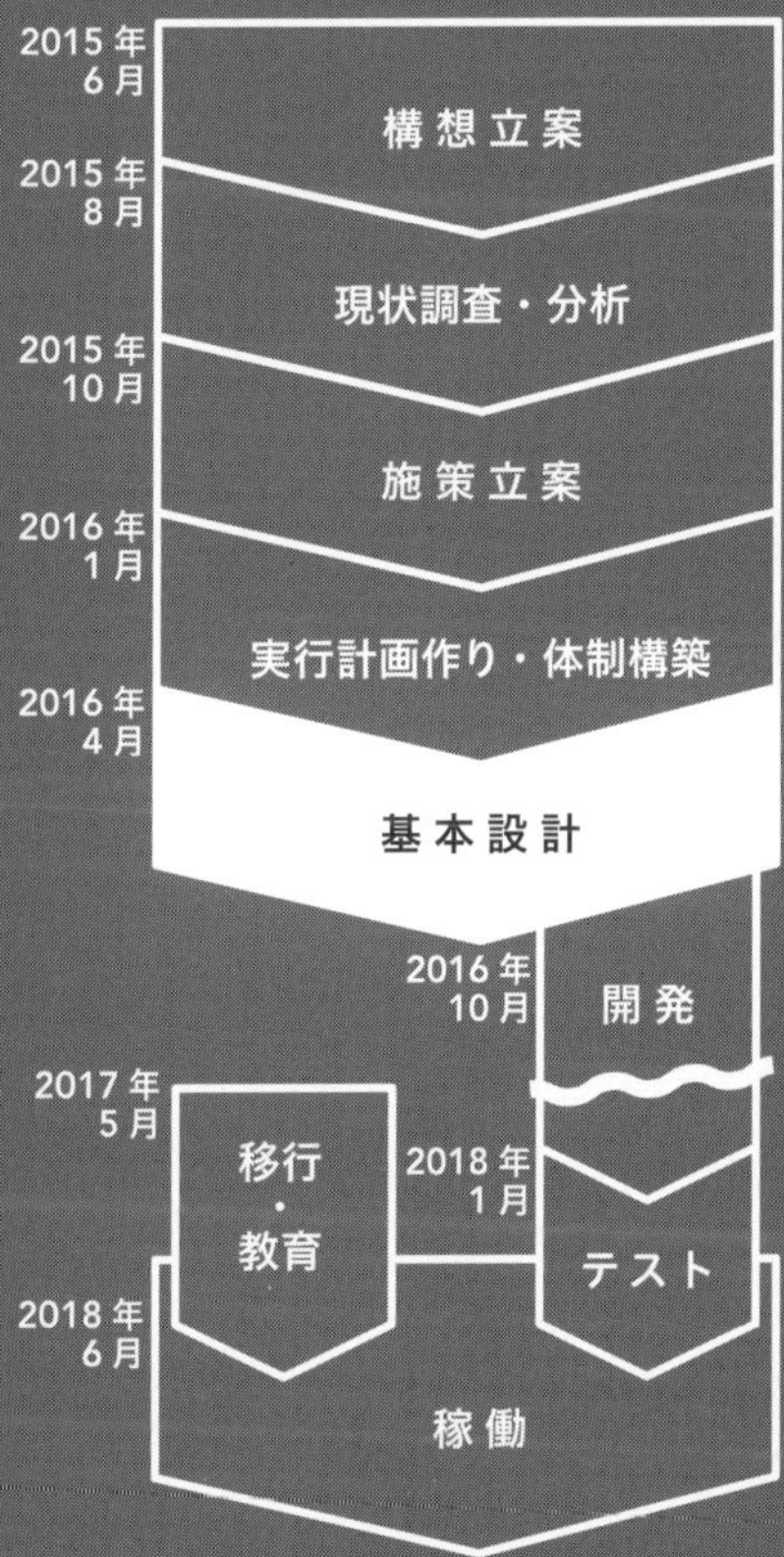

基本設計

300の機能と、1000の入り口［岡本］

2016年4月〜9月は、基本設計フェーズだった。

4月に要件を詰めて、5月に見積もり依頼、7月・8月で見積もりに合わせて要件調整をする。9月には役員会議で全体見積もりの承認を取ることになる。2016年3月の大綱時に広げた風呂敷を、現実的な見積もりに合わせて、たたむ作業を実施していくことになる。……と、今でこそ基本設計フェーズの解説をしているが、この当時は「基本設計」なんてやったこともなければ聞いたこともなかった。今思い返すとすべてが初体験で、すべてが新鮮だった。

4月からは、各チーム週2回、1回1時間半のセッションが設けられていた。機能のメイン動線や、主要機能の要件は決まってきているとはいえ、まだまだ詰めるべき要件は山のようにある。検討内容は多岐にわたるが、例えば、システム化コンセプトを設定したり、既存機能の

図 5-1：システム化コンセプトチャート

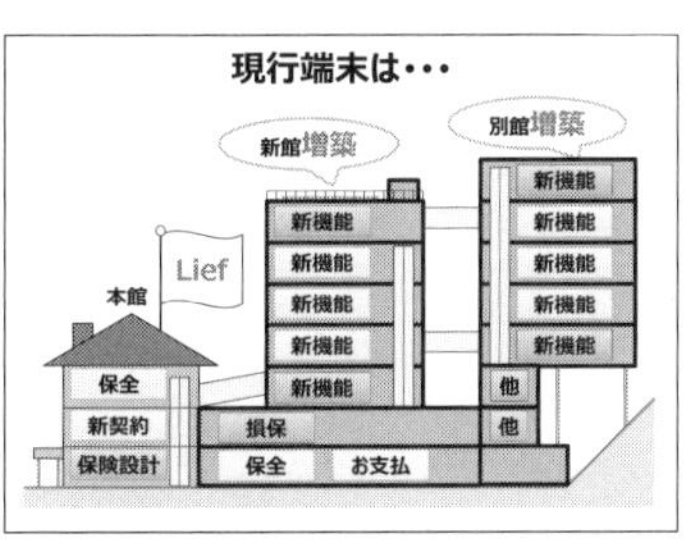

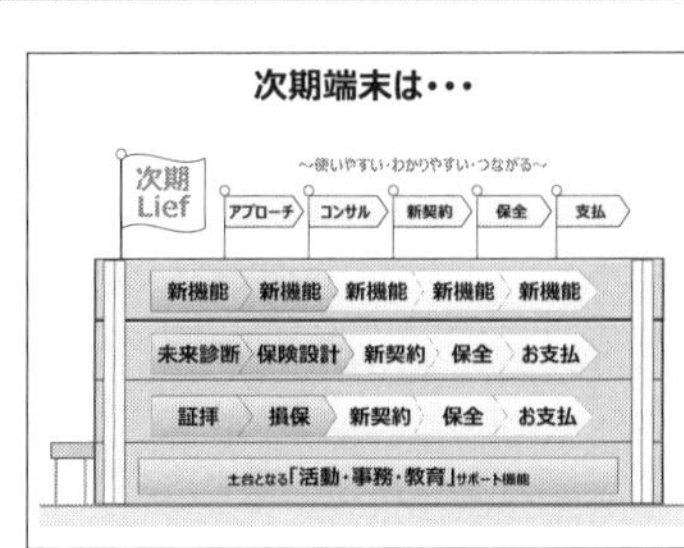

取捨選択方針を決めたりしていた。

システム化コンセプトを作る

現行Ｌｉｅｆと次期Ｌｉｅｆの違いを絵で示した資料を見てもらいたい（図5－1）。

現行Ｌｉｅｆは新しい機能が次から次へと開発されていったため、その機能までたどり着くことが難しかったり、他の機能とデザインが異なり使い勝手の悪いものとなっていたりして、いわば「建て増し温泉旅館」のような状態になっていた。

これでは、「良い顧客体験」が実現できない。

そこで、次期Ｌｉｅｆでは、全体が整っていてサービスの行き届いた、いわば「総合ホテル」のようなものを目指すこととした。

どういうことかというと、お客さまを起点とした機能設計にすることで、どこに何があるのかわかりやすい状態にする。また機能、画面の作成ルールを設けることで、新しく開発された機能でもこれまであった機能と同じ使い勝手、デザインで、ユーザーが使用するときに迷うことのないものにしよう、という考え方である。

「すべてのフェーズで良い顧客体験を」という青空の全体コンセプトを、システム機能の観点で具体化したのが、「建て増し温泉旅館をやめて、総合ホテルになる」というシステムコンセプトだった。

機能操作性を「お客さま起点」へ

このコンセプトをベースに、まず、総合ホテルとして「各機能や情報にアクセスしやすい状態とはどんなものか」を議論した。「良い顧客体験を実現する」ためのシステム内の動線設計である。

現行Ｌｉｅｆでは、まず最初に機能を選び、次にお客さまを選ぶ、という「機能起点」での設計になっていた。

しかし、お客さまを目の前にしてＬｉｅｆを使用することを考えた場合、一番最初に選択するのは「お客さま」であるはずだ。特定のお客さまを目の前にして、何度もお客さまを選択するのは無駄でしかない。

ということで、次期Ｌｉｅｆではまずお客さまを選択する形、つまり「お客さま起点の操作体系」にしようと決まった。

これは、機能そのものを変更しなくても、機能の操作動線を変えるだけで一定の効果が期待できるので、開発する側としても助かった。

機能の「入り口」をキレイにする

とはいえ、既存機能が多過ぎることも「建て増し温泉旅館」状態となっている原因の1つだ。

そこで現行Liefの機能の整理を実施した。ものすごい数の機能だ。同時にその機能へたどり着くための入り口がどこにあるかも調査した。

その結果、機能の重複だけでなく、入り口の重複がひどいことになっているのがわかってきた。

なんと、約300の機能に対して、1000以上の入り口が存在していたのだ。これにはなかなか驚かされた。機能の3倍以上の入り口があるなんて……。

使い勝手を良くしようとあちこちに入り口を設け、「どこからでもその機能にたどり着ける」ようにしたのだが、逆に「機能の入り口が多すぎて混乱する」という状態を生んでいることがわかってきた。

各部門の想いもあり、調整にはかなりの期間がかかったが、パワーポイントでのプロトタイプを使い倒し、具体的なモノを見ながら動線を確認していった。

多くの人の協力を得ながら、結果、機能の入り口の数は約3分の1になった。

機能を「断捨離」する

入り口はきれいになりそうだが、既存機能は300以上存在しており、重複や利用頻度の低いものもあった。

そこで、これまで開発されてきた機能がどれだけ使用されているか、次期端末でも本当に必要かの検討を行った。

そして既存機能を、①なくす機能、②改良する機能、③そのまま移行する機能に分類していく。

①なくす機能は、利用統計から一定の基準に当てはまるものを削除候補とした。工藤が言っていた通り「あったらいいな」レベルのものは、ここで一気に捨てることにしたのだ。移行するコストも維持するコストもバカにならない。

②改良する機能は、利用頻度が低いものや、改善要望の多いものを対象に検討した。だが、

機能の改良は必要最低限に抑えた。前述の通り、操作動線を大幅に変えることで使い勝手を向上させることにしたからだ。機能の中身まで変えるとかえって混乱を招く可能性があると考えた。

③そのまま移行する機能は、残ったものが対象ということになる。結果的に機能数は3分の2程度まで減らしてシンプルにスッキリさせるようにしたのだ。

新機能の要件を詰める

次は、今回から新しく搭載される機能の要件整理である。

これも岡本プロトを使いながら、画面イメージ、操作イメージを固めていく。毎日膝詰めの議論で骨が折れたが、プロトタイプがあったので、なんとかこなすことができた。

そして5月中旬。見積もりに必要なレベルで要件詰めが完了し、ほっと一息つくことができた。

あとは、SLCの見積もりを待つばかり。

■見積もりが爆発している。要件調整に向けた準備［岡本］

そして、6月。SLCから概算見積もりが出てきたのだが、凄まじい金額になっていた。大綱時に大枠で取った予算を大幅に超えている。当初予算の1・5倍だ。正直焦った。追加で予算を取ることは難しいと、大綱のときから言われていたから、少し多めに取っていたはずだった。

にもかかわらず、1・5倍の見積もり？　ありえない。プロジェクトが止まってしまうんじゃないか？　1人で頭を抱える。

（工藤や百田に相談しないと……やばい……）と思ってプロジェクトルームに行くと、いたって冷静な2人がいた。工藤や百田の会話が耳に入ってくる。

「予想通りオーバーしましたね」

「そやな。ちょっと予想より上振れしとるけどな……。まぁでも許容範囲やろ」

「ですね。なんとかなりそうな感覚はあります。要件を削る見通し、立てといて良かったですね」

「そんなん当たり前やろ？『見積もりが出てくるまで、いくらになるのか全くわかりません』なんてガキの使いやないんやからな。先読み先読み、先手先手やで。わはは。これが仕事の楽しいところやしな」

工藤節を聞きながら、感心してしまった。

（そういう感覚か。予算がオーバーすることを予測して、要件を削る算段をつけている。それをやっているから慌てなくて済んでいるんだ。まだ、自分は目の前の仕事をこなすことしかできてない……）

先輩の背中は遠い。

落ち着きを取り戻した私は、百田と一緒に要件の絞り込みにかかる。ＳＬＣから出てきた見積もりを見ながら「絶対に実現したい機能」「当落ラインの機能」「今回は見送る機能」に案件を分類していった。

すると「絶対に実現したい機能」のなかでも、コストや工数がかかりすぎるものも出てくる。そのままでは実現が難しいので、あれこれ工夫して、どうやったら実現できるか検討し、なんとか収めていくことになるのだが、これには開発を担うＳＬＣの協力が不可欠だった。

これは、ＳＬＣを巻き込んだ集中討議で検討することになっていた。集中討議をファシリテートしたのは百田だった。

2016・07・04 要件調整［事業仕分け］の集中討議　［百田］

7月の大阪は、梅雨が明けるか明けないかのタイミングで、とても蒸し暑かった。そんな暑さの中、大阪のSLCでは、外気よりもさらに熱気を帯びた打ち合わせが始まろうとしていた。

「事業仕分け」

民主党政権時代にずいぶんと流行った言葉だが、いつしかこの日の打ち合わせのキーワードになっていた。夢を語り、アイデアを広げ、どう実現するかを相当な熱量をかけて考えてきたが、現実的にはある程度、絞り込みをしなければならない。

引き算による選択と集中

組織において「足し算」の議論は比較的簡単である。それぞれの部門がほしい機能を要望して、それがすべて実現できるのなら誰も損しないからだ。圧倒的に機能が不足していて、右肩上がりの成長時代ならそれで良いこともあるだろう。今は「引き算」、すなわち何にフォーカスするかの見極めが重要な時代なのだ。この引き算は、大きな組織が苦手とする作業かもしれない。

普通にやれば、利害関係者が自分の主張を続けるドッジボールになってしまう関係性を、どうやって納得いく引き算に導くか。それが問われる集中討議だった。

SLCと敵対するのではなく、共にゴールに向かう同志になる

集中討議の冒頭に、SLCのリーダーが口を開いた。

「最初に申し上げておきたいのは、いただいた要件概要をもとに見積もりを積算していくととんでもない金額になるということです。現場のために非常な熱量を持って取り組まれていることとは承知しています。ただ、申し訳ないですが、これが現実だということをあえて言わせてください。我々も期待させておいて、後から裏切るようなことをしたくありませんので」これ自体はシステム開発においてよくある光景だ。

この後に続く、よくある議論は……。

「なんで、こんなコストがかかるのか。ちょっと変えるだけじゃないですか」と住友生命側が不満を表明し、

「いや、影響範囲が非常に広いので、そんなに簡単じゃないんです。また、もらった要件が曖

味すぎます。もっと具体的でないとこれ以上見積もるのは無理です」とＳＬＣが応じるといった、綱引き議論だ。さらに悪い場合は、お互いへの警戒感から、オープンに状況を話そうとせず、交渉のカードを隠したまま、自分たちに有利になるように議論を進める、そういう力学がつい働いてしまうのが組織というものではないだろうか。

だが、今回は違った。

「はっきり言ってくださってありがとうございます。我々も、ゴリ押ししたいわけではありません。『あったらいいね』程度のものは思い切って捨てること。これをやり切れるかどうかが、保守コストも含めて向こう5～6年の姿を左右する。そう思っています」ＳＬＣのリーダーに対して、工藤が応じる。

ＳＬＣのメンバーは表情こそ大きく変えないが、意外な反応に目を凝らしていることが読み取れた。

「あそこで『要らないものは捨てる』とハッキリ宣言してもらってよかった。あれでオープンに議論しようという素地が作れた」

とはＳＬＣリーダーの後日談だ。

工藤の一言がプラスに作用し、お互いに包み隠さずオープンに議論しようという雰囲気が生まれた。ＳＬＣ側からは本当に多くの提案が出た。

「この機能とこの機能は統合できませんか？」

「今のデータベースで使用頻度の低いものは思い切って捨てられませんか？」

「このポータル画面にあちこちからいっぺんに情報を持ってくると、通信への負荷が相当かかります。もっと情報を絞れませんか？」

そして、何にどれくらいの工数がかかっているのかをつまびらかにしてくれた。これが非常に有益だった。そして、工数を絞る上で何を拠り所に判断するかをオープンに議論することができた。

サイドストーリー

ケンブリッジ離脱後の関わり方［榊巻］

事業仕分けの場に、ケンブリッジはいない。だが、青空プロジェクトの状況は逐一キャッチしていた。

ケンブリッジが離脱した後、青空のメンバーはことあるごとに声をかけてくれていたのだ。

「久しぶりにご飯に行きませんか？　その前の時間でサンセットやるんです。ちょっと参加してくださいよ」

「ケンブリッジとスミセイでフットサルやりましょうよ。その前に定例チェックポイントがあるんですが、榊巻さんはちょっと早く来て参加していきませんか？」

なんて、メールをくれるのである。これはなかなかうまいやり方だった。

「定例会に参加しませんか」だと、僕としてはちょっと腰が引ける。目的もなく参加することになるし、そこだけ行っても、どんな価値が出せるかわからない。

「××について相談したいんです」だと、目的は具体的で価値も提供しやすいが、住友生命側も、僕も構えてしまうし、契約関係がないのでお互い頼みづらい。

ところが、

「フットサルがメインです。でも、〝ついでに〟定例会にも参加しませんか」と言われると、ずっと気楽にやれる。僕としても離脱したプロジェクトの経過が見られるのはありがたいし、定例会に参加して気になることがあれば当然、遠慮なくコメントする。

正直、離脱したコンサルのうまい使い方だなと感心した（笑）。

でも、やっぱり住友生命はさすがで、僕が気になるようなことは、たいていうまく対策を考えていた。

①少人数で、計画的に飲む

あるときの、こうした集まりでの話だ。

僕が、「だんだんメンバーも増えてきているので、温度差や距離感に気を付けるべき時期ですね」なんて話をしたら、工藤さんがそっと教えてくれた。

「実はね、ちょこちょこ少人数で飲みに行ってるんですよ。それも、かなり意図的に。小心者なんでね」と。

こぢんまりと少人数で飲みに行くのは、相手から本音が引き出しやすいし、確かに有効だ。

だが、工藤さんのそれは、少し違っていたようだ。

「自分の思いを少しずつ、確実に伝えるために、飲みに行く順番とタイミングを気にしてるんですよ。プロジェクトのカレンダーも意識しながらね。ここで社内承認があって、その手前の意思決定セッションがこのタイミングやろ？　だったら……という感じで」

マイルストンを気にしながら、誰とどの順番で、何を話すか考えながら、声をかけるらしい。すごすぎる。

「たいてい、岡田に最初に話すんですよ。そうすると、岡田がこの後、誰に、どういうタイミングで話すのかを考えてくれる。僕はなんでもすぐに話に行きたがるんやけど、やっぱり順番とタイミングが大事なんだと、岡田がコントロールしてくれる」

多少性格の違う、岡田さんと工藤さんのコンビがうまく機能してたのだ。

「こんなことばっかりやってるから、金がかかってしゃーないねんけどな」と工藤さんは笑っていた。

②自らやってみせ、アンカリングする

また別の日。フットサルで汗だくになった後、一緒に餃子をつまみながらこんな会話をした。

「これから既存機能を捨てたり、将来機能を諦めたりと、難しい決断が多くなってきますね」と。各部署の取捨選択する力が心配だったのだ。だが、工藤さんはすでに対策済みだった。

「そうなんですよ、榊巻さん。でも実は……一工夫しとるんよ。聞いてくれる？」と、いつもの調子で飲みながらのやりとりだ。

「これまでの積み重ねをやめさせるわけやんか？　各部もそれなりの思いがあってやって

るわけで、1つずつ向き合ってたらこっちの身がもたんわけ。だから、ウチの部署が真っ先にやってみせる。『これはなくせないだろう』というものを、まずガサッといく。自分のところで思い切って切り捨ててみせる。自己否定をしてみせるんや」

工藤さんはいたずらっぽい表情を浮かべて続けた。

「そうすると、次に続く部署はそれがベースラインになるやんか。『え？　商品部、そこまでやるの？』ってね。相手に勝手に想像させる。見えない基準を引くんや」

思わず唸ってしまった。さすがとしか言いようがない。

でもこれができるのは、商品部のボスである日下さんが、「自己否定」を許してくれたことが大きいだろうと思う。自己否定できないトップのせいで、大変な忖度を強いられるプロジェクトを、僕はいくつも経験してきた。住友生命、さすがである。

2016・09・15　役員会議——基本設計承認［岡本］

集中討議がある程度うまくいき、裏では工藤さんが秘密工作？　をしてくれていたが、やはり広げた風呂敷をたたむ作業はかなり大変で、役員によっても「これはやってほしい／やらなくてよい」のポイントが違っていることもあり、最終的な調整には時間を要していた。それでも、なんとか要件をまとめ、見積もりをもらい、基本設計の合意を取っていく。
四苦八苦しながら、最終的に役員会議を通過したのは、9月15日のことだった。

まとめ

変革ノート［榊巻］

このフェーズのポイントを2つ整理しておこう。

①見積もりの上振れ対策が命をつなぐ

要件定義や基本設計、開発の段階では、常に見積もりとにらめっこをすることになる。フェーズが進むごとに、少しずつ確度の高い見積もりが出てくることになるのだが、これが全く思い通りにいかない。「思っていたより要件が複雑で……」とか「実は予想してなかった部分に改修が必要になって……」「この機能も絶対に必要だとわかって……」という感じで、初期の見積もりから必ず上振れしていくのである。そのたびに対応に追われることになる。

工藤さん、百田さんのように、これを予期できていれば、事前にある程度対策をすることができる。予備費を持っておくこともできるだろうし、要件に優先順位をつけておいて真っ先に削るものを用意しておくこともできる。

ノープランで楽観視していると岡本さんの様に焦ってしまう、見積もりが出揃ってから慌てて対策を練り始めるので、最悪の場合、プロジェクトが止まる。そして止まった分だけ、さらに費用が膨れ上がるという悪循環に陥ってしまう。

走り始めたプロジェクトにとって、予算対策はまさに生命線になる。

楽観視は即、死につながると考えてほしい。悲観的に見ていても、実際はまだ足りないものだ。

②要件を「絞る基準」が必要

もう1つ、この時期は「あれもやりたい、これもやりたい」という夢を、現実解にそって諦めていくフェーズでもある。予算のこともあるから当然だ。

でも、誰もが夢を諦めたくない。この合意形成は難しい。

ケンブリッジでは、組織横断ですべての要件を見える化し、客観的に要件の優先順位が見えるように工夫している。極力、組織の立場から離れ、全体視点で全員が判断できるようにしているのだ。これをベースに客観的な意思決定ができるようにする。

工藤さんのやり方は、ケンブリッジとは違った方法で面白かった。まず、自分の部署が思い切って夢や過去を捨ててみせる。こうして暗黙の「基準」を作った上で、組織横断ではなく、組織ごとに絞り込みをしてもらう方法だった。

どちらにしても、何らかの「共通の判断基準」を持って要件を整理しないと、不平不満が出て収まらなくなるだろう。

章

開発フェーズ

2016年9月〜2017年12月

システム開発

時間割で会議の枠を決めてしまう［岡本］

２０１６年10月。なんとか基本設計が承認され、いよいよ開発フェーズに入った。この時期のセッションは非常に立て込んでいて、学校での時間割のように枠を設けてセッションを回すようにしていた。

いちいち枠を調整している余裕はまったくなかったので、仕方なくこうしたのだが、これはとても良かった。どこで誰が何をやっているのか見えるようになったし、調整の負荷も相当に下がったと思う。

ＳＬＣメンバーからは、青空プロジェクトの進め方はとても進めやすかったし、モチベーションも高く取り組めたという声を多く聞いた。ＳＬＣがモヤモヤせず、青空に本気になってくれれば、「住友生命はこれに対しては相当なこだわりを持っているから、やり方を変えてでも実現したいことを形にしよう」と自主的に考えてくれる。要件を出す側と、開発する人が同じ気持ちでいるということが、どれだけ大事なことか。今回の青空プロジェクトで実感した。

インタビュー

SLCからの見え方［大東］

青空プロジェクトは、いろいろな面で従来のプロジェクトと異なっていました。

まず、要件が明確で、関係者（部門）間の認識齟齬が圧倒的に少なかったのです。これは、コンセプトが明確だったこと、プロトタイプでイメージを共有していたことが影響していると思います。

加えて、開発側を理解し、尊重しようという雰囲気があったと思っていて、これがすごく良かったですね。

例えば、住友生命は、システム的なハードル（開発の難易度やコスト、スケジュール感など）を、ちゃんと理解しようとしてくれました。

普段は、「システム、とりあえずやれよっ！」って（内部からも）押し込まれることが多いのですが、やっぱりそうなるとつらいですよね。

他にも、システム側のメンバーを尊重してくれていた雰囲気が非常に嬉しかったし、モチベーションアップにもつながってました。「さすがシステム！」とか「なんとかしてください（懇願）」的なコメントをもらうことが多かった案件だったかなと思います。システムは「動いて当たり前」で「コスト高いだけ」と思われている中、こういった雰囲気は、少なからず我々のやる気や、提案意欲を掻き立ててくれました。

また、いわゆるグダグダな会議が少なかったのも印象が良かった。会議のゴール、アジェンダ、議論すべき論点が整理されていて、物事がピシッと決まっていくんです。ちょっとしたことですが、気持ちよく議論できるのはプラスだったと思います。

業務的要件の話は、お任せしていても大丈夫だと、ＳＬＣメンバーは安心感を感じていました。深く検討、議論され、ステークホルダーもしっかり抑えてくれる。こういったことをしっかりやってもらえず、ＳＬＣが振り回されることが多いので、「青空の人ってすごいね」と感動してました。

■青空線表で全体を俯瞰してコーディネートする［百田］

この時期の全体スケジュール管理について触れておきたい。

当然のことだが、開発フェーズになるとＳＬＣ側では機能ごとの締め切りに向かって細かいスケジュールがきっちりと組まれて、追い込みが続く。後々の仕様変更は大きな手戻りとロスを発生させるため、お互いに非常に神経と労力と時間を費やすフェーズだ。

さらに、この時期は開発だけでなく、約１５００の営業拠点への展開計画や、運営計画も詰めていく必要があった。

青空プロジェクトの中でも多くの小プロジェクトが走ることになるし、青空以外のプロジェクトとの連携も必要になる。これまでの構想を作るフェーズとは様相が異なり、多くの小プロジェクト全体を俯瞰し、クリティカルパスを把握し、細かい作業を着実にやりきるマネジメント能力が求められるのだ。

ところがこれが簡単ではない。青空プロジェクトでも苦戦した。最初はチームごとに報告をする形を取っていた。パワーポイントの決められた枠に「課題」と「状況」と「次のアクション」を記載してもらい、進捗定例会で共有していたのだが、どうにも全体像が把握しづらかった。

そこで、「青空線表」という全体スケジュール表を作成しようと思い立った。いわゆるガントチャートによる稲妻線の進捗管理に似ているが、青空なりの工夫をしていた。

青空線表では、タスクではなく、チームごとに主要なマイルストーンを書き込むようにした。他のチームが「今週何をやったか」とか「来週何をやる予定か」などは、本質的にはどうでも良くて、「いつどんな状態になるのか？」が重要だと考えたからだ。

各チームが、期限内に正しい状態になっていれば問題ない。だから青空線表には「いつまでに、どんな状態になっているべきか」を書き込み、チーム横並びで見える化した（週単位で状態を書いてあるチームもあれば、月単位で書くチームもあった）。

こうすることで、

- 各チームがいつまでにどんな状態になるべきか
- それが予定通り完了できそうなのか、遅れそうなのか
- それが達成できないと、どのチームに影響が出てくるのか

を俯瞰して把握できるようになり、関係者全員が同じ視点に立つことが可能になった。そし

て、可視化ができたことで、外部から必要なサポートに入りやすくもなったのだ。

青空線表に助けられた1つの事例を紹介しよう。

2018年の1月に入ると、Ｌｉｅｆ端末を配布する「展開計画」を作っていく作業を行っていた。

配布と一口に言っても、当社には3万人のライフデザイナーに加え、8000人の総合職・一般職員など非常に多くの職員がいる。

だから展開計画を作成する前に、そもそも誰がどの拠点にいて、端末の配布対象となるのか否かを把握しなければならない。そして、職員の職責によって端末のセキュリティ設定が変わるので、配布対象者の職責も把握する必要があった。

この展開計画作りのベースとなる「状況把握作業」は難航を極めた。なんせ数が尋常ではない。

関わっているメンバーの大変さを目の当たりにし、私は「これは相当時間がかかるな。予定より後ろにずらすのもやむをえないかな」と思っていた。

しかし、青空線表を見ていると、「状況把握作業」を後ろの工程にずらしてしまうととんでもない悪影響が出ると気付いた。この「状況把握作業」が完了してから、具体的な展開計画を立てる。そして展開計画が立ってから、教育計画を設計していくことになっており、さらに教育計画をもとに、説明会などの日程を決めることになっていたのだ。

つまり、「状況把握作業」が遅れると、さまざまな検討がドミノ倒し的に遅れてしまうことが明らかになったのだ。

この作業はそれまで裏方のような存在だったが、青空線表を俯瞰することで全体に与える影響が明らかになり、一気に重要タスクとして認知された。

それがわかってからの行動は早かった。状況把握のために個別に現場ヒアリングをしなければならない組織と期日を、逆算スケジュールですぐに決めた。状況把握チームのサポート体制も組んだ。それを青空プロジェクト全体で統一意識を持って進めることができたおかげで、その後は何も問題がなかったように進めることができた。

これが、全体を調整する線表の概念がなく仕事を進めていったら、とんでもなく混乱しただろう。全員が全体を同じように俯瞰することで、自然と回避できたのだと思う。

ツールだけで解決できるほど簡単な問題ではないが、地道に可視化して相互理解を深める取り組みがじわじわと効いていた実感がある。

■進捗確認の定例会［岡本］

ケンブリッジがいたころには週次チェックポイントを毎週木曜日にやっていたが、開発フェーズに入ってからは毎週金曜日に青空進捗会議を10時から1時間半実施していた。

進捗会議のアジェンダは5つに分けられていた。

1. グラウンドルールの確認
2. 各チームの進捗状況共有
3. 横断課題の検討
4. ToDo状況の確認
5. チェックポイント

アジェンダごとの進め方をざっくりと書き起こしておく。

1. グラウンドルールの確認――宣言してもらう

構想立案フェーズの最初に作ったグラウンドルールは、ずっと使われていた。グラウンドルールがあるから「イチ職員として」言いたいことが言えたり、「モヤモヤを残さず」議論を仕切ることができていた。

ところが、あるサンセットの際に「グラウンドルールを忘れてしまうことがある」という意見があったことから、グラウンドルールの活用の仕方を工夫することにした。

各セッションの最初にグラウンドルールをスライド投映して、その日のセッションで最も意識するグラウンドルールを宣言してもらう形にしたのだ。これをアイスブレイカー代わりに毎回行っていた。

スライドを映して、まずファシリテーターが「特に今日気を付けようと思っているルール」を発表する。「4番の不安やモヤモヤを溜めない、に気を付けます」「13番の Have Fun!! で今日も頑張ります！」という感じだ。

そして、各メンバーにもどれを大事にするのか宣言してもらう。「じゃあ次は……曽田さん、お願いします！」「次は……見城さん！」「大阪から……佐藤さんお願いします！」という感じ。

余談だが、ちょっと硬いなーと思う会議では「Have Fun!! の押し売り」をしていた。

図 6-1：グラウンドルール確認スライド

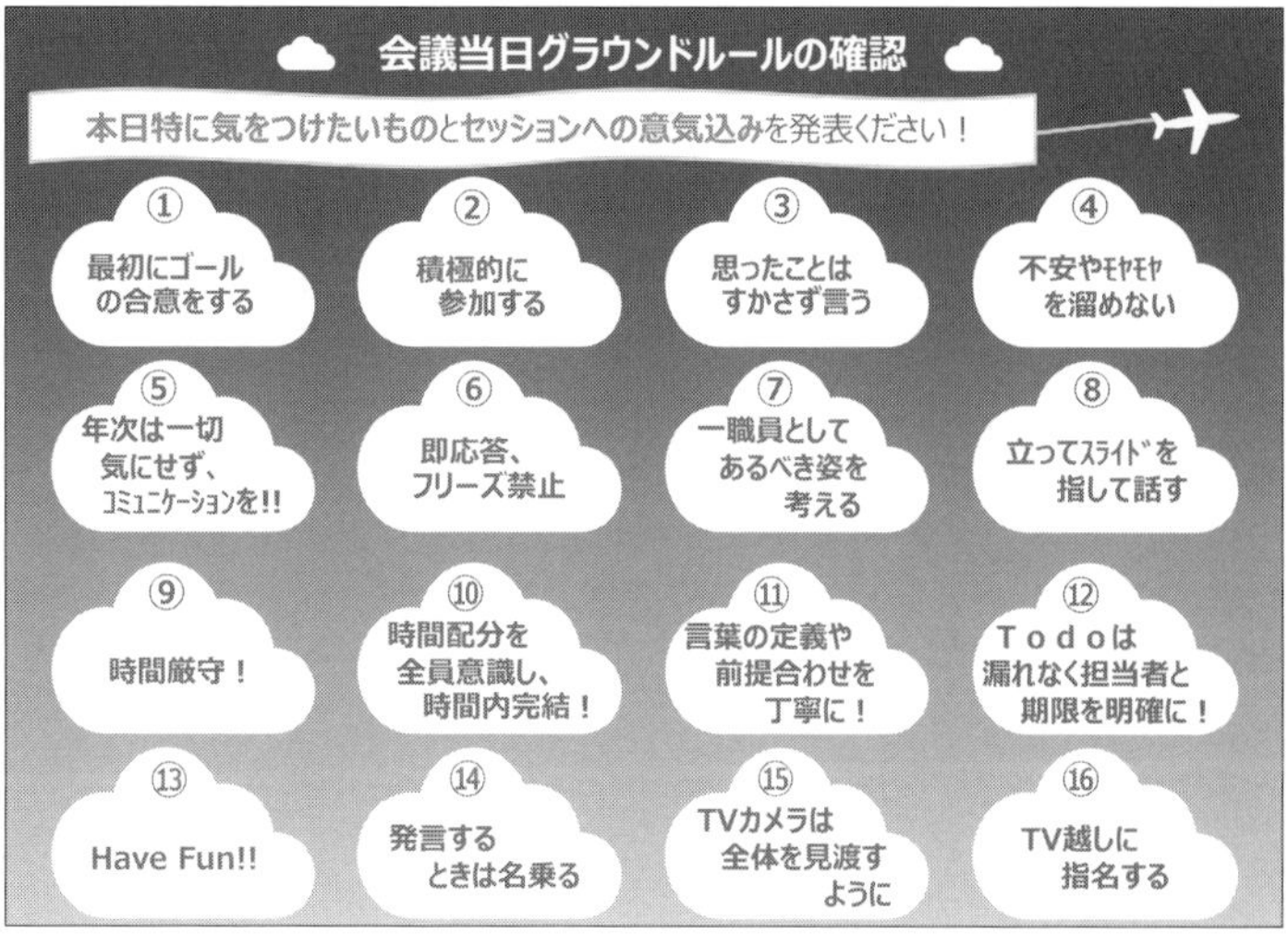

会議当日グラウンドルールの確認

本日特に気をつけたいものとセッションへの意気込みを発表ください！

① 最初にゴールの合意をする
② 積極的に参加する
③ 思ったことはすかさず言う
④ 不安やモヤモヤを溜めない
⑤ 年次は一切気にせず、コミュニケーションを!!
⑥ 即応答、フリーズ禁止
⑦ 一職員としてあるべき姿を考える
⑧ 立ってスライドを指して話す
⑨ 時間厳守！
⑩ 時間配分を全員意識し、時間内完結！
⑪ 言葉の定義や前提合わせを丁寧に！
⑫ Ｔｏｄｏは漏れなく担当者と期限を明確に！
⑬ Have Fun!!
⑭ 発言するときは名乗る
⑮ TVカメラは全体を見渡すように
⑯ TV越しに指名する

誰かに意識するグラウンドルールを宣言してもらったら、「えーっと、Have Fun!! も意識しますよね？ ね?!」と半ば無理やり言わせるのである。

皆、苦笑いしながら「そうだね、大事大事（笑）」「出た！ 押し売り（笑）」なんて言ってくれる。楽しむことを強要しているのが、状況として面白く映るらしい。だが、これで不思議と柔らかいフラットな雰囲気が生まれ、参加者全員が顔を上げて前を向いて進捗会議に入っていけるようになった。

今でも榊巻さんに会うと、「榊巻さん、Have Fun!! できてますか?」と押し売りしてしまう（笑）。

ついつい「額に入れて大事にしまっておく」ことになりがちなグラウンドルー

ルだが、こうしてセッションの最初に毎回確認するだけで、かなり意識が変わる。

2. 各チームの進捗状況——青空線表で全体感を押さえる

各チームの進捗状況については、百田が作成した「青空線表」で確認していた。各チームが青空線表を指差しながら、今何がどれぐらい進んでいるのか（遅れているのか）を報告していく。その後、各チームの詳細状況をパワーポイントで確認する運用にしていた。特に気を付けたのは、「やったこと」を報告するのは最低限にとどめ、「遅れがあるのかないのか」「課題やリスクは何か」「それに対する打ち手は適切か」といったことに集中することだった。

3. 横断課題の検討——1週間以上持ち越し禁止

各チームで収まらない課題が発生した場合は、この枠を使って検討していた。例えば、端末本体のことや、全体の運用面のこと、また他チームに影響が及ぶような課題が該当する。ここで工夫していたのは、問題が1週間以上持ち越されないように運営していたことだ。この枠内で解決しなかったものは、どうしてもそのまま放置されがちになる。これはプロジェクトにとってリスクであり、大きなロスになると考えた。だから、「1週間以上の持ち越し禁止」というデッドラインを明示的に設けてさばくことにしたのだ。かなり大変だったが、やって良かったと思う。全員が強烈に期限を意識することになり、スピーディな意思決定ができたと思う（ただし、今解決しなくてもよいものや、解決できないものはこのルールの対象外にしていた）。

4．ToDo状況の確認——全員でToDoを気にする

エクセルの一覧表で各メンバーのＴｏＤｏを管理していた。

進捗会議で一覧表を棚卸しし、遅れているものがないかチェックする。さらに、ＴｏＤｏを消化した結果を共有してもらっていた。

5．チェックポイント——定例会を成長の場にする

チェックポイントでは、進捗会議で挙がったＴｏＤｏや課題を確認するのはもちろん、その日の進捗会議の良かった点、悪かった点、モヤモヤはないかをファシリテーターが確認していく。

特にファシリテーターやスクライバーに対して、良かった点・悪かった点のフィードバックをもらえるも良かったと思う。進捗会議のファシリテーターやスクライバーを、ローテーションで回す仕組みも取り入れた。

もちろん年次や役職は関係なく、全員フラットにローテーションする。フィードバックも年

次関係なく行うことでチームとしての一体感を保つことができていたように感じる。

2017・02・17 プロトタイプウォークスルー［岡本］

2016年10月から設計をスタートさせて4カ月。かなり機能要件が詰まってきた2月中旬。この日は、大阪で集中討議を実施した。

今回のお題は「全体ウォークスルー」。新端末も新環境もできあがっていない中ではあるものの、全機能の動線と、業務上の使い勝手を確認するためのものだ。

使われたのは、ここまでで市民権を得て「岡本プロト」と名前がついたパワーポイントのプロトタイプ。この時点でパワーポイントは700スライドぐらいになっていた。いくつか業務シナリオを作り、パワーポイントのプロトタイプを操作しながら実際の動きを確認していく。

全体ウォークスルーの集中討議では、自分の担当している機能はもちろん、他の機能も頭に入っているため、方々から「この機能ってどんな使い方？」「ここからここの動線ってどうなっている？」などいろいろと聞かれては答えていた。

ウォークスルーによって、各機能の課題はもちろんのこと、動線の課題や、デザインや操作性の違いによる課題もあぶり出せた。

機能単体の使い勝手だけでなく、L・i・e・f全体としての使い勝手を考える機会を明示的に設けた成果だ。丸2日かけた長丁場の討議だったが、大きな価値があったと思う。

まさか、あのときの1つの思い付きが、プロジェクト全体に影響を及ぼすものになるとは思ってもみなかった。

システム開発は、できあがってみないとわからないことが多い。そのためにも早い段階からプロトタイプで使い勝手を測っておくことは重要であり、今後の端末更改プロジェクトには欠かせないプロセスであると感じた。

備品仕様・運用設計

人材確保か、人材育成か［榊巻］

久しぶりに岡田さんから連絡をもらった。

「青空を卒業することになったんや。大阪に戻りますわ」別の大型プロジェクトに引き抜かれた形らしい。他にも当初からいたメンバーも何人か抜けるとのこと。

思わず声を上げてしまった。「え？　プロジェクト大丈夫ですか⁉」

岡田さんは軽く笑って言った。「大丈夫やろ。もう俺たちがいなくても回っていくよ」

毎回、青空プロジェクトには驚かされる。こうした変革プロジェクトで、リーダー級が次々と抜けていくなんて全く考えられないことだった。プロジェクトリスクとして「異動」を取り上げ、役員に人材の留置を交渉しにいくくらい、普通のプロジェクトでは人材確保が生命線になる。

次々と人が抜けていくのに、青空プロジェクトが問題なく進行していったのは、人材育成がうまく機能していたからなのだろう。

4章で触れたように、若手は目に見えて伸びていった。特にこの時期からは、本格的に若手が中心のプロジェクトになっていったようだった。

■端末の外観・備品や配布対象［岡本］

ここまで、端末の機能や、良い顧客体験の実現方法の話をしてきた。

確かにそれが開発プロジェクトとして一番の目玉ではあるが、他にも大事なことがある。画面デザインや端末の外観、端末に付属する備品などである。

これまで中身についてこだわり抜いて作ってきた次期Ｌｉｅｆだが、最終的に見た目や備品が悪くては、現場のライフデザイナーは気持ちよくＬｉｅｆを使えないだろう。

この時期に詰めるべきテーマは山のようにあるが、プロジェクトマネージャーがすべてを見ることは不可能だった。それぞれのテーマで頑張ってくれる人がいて、その人を信頼して任せる。それぞれが、それぞれの持ち場できちんと仕事をする。その積み重ねがなければ、前には進めないのだと肌で感じた時期だった。数あるテーマにはそれぞれ、若手がリーダーとして当てられていた。工藤や百田が「任せてくれた」と言っても良い。

端末の画面デザイン

今までは、機能を所管する部署が好き勝手（良い意味で）に、機能を作成していたので、現行のＬｉｅｆは画面や機能によってボタンの種類や画面デザインなどが異なっていて、統一感のない仕様となっていた。それゆえ、端末操作に慣れるのに時間がかかるなど、使いづらさを助長してしまっていた。

そこで、開発にあたりデザインルールを標準化することにした。端末は、リリースされた後

図 6-2：新旧 lief のデザインの違い

旧画面（Liefメニュー）

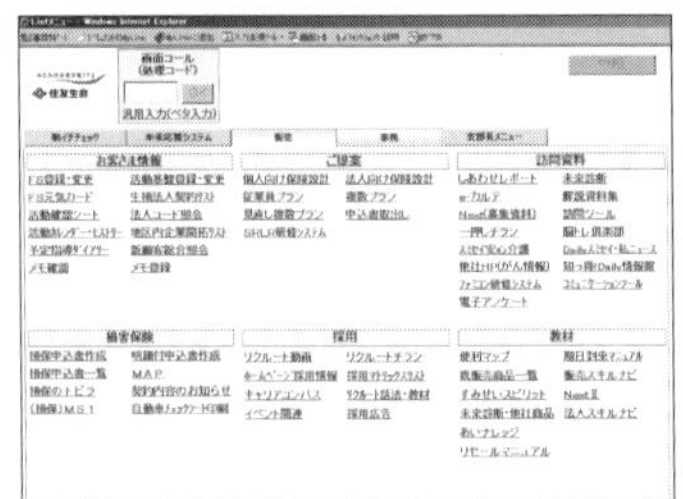

旧画面

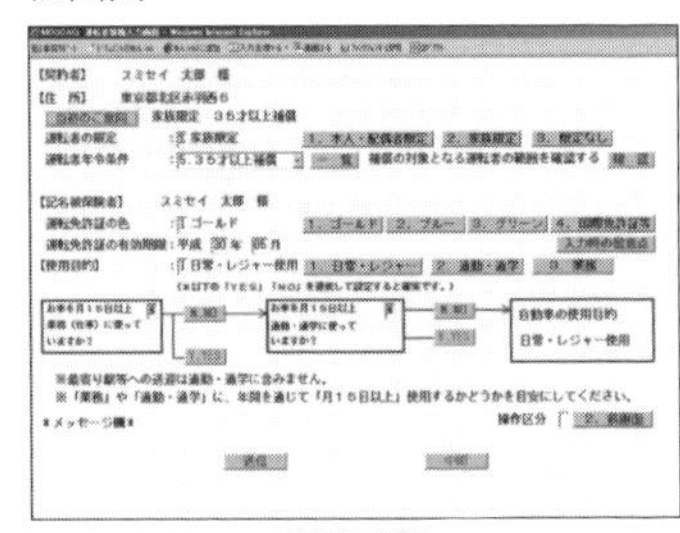

新画面（業務メニュー）

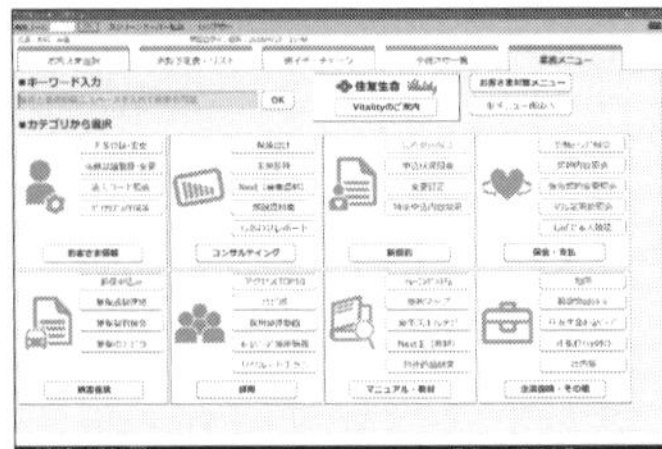

新画面

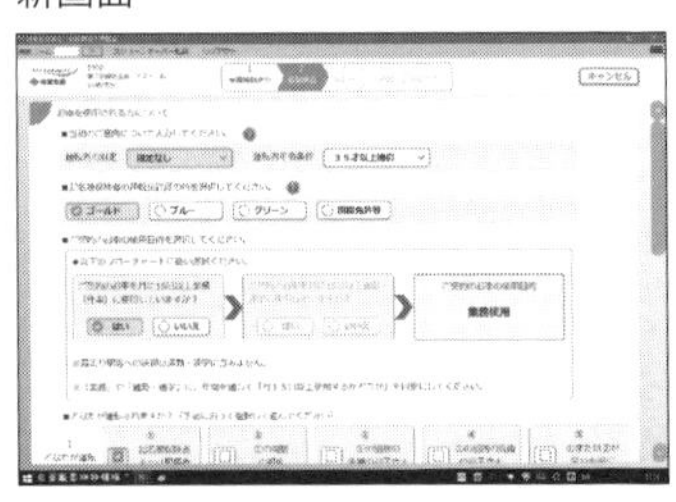

ほんの一例だが、統一感があるのがわかる

も逐次開発が続けられていくので、ルールを決めておかないとすぐにバラバラな見た目になってしまう。統一ルールに則って開発していけば、追加開発をしたとしても統一感のある画面や操作性を作り出せる。

開発時点でルール化したことは、多岐にわたる。

- 文字のサイズは○ポイント
- ボタンのサイズは○ミリ
- ボタンの種類や色は決められたものを使用する
- ボタンとボタンの間は○ミリ以上の間隔を空ける　など

図6-3：新旧デザインの違い

旧端末は無骨なデザイン。右が新端末。ピンクゴールドでスマートな印象

これを取りまとめたのは、これまで営業現場でずっと活躍してきた首藤と、商品部で設計画面などを開発してきた長澤の女性コンビだ。ライフデザイナーのほとんどが女性であるため、女性目線のデザインや使用感を大事にしてルールの策定を実施した。

より重要なのが、今後出てくる新機能に対して同ルールをしっかりと運用していけるかどうかである。ここがきちんとしていないと、再び「建て増し温泉旅館」状態になってしまう。青空メンバーがＬｉｅｆに携われなくなった後も、会社にこのルールの存在をしっかり残して運用してもらえるように、思いを引き継いでいくことも我々にとっての大きな使命であると思っている。

端末の外観

端末は外観も大事だ。

現行Ｌｉｅｆは黒ベースで、大半が女性であるライフデザイナーが持ち歩くのには何分似つかわしくない無骨なデザインであった。また、重かったり、バッテリーの持ちが悪かったりと、外に持っていきたくない気持ちになってしまう理由が数多くあった。

重さやバッテリーなどは、情報システム部とベンダーが密にやり取りして改善してもらい、端末のデザインは女性に似合う「ピンクゴールド」を採用することにした。

ここのリードは森岡である。

電子ペン

電子ペンもこだわったポイントだ。ここを担当していたのは、情報システム部に途中から異動してきて、青空メンバーに加わった辻本だ。

電子ペンは端末の画面フィルムとの相性もある。書き心地の良い組み合わせはどれか。青空メンバー全員に試してもらってヒアリング。

「このペン先とフィルムのペアだと滑ってしまう」「今度は逆に引っかかりすぎて書きづらい」など、実際に書いて試すことを繰り返し実施した。ある程度固まった後には、実際にライフデザイナーに試してもらうなどして意見を集約し、決定していった。

端末のカバー

ここの担当も辻本だ。

カバーに電子ペンを差しておける輪を付けてもらったり、カバーがパカパカと開かないよう、マグネットやマジックテープで止める工夫をしたり。現場の使い勝手を考えた工夫が施されていく。

一方で、端末のカバーの色の検討は議論を呼んだ。検討を重ねた結果、Ｌｉｅｆ更改後1カ月後に販売される新商品の「Vitality」マークの入った赤いデザインのものとなった。

端末の保守運用ルール

保守運用ルールも決めていかなければならない。故障時は誰が費用負担して新しいものを提供するのか、ペンが壊れたときはどうするのか、などなど、細かい業務運用ルールを決めていかなければならない。

ここの担当は、商品部の鳥居だった。

こうして、各領域で若手（今振り返ると、全員20歳台の若輩者だ……よく任せたなと感心する）に検討リードを任せ、中堅メンバーが全体に目を光らせ、バックアップする体制とすることで、なんとか稼働に向かって走っていった。人材が不足するなか、若手がリードできたのはプラスだったと思うし、任された側は明らかに生き生きと仕事をしていた。

まとめ

変革ノート［榊巻］

基本設計フェーズ以降、システムを作る人々がどんどん増えていく。こうなると、全員のタスクを一挙手一投足レベルで管理するのは不可能だ。青空プロジェクトでは3つのやり方で乗り越えていたように思う。

①進捗管理ではなく、状況の見える化を

この時期に必要なのは、ガチガチの管理体制ではなく、状況を見える化し、各自が自分で動ける状態を作ることだと思う。

ガチガチの進捗管理だと、定形フォーマットで進捗報告をして、遅れの原因を追及され、再発防止を迫られる。そんなよくあるプロジェクト管理の姿だ。これがまったく不要だとは言わないが、それよりも、見える化が有効だと思うのだ。進捗だけではチームの状況は見える化されない。

例えば、チーム内の「ToDo一覧」「課題一覧」はもちろんのこと、「決まったこと一覧」「これから決めること一覧」「モヤモヤ一覧」などが状況の見える化に有効だ。

加えて自分のチームの状況だけでなく、各チームが全体を俯瞰できるような何かが必要になる。今回でいうと、百田さんが作った「青空線表」がそれに該当していた。

全員が同じものを見て、同じように状況を把握できる仕掛けが、これからのプロジェクトには必要なのだろう。

②作業を任せるのではなく、オーナーを任せる

「作業」を依頼すると、問題なく作業をしているか監視し続けないといけなくなる。そうでなく、自律して仕事を回せるようになってもらいたい。そのためには小さな領域で良いので「オーナー」を任せるのが有効だ。

青空プロジェクトでは実にそれがうまかった。個人のモチベーションに火をつけ、検討領域を丸ごと、オーナーとして任せていった。

これは、①で紹介した「状況の見える化」とセットだからこそ機能するやり方だ。領域を任せたものの、ガチガチの進捗管理をされ、少し遅れたら原因を追及される。そんな状況だったら、きっと任された側もモチベーションが続かないだろう。

③「私心がないところで結果を出すやつ」に任せる

前記2点を実現しようと思うと、正直、人を選ぶ。「オーナーを任せる」というのは言うほど簡単なことではなく、素養のある人材を引っ張ってこないといけない。

青空プロジェクトがあまりに良い人材を引っ張ってくるので、秘訣をこっそり工藤さんに聞いてみたことがある。どういう観点でメンバーを引っ張っているのか？　と。工藤さんの答えは明快で面白かった。

「通常、強い『思い』があるやつを選んだりするやろ？　せやけど自分はむしろ、『私心がない』ところで結果を出しているやつを探してんねん」

「え？　どういうことですか？」

「私心、つまり『自己利益の探究心』とか『我の強さ』があると、それはそれでそれなりの結果が出るやん？　だけど、青空全体で結果を出すためには、周りの意見を聞き、取り入れて、自分の中に取り込んで行動していくやつが必要や。つまり、愚直に目立たないことでもきちんとやれる人材に光を当てる。そういうやつの心に灯がつくと強いで」

毎回、工藤さんには感服してしまう。

「加えて、違和感を持てるやつ、感じることができるやつを選んでいるんや。『いや、それは違いますよ工藤さん』と言えるかどうか。こういう人材がだんだんとホンモノになっていくんや」

なるほど、思いがある人間を引っ張ってくるのはよくある話だが、こんなやり方があったとは。これを聞いて、工藤さんが岡本さんに分析の仕事を振っていたのは、これをチェックしていたんだと思い当たった。私心のないところで結果が出せるか。仕事に少しでも自分から踏み込んで、何かを感じることができるかどうか。なかなか奥が深い。

7 章

テストフェーズ

2018年1月～5月

3つのテスト

2018・01・09 3つのテスト［百田］

年が明けた1月。稼働まで約半年という時期。ＳＬＣ・住友生命双方のシステム検証も佳境に入ろうとしていた。

検証内容は大きく分けて3種類あった。

システム機能検証

1つは、個別機能の検証。

機能ごとの単体業務テストであり、1つの機能が機能として成り立っているかをチェックするテストだ。

非常に多岐にわたる機能を新しい環境に合わせて更改したり、新たに作ったりしたため、相当な数の検証が必要になった。テストケース数は約12万ケースにのぼった。

これは、計画を立てて粛々と検証していくしかない。

業務シナリオ検証

もう1つは、「業務シナリオ検証」と呼称したものだ。

個別機能から別の機能に移動し、また元の機能に戻ってくる、なんて動きに不具合がないかをチェックするものである。以前実施したプロトタイプでのウォークスルーと似ている。お客さま情報のメンテナンス、契約内容の照会、アフターフォローツールやコンサルティングツールの呼び出しなど、お客さまを起点にさまざまな個別機能に展開することが想定され、同じデータソースを同時に参照するなど、機能間で相互に結びついている部分も多かった。

いわゆる統合テストはSLCでも検証してくれるが、「良い顧客体験」を提供するに足る操作性が担保されているかどうかは、ユーザー部門である我々の責任として検証しなければならない。そのシナリオを1700本作り、検証にあたった。

また、血の通った業務シナリオ検証になるように、ライフデザイナーの実際のシチュエーションも意識して実施した。例えば、お客さまと立ち話をしているのか、着座して説明しているのか、中腰なのか、日差しの明るいところなのかといったシチュエーションだ。また、普段よりも、急いでいる、疲れているといった状況も想定しながら、検証を進めた。

こうした業務シナリオ検証では、単純な「システムバグ」で修正が必須なものと、「業務上、できれば修正した方が良い」というものが混在して発見されることになる。このタイミングでの要件変更は相当な労力がお互いに必要になることもあり、対処の判断が難しい。手間は掛かったが、こうした検証がスムーズな本番稼働につながったという確かな手応えがあった。

画面レスポンス検証

3つ目は、システムの反応速度をチェックするテストだった。

画面が切り替わるときの速度、データを表示するときの速度など、端末の操作性に大きく関わる検証だ。間違っても現行Ｌｉｅｆより遅くなるわけにはいかない。だが、この検証で致命的な問題が発覚する。

画面レスポンス事件

2018・02・02 画面レスポンス事件——問題の発覚［百田］

この日、ユーザー部門による画面レスポンステストを実施した。

そして、画面レスポンスが致命的に遅い事象が発生していた。現行のＬｉｅｆよりずっと遅い部分もあった。この結果を見たときに、一瞬目の前が真っ暗になった。機能や動線を大きく作り変えたため、情報処理の負荷が非常に高くなっている可能性がある。もし、そうだとしたら……。場合によっては機能を根本から作り直さないといけないかもしれない。そんなことが頭をよぎる。

だが、最もまずかったのは、住友生命とＳＬＣで、明らかにレスポンスに対する期待値に乖離があることだった。

よくある発注元とベンダーの関係なら「ＳＬＣにレスポンス改善を指示して、上から圧力をかける」というような強硬手段に訴えることもあるだろう。でも、それではうまくいかないと考えていた。

真摯に事実と期待値を共有・交換して、共通のゴールを定め、次のアクションに合意するところまで持っていかないとダメだ、と。そもそもなんのためのＬｉｅｆなのか、そのためにレスポンスは具体的にどんな状態を目指すべきなのか、レスポンスがどんなシーンで問題になるのか、こんなことを共通認識としなければならない。

ゴリゴリのレスポンスチューニングを始める前に、きちんと合意形成してワンチームで解決に当たれる状態を作りたかった。そして、みんなこの考えに賛同してくれた。

一方で、自分自身は、他にもかなりの量の課題や検討事項があり、すぐには動けない状況に追い込まれていた。ここで動いてくれたのが岡本だった。

身動きが取れない私の代わりに、アジェンダや資料を組み立て、何度も相談に来てくれた。岡本に助けられ（というか半分追い立てられ）、なんとか集中討議を開催することになった。

2018・02・19　画面レスポンス事件――集中討議［岡本］

朝から我々のホームであるプロジェクトルームで、百田と私が準備をして待っていた。

百田は、「今日はどうしても必要なので、あの人を呼んだんだ」と言って私を驚かせた。プロジェクトの途中で抜けてしまった、岡田だ。

久々の岡田、百田コンビ。この2人がいれば何とかなるのではないか。そう期待させる2人だった。

そして、大阪からSLCメンバーがやってきた。皆一様に表情がさえなかったように思う。長旅の疲れか、はたまた、佳境に迫ったこの時期に何を話すんだ、という思いがあったのか……いよいよ1日がかりの集中討議のスタートだ。

共に目指すゴールをハッキリさせる

まずは、アイスブレイカー。

次期Liefのコンセプト、何のために、誰のためにこの端末を更改するのかが伝わる「コンセプト説明動画」というのがある。動画作成の得意なメンバーが、いつの間にか作ってくれていたものなのだが、これまで何度も流してきた。

「コンセプト説明動画」を全員が真剣に見ていた。最後まで見終わると百田は言った。「今日これを流したのは、自分たち全員が何を目指しているのか、何のため誰のために新端末の開発をしているのかをもう一度思い出すためです。この共通の目的をどうやって達成していくか……。同じ立場で一緒に考えたいんです」

このやりとりで、全員が集中討議に入っていける状態になった感じがした。ファシリテーターの百田が前に出る。

「さて、皆さん。まずはレスポンスに対してのご意見を付箋に書いてください。いくつでも構いません。意見はなんでも構いません。自由に思うことを書いてください」そう言って、付箋を配る。

ここで感動したのが岡田の姿だった。百田が集められた意見を貼りながら進め方を考えている間に、貼られた付箋をスムーズにグルーピングしていくその姿は、まるで百田と何時間も今日の集中討議の打ち合わせをしていたかのようだった。

「現行よりはレスポンスを良くしたい」
「今の段階からレスポンスを上げるのは正直難しい」
「機能を多くしているのがレスポンス悪化の原因だ」
「現行比でも遅いのはなぜなのか」
「どんなに遅くても画面遷移に10秒は待てない」いろいろな意見が出ていた。

これらの意見から、まずは共通のゴールを作ろう、ということになった。やはり明確なゴールなくして話は進んでいかないからだ。そして議論を深め、「レスポンス（画面遷移にかかる時間）は3秒を目指す」と仮決めした。

阻害要因の切り分け

次に、ゴールに対して、現状どれだけ遅いのか、実態の確認に入る。

現行Ｌｉｅｆから、機能を絞ったり部品を標準化したりして各画面を軽くしてきた。またネットワークも現行端末より格段に接続しやすくなっている。にもかかわらず、現行端末と比較して、レスポンスが遅くなっている部分も出てきていた。現行Ｌｉｅｆより遅くなってしまっては、とても運用には耐えられない。

確認の結果、どこがどの程度遅いのかはわかった。続いてＳＬＣの知見をベースに、原因を探っていく。

「この画面は画像の量が結構ある」

「これは裏のロジックで計算が走っている」

「ここは、おそらくこれが原因……」

しかし、どう原因を深掘りしても、現行端末より遅くなるとは考えづらかった。解決の糸口が見いだせずに時間ばかりが過ぎていく。

15時。検討が泥沼にはまっていた時間帯。

ふと、誰かが、

「テスト環境の回線は……、かなり細いですよね？　もしかして回線が悪さをしている、ってことは……ないですかね？」と言い出した。

言われてみると確かに、「現行Ｌｉｅｆは本番環境」「次期Ｌｉｅｆはテスト環境」で動作を比較していた。次期Ｌｉｅｆの本番環境は存在しないので、本番環境同士の比較はできない。しかし、現行Ｌｉｅｆも次期Ｌｉｅｆも、同じテスト環境で比較したら何かわかるかもしれない……。

この状況で、青空チームの動きは早かった。プロジェクターを2つ並べて、一方は現行Ｌｉｅｆ、もう一方は次期Ｌｉｅｆを接続する。どちらもテスト環境にセッティング。これで同じ画面を映してみた。するとどうだろう、次期Ｌｉｅｆの方が格段に速いのである。

これで、テスト環境がレスポンスに影響を与えていることはハッキリした。だが問題は解決していない。単に「テスト環境では、本来のレスポンスは測れない」ということがわかったに過ぎないからだ。

次の課題

次にやるべきことは、「まだ存在しない本番環境下で、次期Ｌｉｅｆが期待したレスポンスを発揮できるか」を確認することだった。

この禅問答のような状況に、住友生命メンバーは一瞬頭を抱えた。本番稼働まであと５カ月。

もし、本番稼働後に、レスポンスが出ないことが発覚したら大変な騒ぎになる。３万人のライフデザイナーと、そのお客さまに甚大な迷惑がかかってしまう。

なんとしても、本番環境でレスポンスが問題ないことを確認しなければならない。しかし、その方法がわからない。本番環境は存在しないのだから……。

そのとき、ＳＬＣの責任者が口を開いた。

「レスポンスの問題は……本来我々ＳＬＣが解決すべき問題です。でも、住友生命が集中討議を開催してくれました。各部がこれだけ必死に解決しようと、全社一丸となれることに感動しました。そして皆さんのおかげで、問題は特定できた……」

稼働まであと５カ月を切っていて一番キツイはずのＳＬＣは、本当はこんな集中討議などやっている時間も惜しいはずだった。

だが、彼は力強く言った。「後は我々に任せてください。ここからがシステムの腕の見せどころです」

――利害を超えて、真にチームが1つになった瞬間だった。

この後、ＳＬＣは、本番環境に限りなく近い、疑似環境を作り出してくれた。

そこで無事、十分なレスポンスが出ることが確認されたのだ。

まとめ

変革ノート［榊巻］

画面レスポンスの問題は、岡本さんからリアルタイムで聞いていた。青空プロジェクトらしいやり方で切り抜けたものだと思った。

百田さんが書いている通り、従来通りのやり方を選択することもできたはずだ。基準を決めて、ＳＬＣに丸投げ、あとは圧力をかける。トップダウンの圧力型の進め方と言ってもいい。

だが、百田さんが選択したのは、問題意識を揃え、目標を共有し、一緒に解決策を探していく、いわばボトムアップの合意形成型の進め方だった。

この2つはどちらが正解／不正解、優れている／劣っているという話ではない。不祥事などのような緊急対応時にはボトムアップの合意形成などしている暇はないかもしれない。

ポイントだと思うのは、状況に応じて2つを使い分けることであり、両方の選択肢を持っておくこと。従来型のやり方しか知らなければ、選択肢は1つしか存在しないことになる。

8章

移行・教育フェーズ

2018年1月～6月

■移行・教育フェーズの大切さ［榊巻］

時間は少しさかのぼるが、開発やテストと並行して、移行・教育フェーズが走っていた。大きく4つの要素がある。

- データ移行

　旧端末に溜まっているデータを新端末に移す仕事だ。膨大な過去データをどこまで新端末に持っていくかを決め、実際にデータを引っ越しさせるのがデータ移行である。

- 業務・システム移行

　旧業務から新業務へ切り替える計画を立てなければならない。どのタイミングから新しい端末で仕事をするのか、という話が業務・システム移行だ。

- ユーザー教育

　さらに、ライフデザイナーが端末を使いこなせるように操作説明をしたり、マニュアルを作成したりする必要もある。これが「ユーザー教育」に該当する。

- 社内広報

　また、青空プロジェクトの取り組みを社内に周知するのも大事な仕事になる。社内での注目度が高い方が、教育などがぐっとやりやすくなるからだ。

もともと、構想立案フェーズで、「浸透教育のプロセスに問題がある」と議論されていただけに、ユーザー教育と社内広報は青空プロジェクトにとっては重要なテーマだった。

実際、稼働の1年前から少しずつ準備を進めていた。

全社への報告

1000人の前で、次期Liefのプレゼンをする［岡本］

2017年5月初め。開発の真っ只中のことだった。

誰もが目の前の仕事に溺れそうになっていたとき。ある定例会で工藤が言った。

「そろそろ、全社に向けて情報発信をしていかんとな」

正直思った。（え？　稼働まで1年以上あるのに？　しかも目の前の開発で手一杯なのに？）

「開発で忙しいと思うけど、だからこそ、外にも目を向けるタイミングやと思う。現場に向けて説明して、生の反応を実感しにいこうや。システム作りにばかり夢中になっとったらあかん。誰のために青空プロジェクトがあんねん？　ライフデザイナーやろ？」

工藤がニヤリとする。こういうときは、決まって悪巧みをしているときだった。

「8月に全国の優秀営業所長の表彰会があるやろ？　全国から1000人の所長やライフデザイナー、加えて役員全員も参加する『グロリアス』ってイベントや」

「あ、ありますね。雲の上の人たちの会ですよね……」誇張ではない。全国3万を超えるライフデザイナーのトップが集まる会だった。役員までセットになっている。普通の人は会場に入ることさえできない。もちろん私は参加したことなどない。

「まぁそうやな。そこで次期Ｌｉｅｆの話をバーンと打ち出そうと思う。コンセプトを説明して共感を引き出したい。青空プロジェクトをライフデザイナーのトップたちが認めてくれれば、今後の全国への展開が相当に楽になるはずや。それに、俺たちとしても『間違ってなかった。これで良いんや』って手応えがほしいやん」

もちろん異論はなかった。だが、ここで終わらないのが工藤だった。

「俺は若手に説明してもらうのが一番ええと思ってる。岡本、お前がリードしてくれるか？発表資料のシナリオ作りや、資料作成、当日のプレゼンもな」

一瞬めまいがした。この人は本気なのか？　1000人が集まる場で、私に話をさせる気なのか？　しかもライフデザイナーにとっては、初めて次期L・ief の話を聞くタイミングだ。「重要」なんて言葉では表現できないほど、大事な場であるはずだった。ここでコケたら大変なことになる。でも工藤の期待を裏切るわけにはいかない。

「りょ、了解しました……」

ここからは、常にプレゼンのことを考えていたように思う。プレゼンターは若手5人と工藤の構成ですぐに決まったのだが、資料の中身で、かなり悩んだ。これまでの青空の考え方らしく、「自己否定＝今のL・ief はここが良くない、だからこう変わります」という展開を考えた。これまでは良くなかったと本社の人間が認めて受け入れ、そこから変えていくという考え方だ。

だが、これは社内で結構な議論になった。プロジェクトチームや本社部門が強烈な自己反省を持って取り組むのは良い。だが、今のＬ：ｉｅｆを否定してしまったら、そのＬ：ｉｅｆと共に働いているライフデザイナーはどんな気持ちになるだろう？

「使いづらいＬ：ｉｅｆで仕事をさせられている」、と感じるんじゃないか。

そんな葛藤があった。

青空メンバーでの激論の末、否定感をなくし、「こうなったら良いなと思っていませんか？次期Ｌ：ｉｅｆではこう変わります！」という感じでいくことにした。正直、「伝え方」でこんなに悩むとは自分でも驚いた。どうしたら最もうまく伝わるだろうか？　ライフデザイナーはどんな風に感じるだろうか？　そんなことをずっと考えていた。これは工藤に任された「作業」ではない。私がやりたい「仕事」なのだと思った。気付けば何度も何度もプレゼンの練習を重ねていた。

2017・08・25 グロリアス——優秀営業所長の表彰会［岡本］

当日、全国の優秀所長たちが続々と会場入りしてくる。

すごい人数の人たち。そして、１０００人のライフデザイナーに向かって工藤がゆっくりと

図1：グロリアス当日の写真

話し出す。

「皆さん、ご入賞おめでとうございます。今日は次期Ｌｉｅｆについて説明します」多くのライフデザイナーがメモを出したりして、目を輝かせながら工藤の話を聞いているのがわかる。

工藤のパートが終わり、私の番だ。「今のＬｉｅｆは、どの画面でもお客さまを指定しないといけませんよね？　毎回、契約番号やお客さま番号を入力している。１度選択して、後は入力せずに済んだらすごく楽になると思うんです」ライフデザイナーが一斉にうなずく。ここから一気に、お客さま起点の操作体系の説明に入る。ライフデザイナーたちが前のめりになっているのが私にもわかった。

その後はプロトタイプ体験会。実際に端末のプロトタイプをライフデザイナーに触ってもらう。全国でもやり手のライフデザイナーたちが、いい反応をしてくれていた。

「お客さま起点、すごくいいじゃない！　使いやすそう」

「画面の見た目がとってもきれいね。今までと違う！」

「これ、いつできるんだっけ？」

手応えあり、だった。これまでさんざん検討を重ねてきたが、どこか不安な部分もあった。しかし、この反応を見て不安は吹き飛んだ。私たちは間違ってなかった。

インタビュー

確信に変わった瞬間 ［長澤］

グロリアスは、全国のライフデザイナーたちに初めて次期Ｌｉｅｆを説明する場でした。私は登壇者で、プレゼンをする役回りだったので、すごく緊張しました。１０００人の前で話す機会なんてないですから！

でも、それ以上に、ライフデザイナーの反応が気になっていたんです。全国でもトップのライフデザイナーたちが、次期Ｌｉｅｆをどう見るか。気に入ってくれるか。本当に不安でした。

蓋を開けてみると、ライフデザイナーたちの反応は最高でした。プロトタイプを触ると、みんな素敵な笑顔を見せてくれたんです。

ここで、青空プロジェクトの方針は間違っていなかった！　と心の底から実感できたんです。これで迷いがなくなりました。本当に嬉しかったです。

2018・01・12 熱量が伝播している［榊巻］

年が明けて1月。移行・教育と同時にテストフェーズもスタートしている時期だった。稼働まで残すところ半年だ。

久しぶりに岡本さんから連絡をもらった。「見せたいものがある」とのことだった。

東京築地の東京本社に行くと、岡本さんが、青空のコンセプト動画と、1000人の前で5人の若手が堂々とプレゼンしているグロリアスの動画を見せてくれた。

衝撃を受けた。

構想立案フェーズに参加してなかったどころか、僕は会ったことすらない住友生命の若手が、こんなに自分の言葉で青空のコンセプトを語ってくれている。

今回の取り組みは単なる端末更改ではなく、すべてのフェーズで良い顧客体験を作り出すことが狙いであること。そのためにはシームレスな顧客データが欠かせないこと。これによって顧客体験だけでなくライフデザイナーの働き方まで変えていきたいと思っていること。

2年前の暑い夏の日、構想立案の合宿から生まれたコンセプトが、全く色あせることなく、むしろ、もっと熱量を帯びて語られていた。

コンセプトを立てたとしても、外からの圧力で次第に骨抜きにされることもある。メンバーが変わる中でだんだんスローガン的な扱いになってしまうこともある。

でも、青空プロジェクトは違った。

良いプロジェクトに関われたな、と改めて思った瞬間だった。

リーダーの離脱

2018・01・12 工藤さんの離脱［榊巻］

岡本さんにグロリアスの話を聞いたとき、もう1つ驚くべき事実を聞いた。工藤さんがプロジェクトを離脱したという話だ。家庭の事情で、一時期休職。実家がある大阪に帰ることになったらしい。これまで完璧なリーダーとしてプロジェクトを引っ張ってきた人なのに……。

(菊地さん、岡田さん、工藤さん……次から次へとエースが抜ける……。でもまだ百田さんがいるか……)

僕がのんきなことを考えていた2018年1月。最後の砦、百田さんの去就も決まろうとしていた。

■2018・3月某日 百田の異動［岡本］

榊巻さんにグロリアスの報告をしてから、2カ月が経っていた。

1月から膨大な検証作業を実施し、バグを指摘し、セッションで共有し……という繰り返しをしていた。そんなころ、百田の異動が発令されてしまった。一瞬、目の前が真っ白になった。ものすごい不安が押し寄せてきた。

でも、何をしても異動は覆らない……。

■2018・03・26 送別会［岡本］

百田の送別会を商品部メンバーで開いた。私はこれまでの感謝も含め、これからの不安もあり、号泣してしまった。それでも、「絶対大丈夫やから」と、背中を押してくれた百田。

異動前のサンセットでは、百田が涙を流していた。

「青空はこれまで自分がやってきたプロジェクトの中でも最も魂を込めたプロジェクト。最後まで見届けたい気持ちは当然ある。でも、ここから稼働までの最終段階は外側から見守ることになった。青空で経験したこと・学んだことは財産。これからも青空の良さを継続して、稼働まで頑張ってほしい」

百田の離脱を受け、私がプロジェクトリーダーの一角を担う体制になった。もう、先輩に頼ってはいられない。プロジェクトも佳境。残すところは、業務移行と教育だった。

業務移行・教育

■ 変えずに変える〔百田〕

青空プロジェクトでは、使い勝手の良い端末の開発だけでなく、展開・教育にもこだわって取り組んだ。これは、最初の構想立案の合宿での主要テーマでもあったが、その後の2年間、ずっと取り組んできたことでもある。具体的には、「業務移行・教育」という横断チームを編成し、どうやってＬｉｅｆの良さを浸透し理解してもらうかという点について、具体的な方策を検討した。

工藤はずっと「変えずに変える」というメッセージを発信し続けていた。いたずらに変えるとかえって現場は混乱する。コンセプトに影響が少ない部分は極力変えず、本当にコンセプトにインパクトがある部分だけを変える、という考え方だ。自分はこの言葉が、業務移行や教育の本質をついている気がしていた。

いくつか具体的な話を紹介したい。

Ｌｉｅｆの名称は変えない

検討にあたり、Ｌｉｅｆの名称は変えないということを早々に決めた。新しい機器が出るたびに新しい名称をつけるのがこれまでの慣例となっていたが、名称を変えること自体は「すべてのフェーズで良い顧客体験を」に何ら影響しない。

それどころか、名称を変えると、意外にいろんなところに影響が出て、対応に労力を割かれる。加えて、ヒアリングでも「いろんな取り組みにカタカナ・英語などの名称がつけられていて消化しきれない」という声があったのだ。

ある意味で、新しいカッコいい名称をつけることは、自分たちのエゴなのかもしれない。コンセプトにつながらないものは徹底的に削ごう。そういう意識の表れでもあり、これは本当に良かったと思う。

マニュアルレスにこだわる

一方で、ライフデザイナーの端末操作の習熟度は、「良い顧客体験」を作り出す上で非常に重要な要素になる。どうしたら、Ｌｉｅｆを使いこなせるようになるのか、かなり議論がなされた。

まず、ライフデザイナーのペルソナを設定した。多くが女性。年配の方々も多い。必ずしもデジタルに強い世代ではない。

次に、設定したペルソナを具体的にイメージしながら、検討を深めていく。

ペルソナが、大切なお客さまの前で、端末操作でまごまごしないで済むには、何が必要だろうか？　そんな風に考えて施策を整理していく。

サポートセンターからの遠隔サポート、バーチャルな練習環境の提供、インストラクターの教育、マニュアルのわかりやすさ改善など、多くのアイデアが議論された。

しかし最重要とされたのは、「マニュアルいらず」「マニュアルレス」の環境である。マニュアルが不要になるほどの操作性を目指したのだ。

言い換えると、マニュアルの可読性や検索性はあえて変えず、マニュアルそのものが不要になる状態を目指したのだ。

これも「変えずに変える」1つの形だったと思う。ともすると「見やすいマニュアル作り」に血道を上げていたかもしれない。

■練習用端末の配布〔岡本〕

2018年4月。教育施策の一環で、「練習用端末」を先行で配布することとなった。これは住友生命では初めての試みだった。

新しいLiefは、現行Liefと比較して操作性が相当変わっている。だから各拠点に1

台ずつ新端末を配布し、事前に慣れてもらうための習熟期間を設けることにした。ただし、単に配るだけでは、新しい物好きな人が少し手に取る程度で、ほとんど触ってもらえないだろう。

そこで、練習用端末での「研修メニュー」を用意した。この研修メニューに沿って端末操作を進めていくと、「端末をどう操作するか」だけでなく「端末を使ってどう、良い顧客体験を提供するか」が体感できるように工夫した。

ゲーム感覚で操作を覚えて貰えるように工夫したことは、一定の成果があったと思う。少なくても、この期間があったことで、稼働後の混乱を軽減できたことは間違いないと思っている。

巻き込むことの苦悩［百田］

「新しくなるＬｉｅｆを使い倒してもらうメリットを、どう伝え浸透させるか」。このテーマは、構想立案のときから挙げられていた重要課題だった。結果的に、練習用端末の配布など、効果的な施策が実現できたのは良かった。

結果としては良かったのだが、そこに至るまでにはステークホルダーの巻き込みや、合意形成にかなり苦労した。

この浸透策のあり方について、青空プロジェクトの考えと関係部署との意見調整は必ずしもうまくいかず、当初思い描いていたような状況にはならなかった。議論の末、練習用端末の配布や、現場研修の実施などに落ち着いたが、青空プロジェクトとしてはもっと前詰めで計画して新しい取り組みにも踏み込みたかった。浸透策を大事にしていたメンバーは歯がゆい思いをしていたが、関係部署には関係部署の考えがある。

最終的に、端末の使い勝手・操作性能が大幅に向上したことにより、結果を見れば大きな問題もなく進んだことは良かったのだが。

コンセプトを軸に、多くの人を巻き込んで進めてきた青空プロジェクトであったが、このケースでも露見しているように、すべてがうまくいったわけではなかった。

途中参加のメンバーが過半数を超え、コアメンバーが40人を超えてくると、総論賛成、各論反対となることも多くなってきた。

最初の立ち上げが成功しても、フェーズが進み、途中参加者が増え、関係者も一定規模を超えたときに、真の共創が続けられるかどうかはまた違った難しさと苦悩があった。

特に、新規事業開発とは異なり、既存事業の改革プロジェクトの場合、現業やしがらみを背負うステークホルダーとの関係性の築き方は最後まで課題と感じた。

どちらが正義というわけではなく、どのタイミングで、どの部門の誰と、良好な関係性を築き、共創を着実に進められるかはプロジェクト全体の成否を大きく左右する要因である。

これらのことを理解し、自然に立ち回れるプロジェクトマネージャー・プロジェクトリーダーが増えていくと、間違いなく組織全体が活性化するだろう。

■本番稼働に向けた準備［岡本］

２０１８年6月。新Ｌｉｅｆ稼働の時期が近づいていた。今回は、全国一斉稼働ではなく、10日間かけてエリアごとに順次稼働する計画としていた。

事前に練習用端末は配布していたが、本番稼働直前には、対面で2日間の研修を計画した。マニュアルレスを目指し、使えば直感的にわかるよう作り込んだとはいえ、この対面研修は必須だと考えた。

対面研修の1日目は、一番大事なコンセプトについて丁寧に伝える。

コンセプト説明動画を見てもらい、どういう検討を重ねてきたのかを伝える。そしてコンセプトを軸に、端末全体がどうデザインされているのか、これまでと何が変わるのかを伝えていた。

コンセプトと、それに沿った設計の考え方を伝えることに時間を割いたのだ。ここが十分に理解してもらえると、この先が早い。これまで青空プロジェクトでは説明会や集中討議でさんざんやってきた形だ。

2日目に、実際の操作説明に入る。

一般的には、機能別に操作説明をするのだろうが、今回は違う。ライフデザイナーが直面するシーン別に端末操作の流れを確認していく形にこだわった。実際の状況に合わせて操作を覚えてもらうのである。「システムの機能」が軸になるのではなく、「お客さまとライフデザイナー」が軸になるのだから、研修もこの形であるべきだと思った。

練習用端末での研修なども含めると、現場に赴いた回数は、延べ40回にのぼる。それだけ力を入れて、やっと日々の運用に耐えられる。という感じだった。

まとめ

変革ノート［榊巻］

さて、このフェーズでのポイントを2点挙げてみたい。

①プロジェクト中間地点で、モチベーションの増幅を仕掛ける

長期のプロジェクトでは、どうしてもモチベーションを維持向上させる仕掛けが必要になる。「システムができあがるまで、一切成果は出ません」と言われるとツライものだ。人は成果が見えないと、気力を維持できないように作られている。

青空プロジェクトでは、その1つの対策として、ライフデザイナーにプロトタイプを触ってもらった。結果的に「現場からのポジティブな反応」が、プロジェクトメンバーのモチベーションを高めることになる。地味だが、中だるみしがちなこの時期に有効な打ち手だったと思う。

別の方法としてケンブリッジがよくやるのは、クイックWin（短期的に成果が出る施策）を意図的に組み込むことだ。こうすると比較的早期に小さな成果が刈り取れるようになる。小さくても変化が目に見えると、精神的な報酬になる。変革プロジェクトでは何かしらこうした仕掛けが必要になるだろう。

②移行を甘く見ない

本書ではそれほど紙面を割いていないが、データ移行、業務移行には膨大な労力が投入されている。どれだけ良いシステムができたとしても、業務で使えなければ意味がない。ところが、その前提となるデータ移行、業務移行は本当に難しい。

例えば、データ。過去のお客さまへの訪問履歴や、提案履歴、提案メモなどをどこまで新しい端末に移行すべきか。データが入っていたり、いなかったり。データの型もバラバラだったり。どう見てもゴミデータに見えるものもたくさん出てくる。多くのプロジェクトではデータ移行で問題が発生し致命傷を負わされるものだが、これを何の問題もなくやりきってくれたデータ移行チーム、ＳＬＣチームはすごい。

本書の中で多少触れているが、業務移行も大変な作業になる。3万人を超えるライフデザイナー全員に新しい業務に習熟してもらわないといけない。間違えると住友生命全体の活動が止まってしまうことだってありえる。本当によくやりきったと思う。

章

稼働フェーズ

2018年6月～現在

本番稼働

2018・06・25 本番稼働［岡本］

２０１８年6月25日。いよいよ本番稼働の日を迎えた。この日をどれだけ待ち望んでいたか。この日のために仕事をしてきたと言っても過言ではない。

もっと胸が高まるのかと思った。もっとドキドキするのかと思った。現実は想像と全然違った。なんというか、澄み渡った穏やかな気持ちなのだ。やることをやりきった清々しさなのかもしれない。

「ここまで穏やかな本番日は、なかなかありませんね」ＳＬＣ販売情報システム部の部長が言った。

築地の商品部フロアにはＳＬＣ販売情報システム部のメンバーがたくさん揃っていた。ここまで毎週何回もセッションを重ねてきたＳＬＣメンバーと迎えた本番日。皆、緊張した面持ちだが、どこか自信に満ちた表情である。

時間になって本番稼働の確認。

現場からの問い合わせは多少発生していたが、端末の操作などについての問い合わせはほとんどなく、本番稼働日はつつがなく過ぎていった。

コンセプトフレーミングからこの日まで、本当に多くのプロジェクトメンバーが入れ替わってきた。これまでの全メンバーの想いが乗せられた端末を無事に現場に届けることができたこの日を決して忘れることはないだろう。

インタビュー

プロジェクトオーナーの声［日下］

本番稼働のあの日、「無事稼働した」とすぐに報告が上がってきました。大丈夫だという確信があっても、なかなか感慨深いものがありましたね。

しかし、それより嬉しかったのは、稼働後数週間しても、全く問題がなかったことです。通常、現場からの問い合わせや、クレームが絶えないものですが、それがほとんどなかったのです。

プロジェクトメンバーがどれだけ頑張ってくれていたのか……。やはり、彼らのような若い人間が主導して検討を進めていく、若い人間が悩み、成長しながら、稼働までこぎつける。それは間違っていなかったと、改めて感じました。

「本当におめでとう」と何度も伝えましたね。

インタビュー

営業の最前線にいる支部長の声 ［小枝］

僕は本当の初期段階からプロジェクトに参画していましたが、基本設計の途中で異動になり、現場の支部長になりました。

つまり、端末を作る側から、使う側に移ったんです。営業所でライフデザイナーと忙しい日々を送る間も、ずっと新しいＬｉｅｆを心待ちにしていました。

稼働当日は、「感動！！！」の一言につきます。

営業所に端末が届いたのですが、パッケージ（箱）に青空プロジェクトのロゴがあったんです。

これを見た瞬間に「青空や！！！」と少しうるっときました。今でも箱は大事に持っています（笑）。

ライフデザイナーからの評判は上々です。改善要望は上がってきますが、多分、満足度は高いはずです。だって皆さん、完璧に使いこなしているんですから。

図 9-1：Lief の箱

青空プロジェクトのロゴ入り

図 9-2：稼働当日の営業所の風景

Vitalityのロゴ入り端末カバーも

■2018・09・14 全体サンセット［岡本］

稼働から2カ月弱の9月14日。青空プロジェクト全体の振り返りである大サンセットをSLCの本拠地である大阪にて実施した。

これまでの全青空メンバーに案内を出した。もちろん、参加できない人もいたが、すでに青空を離れているメンバーもたくさん参加してくれた。

これまでの住友生命のプロジェクトや通常業務では、基本的に振り返ることが少なかった（あくまで自分の経験上ではあるが）。ここまで振り返りに力を入れているプロジェクトは聞いたことがない。基本的にはPDCAで言うところのPとDには力を入れるが、CとAにはそこまで力を入れていないというのが、ほとんどだったように思う（それほど次から次へと新しい仕事があったということだと思うが）。

これまで通り個人個人に振り返ってもらい、お互いにフィードバックを交わす。

もちろん完璧なプロジェクトなど存在しない。誰もが反省することがあり、チームとして足りなかった部分もそれぞれ出てきた。

「あのときはこうすればよかった」「ここでもっと早く手を打っておけば……」などたくさん

図 9-3：全体サンセットの雰囲気

若手が前に出てファシリテーションしている

の意見が出てきた。しかし総じて言えることは、参加した全メンバーが前向きにプロジェクトに臨んだことが良かったということ。若手の成長が見られたこと。任せてくれる上の世代の先輩たちばかりだったこと。

だが、これを「青空は特別だったから」で終わらせてはいけないと思う。どうやったら、この成功が会社に波及していくか。今回手ごたえを感じることができた若手が、このまま変わらず現業に戻っていけるか。

サンセットを通じて、これからが青空の真価を発揮するところだと実感した。青空で学んだ手法を実践に活かし、全社に波及させることが若手のこれからのミッションになる。

青空プロジェクトを特別な存在にするのではなく、スタンダードにしていく必要があるのだ。

2018・10・04　ケンブリッジでのサンセット［榊巻］

大阪でのサンセットが終わった直後、ケンブリッジ本社でもサンセットが企画されていた。岡本さんがケンブリッジに声をかけてくれたのだ。「一緒にサンセットをやらせてください！」と。これは嬉しかった。早期に離脱したケンブリッジを、今でもプロジェクトの一員と見てくれているのだと感じた。

ケンブリッジの赤坂オフィスで、当時のメンバーが集まる。この日は、いつもの振り返りに加えて、稼働したＬｉｅｆ端末のデモも見せてくれた。

このとき、皆さんの発言を書き留めておいたメモがあるので、いくつか紹介したい。

●ケンブリッジのコンサルタント　遠藤

（デモを見て）コンセプトフレーミング当時の検討シーンが鮮やかによみがえってきた。「シームレスな顧客体験」が画面ＵＩで完璧に表現されているのに感動した。

あのコンセプトフレーミングの合宿は、今思い返しても非常に難易度が高かったと思うが、

図 9-4：ケンブリッジでのサンセット

本当にやって良かった。

●ケンブリッジ　土屋

最初に作ったコンセプトを、3年間貫き通したメンバーに感服しました。僕らが最後まで支援していても大変なのに、自分たちだけでここまでやりきるとは。しかも、サンセットやグラウンドルール、集中討議みたいなケンブリッジのワークスタイルを、独自に発展させて使い倒しているのも素晴らしかった。やられた感があったな。

●住友生命　百田（初期から基本設計フェーズまでリーダーとして参画）

岡本は青空に来て、顔つきが変わった。水が合ったんだと思う。間違いなく仕事が楽しかったんじゃないかな。だから、仕事をどんどん取りにくる感じになった。そして、めきめき成長していったと思う。でも、今振り返ると、自分でプロトを作ったり、そういうアクションをとる岡本を先輩たちがみんなで褒めていた。褒めたからさらにやる気になったんじゃないかとも思う。青空全体で、話を聞く、褒める、という文化ができていたかな。

●住友生命　岡本（施策立案フェーズから参画、リーダーとして稼働を推進）

プロトタイプの件は、仕事を取りに行ったどころか、新しく産んでしまった感覚だった。でも、心理的安全性が確保されていて、先輩たちに気軽に相談できる環境があったからできたのだと思う。青空では本音を話してもいい、自分の部署を否定してもいいんだと。

プロトをちょっと作ってみて、相談してみる。相談したら後押ししてくれる。仕事ってなんて楽しいんだと思いましたね。もっと提案したい、と。

●住友生命 長澤（基本設計から参画。現場教育や画面デザインを担当）

傍から見ていて、プロジェクトに入った若手が明らかに伸びていると感じていました。

それは圧倒的な違いでした。何が起こっているんだろうと思いましたけど、青空プロジェクトに参画して、納得がいきました。

若手の仕事は伝統的に地味でした。議事録作成や資料作り、そして印刷。プレゼンする機会などもちろんありませんでした。会議で発言する機会すら全然ない。でも、青空は全く反対だったんです。当事者意識、熱量、自分で行動する姿勢、そして任せてくれる先輩たち。これで成長しない方がおかしいですよね。

私も、プロジェクトでバンバン任せてもらえて、今では100人級の講演でも楽しめるようになりました。

●住友生命　鳥居（基本設計フェーズから最後まで参画）

最初に決めたコンセプトを最後まで使い倒しているのがよくわかりました。後から入ったメンバーはみんなコンセプトに共感していた。コンセプトに共感した瞬間に、「誰かのプロジェクト」ではなく、「自分のプロジェクト」になったんだと思います。

ただの端末更改じゃないんだ、端末でお客さんにこういう体験をしてほしいんだと、自然と思えるんです。これがみんなの心にあるから、「このコンセプトのために自分は何をできるだろうか」ということを考え始めるんだと思うんです。これが「自主性」の源泉になっているのだと思います。

●住友生命　岩井（初期から開発フェーズまで参画）

今にして思えば、普段の仕事は絶対的な先輩がいて、後輩は先輩のようになることを求められていました。先輩も「部下を育てる＝俺のクローンを作る」という暗黙の理解をしていた。

でも青空はそうではなかったのだと思います。岡本は岡本の形で成長すれば良かった。岡本たち若手は、俺たちにはない能力と特性を持っていて、それがどんどん花開いて行くんです。それを間近で見ていました。育成とは、型にはめることではなく、自由に伸びるってことだったんですね。

――ケンブリッジでのサンセットをもって、青空プロジェクトの3年にわたる活動が一区切りついた。

ここからは、プロジェクトが終了してから数年後のお話に入る。

- 現場のライフデザイナーの働き方は実際に変わったのだろうか?
- プロジェクトに関わった方たちは、数年後に振り返って青空プロジェクトをどう捉えているのか?

それぞれインタビューを敢行した。

次期Liefがもたらした価値

2020年2月、現場のライフデザイナーの方々に、新しいLiefの使い勝手をインタビューした。現場がどう変わったのか、どう新しいLiefを捉えているのか把握することはとても重要だと思う。

第一線で活躍するライフデザイナー生川さん、小坂さんに話を聞く機会をいただいた。

極力そのままインタビュー内容を載せようと思う。

——新しいLiefの使い勝手はいかがですか？

そうですね……。何からお話ししたら良いのか、悩んでいます。あれもこれも良くなりましたので……。古いLiefの記憶がすっかりなくなってしまっていて……あまり以前を思い出せないんですよね。

——本当ですか？　それは嬉しいです。確かに革新がすぎると以前のことは思い出せなくなりますね……。スマホがなかった時代が思い出しづらいのと同じで。

そうなんですよ……。まず、大きく変わったのはとにかく操作性です。

これまでは、最初に機能を選択して、お客さまの証券番号を控えて、あっちの機能に移って、とやっていましたが、新しいLiefになって本当に余計な操作が減りました。画面をタッチする回数が明らかに減って、パッパッ、で操作ができるんです。

でも、実は最初はわかりませんでした。新しいLiefでも「機能から入る動線」は今まで通り残っていたものですから、しばらくは従来通りの使い方をしていたんです。「お客さま起点で設計している」と聞いてから、「お客さまから入る」ようになりました。それで「なるほど、これは使いやすい！」と実感できたんです。

——なるほど、コンセプトを理解してコンセプトに沿った使い方をしてみたら、すごく良かったということなんですね。

そうです。もしかしたら、このコンセプトを知らないライフデザイナーも多いんじゃないかと思います。

——コンセプトを知っているかどうかで使い勝手が変わる……これは重要なことかもしれませんね……。具体的には、どんな風に楽になりましたか？

例えば、保険契約が成立したときに本社に連絡を入れるのですが、これがすごく楽になりました。以前は紙で情報を回していました。一応システムの機能もあったのですが、最後の確認は事務員さんや支部長の印鑑を押してもらう作業が必要でした。

新しいＬｉｅｆでは、お客さまから入って、契約情報の画面から数回タッチするだけで連絡が送れる。これで良いのか？　と戸惑うくらい楽になりました。印鑑を押してもらう必要もなくなり、そこも楽になったポイントです。

他にも、損保の「タスクチェック一覧」機能も最高です。

損保の契約は、お客さまに毎年更新してもらわないといけないのですが、当然契約が切れるタイミングは案件によってバラバラ。締め切り日や、必要なタスクも、案件によって異なる。その上、お一人で複数の損保契約をされている方も多いのです。

それが一覧できれいに表示されるようになりました。これまで案件ごとに情報を確認して、いつまでに何をすべきか、１つずつ手動で確認していましたが、これが一発。本当に涙が出るほど便利です。

マップ機能も改善されました。これがまた素晴らしい。

以前のＬｉｅｆでもマップ機能はありました。でも毎回地図アプリを起動して、お客さまの住所をいちいち入力したり貼り付けたりして、経路検索をする必要がありました。

新しいＬｉｅｆでは、お客さま情報の画面から、ボタン一つでお客さまの家までの経路検索が完了します。ちょっとしたことなんですが、これが本当に便利なんです。ライフデザイナーの動きをきちんと考えてくれていると思います。

――そうですか。もともと、機能そのものの改良は最小限にして「お客さま起点」で機能動線を作り直すことで、利便性を上げようとしていました。それがうまくいったんですね。これは本当に嬉しいです。

Ｌｉｅｆ全体のコンセプトは、「良い顧客体験を提供する」だったのですが、その観点ではどうでしょうか？　顧客体験は変わりましたか？

変わったと思います。例えば、問い合わせ対応ですね。

お客さまから聞かれたことをすぐ調べて、すぐ答えられるようになりました。お客さまから「その端末すごいね、そんなこともすぐわかるの？」とよく言われるんです。質問に答えられると、お客さまに信頼してもらえるんですよね。そんなときは本当に嬉しくなる。「えへへ。すごいでしょう？」という感じになっちゃいます。

保険の提案時には、画面をたくさん見てもらうようになりました。動画もあるし、保険料もパッと出るし、メリットもわかりやすく表示される。だから「見てください」で済むようになった。Ｌｉｅｆの画面を見せればお客さまがわかってくれるんです。私は口下手だけど、Ｌｉｅｆが代わりにしゃべってくれるんです！　すごくないですか？（笑）

——確かに！

そんな感じで、Ｌｉｅｆを見てもらうシーンはかなり増えました。他には「給付金の請求」でもＬｉｅｆの画面をよく見せてますね。給付金請求には手術名とか病名が必要になりますが、あれって本当にわかりづらいんですよね。口頭で伝えても、お互いによくわからない。でもＬｉｅｆの画面をパッと見せて、「これですか？」ってやると、「あ、これこれ！」と言ってくれる。

不思議なんですけど、文字の形を直接見てもらうとピンとくるんですよ。ここでも褒められるわけです。「すごいね。こんなこともできるんだ」と言われる。

他には、「必要書類の確認」もそうですね。例えば「健康保険証」という名前だけでなく、見本がちゃんと登録されているんです。健康保険証って一口に言っても、高齢者になると健康保険証が変わるんですよ。知ってました？　いろんな種類があるので、判断に迷うこともあるんです。でも画面をパッと見せて、お客さんに確認してもらえる。対面で「これか、これか、これ、ありませんか？」と言えるようになったんです。

――それは「お客さまと並んでＬｉｅｆを見る」という、考え方で作った機能たちですね！当時、そんな状況を思い描いていました。実現していて涙が出るほど嬉しいです！

そうだったんですね（笑）。

あとは……。保険商品の提案をするのですが、その場で提案資料をメールで飛ばせるようになりました。もともとメール送付できたのですが、より送付しやすい動線に変わったんです！事務手続きも、その場で完結させられます。以前は必要なときしかＬｉｅｆを持ち出していませんでしたが、今は、毎日持って外出しています。Ｌｉｅｆで事務手続きが完結できる。外出先、お客さま先で完結できる。だから持っていくんです。持っていかない理由がない。

――それも当時のコンセプトそのままです。使いこなしてくださっていて感謝です。他にも、「お客さまから『ありがとう』と言われるＬｉｅｆを実現する」というのも、こだわったポイントでした。

そういえば、お客さまが泣いてしまわれたこともありました。新しいＬｉｅｆでは、本社からお客さまのところにどんな書類がいっているのか、一発でわかるようになったんです。これまでも一応わかったんですけど、書類の名称だけがわかる形でした。画像がなかったんですよね。だからお客さまから「何か書類が届いたんだけど」という問い合わせがあっても、実際に訪問して実物を見せてもらわないといけなかった。

新しいＬｉｅｆでは、実際の書類画像を見れるようになりました。つまり、お客さまの手元にある書類と同じものを、目で見て、正確に把握できるようになったんです。


それで、先日、手術で入院されたお客さまのところに行ったときのことです。

訪問して、「ご自宅に、こういう書類がいってますよね？　これは、半年後に出せばいいですよ。今はこれだけ提出してもらえればいいので、ここと ここに記入してください」なんて会話をしました。

手術で不安だったこともあると思いますが、そのお客さまは「全部、わかってくれてるんだね。ありがとう……」と言って涙を流されました。「スミセイさんに入ってて良かった」とも言ってくれました。

すべてを把握してくれている、任せて大丈夫だという安心感が大きかったのだと思います。

「お客さま起点で、情報をシームレスにつなげ、良い顧客体験を提供する」というコンセプトはそのまま実現されている気がしますよ。

――そうですか……。感無量です……。

良かったです（笑）。

他にも、画面や検索などにさまざまな工夫がされていることで、教育の負荷が下がっていたり……。例えば保険の設計書を作る場合でも、入力しなければならない項目なのに入力がなかったり、範囲外の数値が入ってしまったりしている場所の色が変わって教えてくれるんです。設計だけでなく、あらゆるところでそういう工夫がされている。直感で操作して、タッチしていけば操作できちゃう感覚です。

私、全然パソコンできないんですが、私でもできる。パソコンできない人でも「できる！」これはすごいですよ。話きれないくらい、本当にあちこちが良くなっていますね。

――お話が伺えて良かったです。今日はありがとうございました。

青空全体を振り返って——総括インタビュー

本書を書くにあたって、プロジェクトオーナーをはじめとした皆さんに、青空プロジェクト全体を振り返ってのインタビューを実施した。

その中で、青空プロジェクトの良い点はもちろん、課題も浮き彫りになってきた。課題をオープンに描写するのも、本書の役目だと考えているので、インタビュー内容をそのまま紹介する。

プロジェクトオーナー　日下さん

——青空プロジェクトに期待されていたことはなんでしょうか？

人事ローテーションによって、その分野の素人上司がやってきて見識がない判断や主観によるずれた価値観を部下に押し付け、案件の本来の主旨が歪んでしまうことは避けたいと思っていました。規模の大きい企業にありがちな、組織の縦割りも避けたかった。

そして「営業現場第一」「お客さま第一」を真に実現できるようにしたかったのです。

そのために、組織横断的なプロジェクト体制とし、組織の論理を排除。ライン長を入れずに、中堅層から若手層の本当に現場を肌感覚でわかっているメンバーでプロジェクトを構成するようにしました。ライン長は意見は出さないが、失敗したらプロジェクトの責任を取る体制としました。

青空の若手には活き活きと活躍してほしかった。若手主導で案件を検討し、進めるように会社文化を変えていきたかったのです。

――実際、若いメンバーに徹底的に任せるという姿勢を貫いていたと思いますが、外からどう見えていましたか?

期待以上の活躍であり、全社の巻き込みが非常にうまくいきました。

また、一人ひとりのメンバーのモチベーションを丁寧に上げてくれ、プロジェクトに参加したメンバーがやりがいと成果に満足する非常に素晴らしい活動であったと思います。

これは、リーダー層に専門性があり、情熱があり、人に対する思いやりがあるメンバーが集まったことが大きい。奇跡的な状況でした。ケンブリッジのアドバイスを素直に聞き入れ、少しでも良いところを取り込もうとする姿勢も良かったのでしょうね。

――今後の課題はなんでしょうか？

このプロジェクト手法で、他の案件も進めていきたいのですが、なかなか横展開が難しい。どんなメンバーでもこのような取り組みを機能させることが今後の課題でしょうね。

プロジェクトオーナー　汐満さん

――青空プロジェクトを振り返ってどう思われますか？

立ち上げ時には産みの苦しみや、各プロセスでのヒエラルキーの壁、部門の壁を乗り越えることの難しさがあったと思いますが、しっかり越えてくれました。リーダーが「利用者だったらどう思うか」「お客さまだったらどう思うか」という思考で仮説を立て、現場に行って声を聞き、また考えてというのを何度も繰り返し、最後までやり遂げ創り上げたプロジェクトだと思います。そういった意味で、青空は当社においても非常に特徴的なプロジェクトチームだったと思います。

――今後にどうつなげていけば良いでしょうか？

これからは青空のようなクロスファンクションチーム（部門横断ではなく機能横断型チーム）で会社を変革していかないとダメだという強い想いを持っています。もちろん、マインドセット・カルチャーを変えるのは簡単ではないし時間もかかるが、やっていかねばならない。

何をするにしても、最後は熱量だと思います。生活者、お客さま、利用者や社会に対して何ができるかを、「会社が」「部門が」「上司が」ではなく、「自分が」制約を取っ払って社内外の周りのメンバーと知恵を出しあって、巻き込んでいく情熱と諦めない心と実行が重要です。

もっとデザイン思考で部門の壁を越えて生活者・お客さま・利用者を起点でリデザインして、自社のサービスだけではなく他社と共想して広くビジネスやサービスを考えるチームをもっともっと創って、それに各メンバーが共感し拡散しようとしてくれる、そんな世界観を実現していきたいと考えています。

2代目のプロジェクトリーダー　岡田さん

――青空プロジェクトを進めながら、どんなことを感じていましたか？

まず、プロジェクトメンバーが良かったですね。

主要部門の各部門長がこのプロジェクトチームの意義を深く理解し、その当時でも複数案件を担当し多忙を極めている優秀なメンバーを輩出してくれたこともあって、それぞれの得意分野・専門分野に熱い想いとスキルを持ったチーム構成となりました。

しかし、ケンブリッジとのファーストコンタクトから困惑するメンバーもいて、どのように進めていくのか、立ち上げ当初は混乱していたかもしれません。

後から思うと非常に効果的であると感じているのですが、わざとその場では種明かしをせずに進めてみせるなど、ケンブリッジの意図がいろいろとあったようです。今にして思うと、その混乱こそ、後にチームが一体となるポイントの1つであったりするのですが。

そんな混乱もあり、いろいろな想いを持って集まったメンバーでもあり、ともするとバラバラになってしまいそうな状況でしたが、そうはなりませんでした。

皆で考え抜いたコンセプトがあり、日々意識するグラウンドルールがあるおかげで、意見が食い違っても各々の意見・考え方を尊重しながらも、どのようにまとめていくかに向けた意識は同じ方向を向いていたと思います。


私自身は、本番稼働まで1年を切った頃からは別プロジェクトを中心に担当することになり、より深く本プロジェクトに携わることができず、正直寂しい気持ちでもありました。

実は、プロジェクト全体の進捗会議には参加しており、大規模なプロジェクトにこそ起こりやすい想定外のトラブルや新たな課題が発覚しているのも見ていました。でも、若手・中堅メンバーが中心となって、自身の部門の立場だけで発言することなく、全員で課題解決に向かう姿勢にとても驚き、若手メンバーがプロジェクト進行のなかで日々成長しているのを実感しました。

「このプロジェクトに大事なものは何か?」「何を目指しているのか?」を常に考え、共有しているからこその成果であると思います。

関係者が増えるとさらにいろいろと弊害も起こるものではあるが、成功させてやる、必ずやりきるというマインドが周囲にも浸透していったと感じています。

――青空プロジェクトの良かったところは？

たくさんありますが、３つ挙げてみます。

①若手メンバーの成長

ケンブリッジが離れて、当社メンバーで自走することになってから、一層、若手メンバーが成長しました。彼らが中心となって、プロジェクトを進め、各セッションを回していく姿に惚れ惚れとするぐらいであり、このようなメンバーが数多くあらゆる方面で活躍できる会社になっていくべきだと強く思っていました。

②ケンブリッジの手法

会議ファシリテーション、スクライブ、資料作成、チェックポイントなど、数多くのノウハウを、メンバーに体感させることによって浸透することができました。

従来の会議は、ただただ議論のみを繰り返す、時間を消費する会議も散見されていたと思うし、正直、会議は非効率だとも感じていました。

ケンブリッジのノウハウをストレートに活かした会議は、プロジェクトを成功に導くために必須のものであると思うようになりました。

③サンセット

プロジェクトの節目で開催していた振り返り・サンセットについても非常に効果的な取り組みであると思っています。

初期の頃のサンセット動画をいま一度振り返って見直してみたのですが、ケンブリッジのメンバーも当社メンバーも皆がそれぞれのことをよく見ていて、自己分析と反省をしながら、次に向けた改善を議論して次ステップにつなげるという理想的な取り組みを体現していました。

――今後の課題はありますか?

あります。他のプロジェクトへの展開です。

青空を経験したメンバーを中心に、別プロジェクトにおいても横展開できているものもあるのですが、やはり青空を経験したメンバーが限られていることもあり、もっと加速して社内全体の動きにならないと働き方改革やＤＸ推進に向けたこれからの取り組みにつながっていかないと感じています。

プロジェクトは人に尽きるので、Have Fun!!（楽しむ‼）の心をもっと広めていきたいですね。

情報システム部 開発リーダー 高橋さん

——他のプロジェクトと比較して良かった点はなんでしょう？

やはり、一体感ですね。具体的には、自部門の役割や業務範囲にとらわれず、利用者ファーストト（今回はライフデザイナー）で、自部門の職務範囲を超え、一職員としてあるべき姿を議論できたこと。それに対して、「関係ない部門が口を出すな」という雰囲気が全然なかったこと、ですね。

——他のプロジェクトと比較して悪かった点はなんでしょうか？

一番は関係者が多く、またすべてを議論して決定するため、仕様の決定が遅くなりがちであったことですかね。システム開発者の目線からすると「早く決めてほしい」「後々の追加要件は避けてほしい」というのが率直な思いであり、やはり議論が発散したときに「誰が責任を持って決めるのか」、関係者が多くなるとその点が曖昧になりがちなので、そういった点は今後、改善していく必要があると思います。

――基本設計フェーズからの途中参画でしたが、やりやすかった点、やりづらかった点はありますか？

そこまでやりづらかった点はありませんが、システム開発部門のある大阪とプロジェクトチームの主要メンバーが揃う東京では、雰囲気など、距離の壁は大きかったように感じます。ただ、課題解決に関しては、本来、各部門への根回しや個別協議が必要になることが多い中、プロジェクトで話せば、各部門の担当が各ラインにすぐ情報を上げてくれるので即結論が出せていました。これは非常に助かりました。

――その他、お気付きの点があれば何でもお願いします。

昨今は、他のプロジェクトでも青空プロジェクトと同じように、自部門の役割や業務範囲にとらわれず、利用者ファーストのプロジェクトが増えてきたような気がしており、それは非常に素晴らしいことだと思います。あとはプロジェクトが終了した後に、この体制をどう継続していくのかが課題かと思います。このプロジェクトが「ああよかった」で終わるのではなく、よかった点は拡大し、足りないと思う点は継続的にレベルアップを図っていくことが重要だと思います。

営業企画部　首藤さん

――途中からの参画でしたが、初めてプロジェクトに入ったときは、どんなことを感じていましたか？

私は、営業現場で6年ほど保険営業の仕事をした後、青空プロジェクトに配属されました。つまり、本社職員としての初めての仕事が青空プロジェクトだったんです。なので最初は、言葉についていけませんでした。専門用語が飛び交い「その言葉、何？」って感じでした。

初めて参加した、打ち合わせがリーダーミーティングでした。事前に資料をもらっていたので、わからない言葉に付箋をつけて臨みました。会議後に、先輩たちが私の付箋にすべて答えてくださって、このとき「わからないところは、素直に聞いていいんだ」と思えたのです。

――コンセプトを初めて聞いたときはどう感じましたか？

……上から目線で申し訳ないのですが、「本社の人って、現場のことわかってるじゃん！」

って率直に思いましたね。

営業は何年やっても、断られたら悲しいし、悔しいし、1人で肩を落として帰るときが何度もありました。ライフデザイナーを支えてくれるＬｉｅｆ。良い顧客体験を提供してお客さまが笑顔になってくれるＬｉｅｆ。そういうＬｉｅｆが作れそうだなと感じました。

――青空プロジェクトの良かった点は？

いろんな人に評価してもらえる、チャンスがもらえることですね。関係部長会で説明させてもらったり、重要な決裁を立案させてもらったり。私でいいの？　って思うこともたくさんありましたが、周りに支えてもらってたくさんのことを経験できました。

この頃に青空で身に付けた仕事のスタイルは、その後ずっと活きてます。

青空プロジェクトが一段落してからは、通常の本社業務をしていますが、そこで、青空との仕事の進め方の違いに戸惑いました。先進的な青空スタイルにどっぷりつかり、2年以上青空チーム内だけで仕事をしてきたので、他の業務を担当することになり、周りの人と仕事の進め方や考え方などお互いに理解しあうのに苦労をしました。

だから、ファシリテーションは自然としていると思います。例えば、「打ち合わせのゴールを明確にする」。これがないと気持ち悪いです。なんかダラダラと話し始める人がいるのですが、今日って何が目的なんですか？　って言っちゃいます（笑）。

スクライブは社長の前でもやりましたし、プロジェクトで身に付けた習慣というか手法があちこちで効いてると思います。

損保チームリーダー　曽田さん

——青空には途中参画でしたが、当時はどんなお気持ちでしたか？

顧客体験を変える、ライフデザイナーの働き方を変えるというコンセプトは共感できました。だから、損保業務で自分が大変だったこと、苦労したことを素直に解消していけば良いんだと自然と思えたんです。

損保業務は生保に比べて業務システムのレベルが高くありませんでした。だから絶対に良いものができると、腹が括れました。

——次から次へと若手を送り込んでくださったと聞きました。

そうですね。青空プロジェクトを「育成の場」としてもとらえていました。損保部門には、くすぶっている若手が多かったんです。そういう若手に日を当てたかった。青空に入れた若手ができるようになってきたら、次の若手を入れていきました。どんどん活き活きしていくのがわかって嬉しかったですね。

――すごい……。若手を活躍させるって、簡単ではないと思うのですが、どんな工夫をされていたのですか？

具体的に「この領域で、こう活躍させたい」と、最初から考えていました。そして若手が「一番知っている形」を作ろうと思っていましたね。そうなると、前に出ざるを得なくなる。そして、人選するときには「自分で考えられるかどうか」を見ていました。アウトプットは下手でもいいんです。どこかで仕入れた知識をうまくアウトプットしても、あまり意味がない。自分で考えられるかどうかが大事。

青空プロジェクトではアウトプットの訓練はいくらでもできました。グロリアスでの発表などね。でも、考えることは簡単に訓練できないですからね。

最後のプロジェクトリーダー　岡本さん

――最初は、データ収集のお手伝いから始まり、最後はリーダーとしてプロジェクトをリードしたわけですね。

そうなりますね。入った当時は年次も一番下、プロジェクト内の立場としても決して中心ではなかった私が、最終的にはプロジェクトを引っ張る立場で、年次が上の他部門の人に対して、協力を求めることは求め、修正してもらうことは修正してもらい、指示することは指示し、年次・役職関係なく進めることを体現できました。

自分だけではなく、自分と同世代のメンバーも頑張っていました。ファシリテーションをローテーションしたり、スクライバーをローテーションしたり……週次振り返りメールを送付し、プロジェクトの熱量を維持するよう努力もしました。

プロジェクトのチーム運営と稼働までのプロセスの両輪を進めていき、稼働をしっかり迎えることができたと思っています。

――稼働のときには、涙したと聞きました。

そんなこと、どこから聞いたんですか（笑）。

しかし、それは大変だったなという涙ではなく、達成感と自分の成長を確信した涙だったんです。

青空プロジェクトには感謝しかありません。未熟だった自分を成長させてくれたこと。仕事に対して後ろ向きだった自分を前向きに変えてくれた人たちとの出会いがあったこと。

特に、プロジェクトに入れてくれ、自分をここまで活かしてくれた工藤・岡田・百田の3人には感謝しています。

でも、「工藤さんや青空のみんなのおかげで今の自分があります」と工藤に感謝を伝えると、毎回彼に言われるんです。

「今のお前があるのは、俺のおかげでも青空のおかげでもない。良いことも悪いこともすべて、自分のせいであり、自分のおかげなんだ。お前が一歩踏み込んだから今のお前があるんや。誰のおかげでもなく自分のおかげなんや」

誰かが何かをしてくれることはない。自分を変えられるのは自分だけなんだと気付きました。工藤には、最後の最後まで感謝しかないですね。

まとめ

変革ノート［榊巻］

長かったプロジェクトのお話もこれでおしまい。最後のまとめである。

①サンセットで次世代へつなぐ

ケンブリッジが抜けた後も、住友生命は自主的に「サンセット」や「振り返りメール」で振り返りを続けていた。

これは、「経験を、効率よく学びに変えられている」ということだ。多くの人はボヤッと経験し、経験を学びに変える前に、次の仕事に移っていってしまう。

これは本当にもったいない。

学びが言語化できれば、次の日から改善できる。だんだん再現性も高まるはずだ。こうやってあの手この手でプロジェクトを良くしていく。振り返りを教訓に変えて、次世代につなぐ。これができる組織は強い。

②プロジェクトで人が育つ

プロジェクトとは、人を育てる最高の環境だと、つくづく思う。成長については、ここでこれ以上語る必要はないと思うが、プロジェクトには人の人生を変える力がある。プロジェクトの成功に加えて、そんな副産物が手に入ったら、最高ですよね。

おわりに

■百田より

青空を「卒業」させてもらってから2年が経ち、最近は、海外でプロジェクトに取り組む機会もある。迷走する議論をうまく可視化しながらファシリテートできたときは、どんなテーマであれ嬉しいものだ。そして、たとえ海外であっても「俺たちのゴールを明確にする」「心理的安全性を確保する」「議論を可視化し嚙み合わせる」といった基本動作の重要性は変わらないと感じる。簡単に大事にしていた要素を紐解いてみたい。

●俺たちのゴールを明確にする

メンバーの心に灯をつける。これができたとき、チームは無限の力を発揮する。そのためには全員が心から共感できるコンセプトを、共に創るプロセスが欠かせない。特に、部門横断でチームを編成するとき、新しいメンバーで新しいことに取り組むとき、メンバー間の異なるバックグラウンド・経験・価値観から、最初はどうしても混乱する。そうした異なる価値観をぶつけ合い、お互いの理解を深め、共通のゴールを設定していくのだ。

与えられた仕事、枠にはめられた仕事ではなく、自分たちが熱量を注ぎ込むことのできる「俺たちのゴール」だ。このゴールを初期段階で設定できるかできないかで、その後のチームのパフォーマンスは数倍以上変わってくる。

●心理的安全性を確保する

ちょうど今、私が取り組んでいる海外プロジェクトのメンバーの中には、障がいをお持ちでいろんな苦労をされた方たちもいるので、心理的安全性の確保には特に気を配っている。「こんなことを言ったら馬鹿にされるのではないか、怒られるのではないか、自分は溶け込めるだろうか」こうしたモヤモヤした気持ちを持ちながらプロジェクトに参加しても、パフォーマンスは上がらず、単なる「出席」に終わってしまう。

セッションの初めにアイスブレイカーを入れて、緊張をほぐし全員がひと言ふた言話し、笑顔になったところで本題に入っていく。こうした取り組みを繰り返す中で、プロジェクトを通じてメンバーがどんどん笑顔になり自信をつけていくことを目の当たりにしている。

●議論を可視化し嚙み合わせる

議論が嚙み合っていないと感じたら議論を可視化し、参加者がきちんと納得して議論が展開されるようにしている。それでも議論が迷走するようなら「俺たち何のためにやってんだっけ」というゴールに立ち返る。メンバーが納得してくれる瞬間が増えていくとともに、ファシリテーションの自信も少しずつ深まってきたというのが実感だ。

前に出てフリップチャートに議論の構造を書き、噛み合わせることは、最初は勇気がいる。でも、それをやりきるメンバーの厚みが増えていくことで、その組織は限りなく活性化していくと実感しているし、初めの1歩はほんの少しだけの勇気だ。

■榊巻より

この本に書いたことは、何も特別なことではない。自分たちができることを愚直に繰り返し工夫を重ねてきた軌跡を描いたものであり、まだ発展途上の我々がうまくいったことも、いかなかったことも、冷静に振り返るようにした。さまざまなフィードバックを得て私たちもさらに成長したいし、未来を担うプロジェクトリーダーが何らかのヒントを得てくれたら、これに勝る喜びはない。

●他のプロジェクトとの決定的な違い

青空プロジェクトでは、立ち上げ時にコンセプトを固めた。そのコンセプトは、上っ面のスローガンではなく、関わる人たちの心をがっちりつかむコンセプトだった。「これを実現させたい！」と多くの人が本気で思った。

プロジェクトにおいて「下流より上流に力を入れるべき」というのはよく聞く話。確かにそうだ。だが同じ上流でも、青空は「計画作り」に力を入れたのではなく、「コンセプト作り」と「コンセプトを実現するための施策作り」に力を入れたのだ。

「人の力を最大限に引き出す環境作り」、あるいは「人々が共感してくれる状況作り」に力を入れた。と言い換えてもいいだろう。これが、他のプロジェクトとの決定的な違いなのではないだろうか。

●変革プロジェクトを新たな次元に

青空プロジェクトは1つの事例でしかない。うまくいったのは単なる偶然だったのかもしれない。青空が絶対的な正解だとも思わない。

それでも、青空で起こったことを共有することで、新たなプロジェクトスタイルの可能性を示せると考えた。

可能性が示されれば、あちこちのプロジェクトで試行錯誤が展開されるようになるだろう。そして、その試行錯誤が、少しずつプロジェクトの新しい常識を作っていくはずだ。

人々が生き生きとプロジェクトに関わり、圧倒的な成果を上げていく。世界中が青空のような気持ちの良いプロジェクトばかりになったら、どんなに楽しいだろうか。

２０２０年７月。そんな野望を抱いて、本書を世に送り出す。

■著者紹介

百田 牧人（ももた・まきと）

住友生命の営業企画部社員（当時40歳）

プロジェクトリーダーとして参画。

プロジェクトの初期からほぼ最終段階まで参画しており、本書を通じて語りべとして登場する。

百田のパートからは、リーダーとしての悩みや決断が読み取れる。

〈1999年に住友生命保険相互会社に入社し、カスタマーサポート、マーケティング、商品開発などの企画業務を担当。現在は、新規事業開発・オープンイノベーション業務に従事〉

岡本 晋太朗（おかもと・しんたろう）

住友生命の商品部社員（当時29歳）

プロジェクト発足から3カ月後に、メンバーとして参画する。

途中参加のメンバーという、一番立ち位置が難しいシチュエーションだったが、後にプロジェクトのリーダーに抜擢されていく。

岡本のパートでは、プロジェクトの外からの視点、参画するときの心情が描かれる。また、若手メンバーとして、遠慮や好奇心、謙遜とチャレンジなど相反するさまざまな苦悩がそのまま語られている。

〈2010年に住友生命に入社し、2年半の都内支社勤務の後、営業サポートツール開発業務部門に配属。青空プロジェクト中に当プロジェクトオーナー部門である企画業務部門に異動。現在は、主力商品の住友生命Vitalityのアプリ、ウェブ開発チームを経て、DX推進プロジェクトチームに所属〉

榊巻 亮（さかまき・りょう）

ケンブリッジ・テクノロジー・パートナーズのコンサルタント（当時35歳）

プロジェクト開始の3カ月前から、日下・汐満と議論を重ね、プロジェクト発足から半年間参画した。

企業の変革を支援する専門家。支援スタイルの特徴として、ファシリテーション型コンサルティングを標榜しており、「お客さんとコンサルタントが共に考え、よりよい第3案を導き出す」ことを大事にしている。

榊巻のパートからは、部外者として客観的にどう見ていたのか、何を考えてその進め方をしていきたのかが語られる。

〈2003年に大和ハウス工業に入社。社内の変革プロジェクトをリードした後、2008年にケンブリッジに移籍。以来、業界業種を問わず多くの変革プロジェクトを支援してきた。現在は複数プロジェクトの責任者をしつつ、ケンブリッジの経営、マーケティング、リクルートなどを担っている〉

ファシリテーション型業務改革

2020年 8 月17日　　1版1刷
2024年11月15日　　　2刷

著　者　百田牧人　岡本晋太朗　榊巻亮

発行者　中川ヒロミ
発　行　株式会社日経BP
日本経済新聞出版
発　売　株式会社日経BPマーケティング
〒105-8308　東京都港区虎ノ門4-3-12
装　幀　竹内雄二
DTP　マーリンクレイン
印刷・製本　三松堂
ISBN978-4-532-32351-6 Printed in Japan

本書籍に関するお問い合わせ，ご連絡は下記にて承ります。
https://nkbp.jp/booksQA

Printed in Japan